新　潮　文　庫

暗殺国家ロシア

消されたジャーナリストを追う

福田ますみ著

新　潮　社　版

9722

暗殺国家ロシア　消されたジャーナリストを追う　目次

主な登場人物

セルゲイ・カーネフ
テレビジャーナリスト。「ノーバヤガゼータ」紙の契約記者。
エレーナ・ミラシナ
チェチェンを含む北カフカス地方をカバーする同紙記者。
ベチェスラフ・イズマイロフ
同紙軍事評論員。元ロシア軍軍人。
ムハンマドサラフ・マサーエフ
チェチェン人説教者。チェチェンでの拉致被害を同紙上で公表。
セルゲイ・ソコローフ
同紙副編集長。
ゾーヤ・ヨロショク
同紙評論員。創立当時からの古参記者。
ドミートリー・ムラートフ
同紙編集長。相次ぐ記者の犠牲に苦悩する。
セルゲイ・コジウーロフ
同紙社長。経営安定化に腐心する。
イーゴリ・ドムニコフ（故人）
同紙評論員。2000年7月殺害。
ユーリー・シュチェコチーヒン（故人）
同紙副編集長。2003年7月不審死を遂げる。
アンナ・ポリトコフスカヤ（故人）
同紙評論員。2006年10月殺害。
スタニスラフ・マルケロフ（故人）
同紙の顧問弁護士。2009年1月殺害。
アナスタシア・バブーロバ（故人）
同紙契約記者。2009年1月、マルケロフ弁護士とともに殺害。
ナターリア・エステミロワ（故人）
同紙契約記者。人権活動家でもあった。2009年7月殺害。

ロシアと周辺主要国
旧ソ連の国境
0
500
1000km
N
スウェーデン
ノルウェー
フィンランド
エストニア
サンクトペテルブルグ
ラトビア
バルト海
リトアニア
カリーニングラード
(ロシア領)
ドイツ
モスクワ
リャザン
ロシア
ベラルーシ
ポーランド
チェコ
ウクライナ
カザフスタン
ハンガリー
モルドバ
ルーマニア
ノヴォロシースク
チェチェン
カスピ海
ウズベキスタン
ブルガリア
黒海
グルジア
バクー油田
アルメニア
アゼルバイジャン
ギリシャ
トルコ
トルクメニスタン
シリア
地中海
イラク
イラン
アフガニスタン
リビア
エジプト
0
50
100km
ロシア
N
カスピ海
カバルダ=バルカル共和国
イングーシ共和国
グローズヌイ
グデルメス
大カフカス
ベスラン
ウラジカフカス
チェチェン共和国
北オセチア共和国
(コーカサス)
南オセチア共和国
ダゲスタン共和国
山脈
グルジア

地図製作　有限会社ジェイ・マップ

暗殺国家ロシア

消されたジャーナリストを追う

プロローグ――2つの襲撃

2008年8月31日のことである。

北緯55度45分に位置する北方の大地、モスクワの夏は短い。8月の終わりともなれば、日中でも15度を下回る日が増え、急速に秋の気配が忍び寄る。

夕方に驟雨《しゅうう》に見舞われるまでは穏やかに晴れわたっていたこの日のモスクワも、最高気温は14度に届かず、かなり肌寒かった。

テレビジャーナリストのセルゲイ・カーネフは、たまの休みを、モスクワ北部の自宅アパートで過ごした。60年以上前のスターリン時代に建てられたこのアパートは老朽化が激しい。外壁のモルタルはところどころ剥《は》がれ、以前は美しかったであろう部屋の天井の浮き彫り装飾も半ば崩れ落ちている。1年前にここに越して来て以来、

「レモント（改装）しなければ」と口癖のように言い続けているが、日常の仕事に追われて手がつかない。

彼は、朝起きてからずっとパソコンに向かっていた。といっても、仕事ではない。3年前、わずかな身の回りの物を、掃除機が入っていた段ボール箱に詰め込んで妻の元を飛び出して以来、彼は独り身だ。独り身はやはりさびしい。今度こそ、自分にぴったりくるパートナーを見つけたくて、ロシア版「出会い系サイト」で女の子たちとメールのやり取りをしていたのである。

午後3時頃、彼は空腹を覚えて冷蔵庫を開けた。しかし、中は空っぽだ。朝食の時、残っていた食料をあらかた食べ尽くしてしまったからだ。

40代も後半にさしかかって、だいぶ薄くなった茶色の頭髪。大きくせり出した腹、100キロ近い体重。食べることに無上の喜びを覚えるカーネフにとって、空腹ほどつらいものはない。

そこで彼は、アパートから目と鼻の先にあるホブリノ市場に買い出しに出かけた。この市場はとりわけ食料品が豊富だ。どの売り場にも、新鮮な肉や野菜、果物、総菜が、買い手の購買意欲をそそるようにきれいにディスプレイされて山と陳列されている。売り子も愛想がいい。ソ連時代末期の食糧危機など、今となっては、はるか昔の語り草だ。

カーネフは、売り場をいくつか冷やかした末に、カツレツ（ハンバーグに似た揚げ物）とソーセージを買おうと財布を取り出した。彼は、この市場のカツレツが大好物である。昔、母親が作ってくれたカツレツの味を思わせるからだ。

その時である。

「あなたのことを存じ上げています。失礼ですが、セルゲイ・カーネフでは？」

背後から声をかけられた。振り向くと、整った身なりの40歳ぐらいの男が立っている。職業柄、警察官や検事との付き合いが深い彼は、一瞥《いちべつ》で、この男がそちらの筋の人間ではないかと推測した。

「ダー（そうですが）」

犯罪事件の専門記者として、幾度となくテレビのドキュメンタリー番組に登場しているカーネフにはそこそこの知名度がある。道を歩いていると声をかけられることも珍しくない。

「あなたの仕事に役に立ちそうな面白いネタを持っているんですがね」

男はもったいをつけるようにそう言った。どうやらタレ込みのようだ。事件に食らいついて真相を暴《あば》きたてる面白さに取りつかれているカーネフにとって、これは殺し文句である。彼の口癖の、「アドレナリンが大量に分泌《ぶんぴつ》されるような」高揚感を覚えるからだ。

男は続けた。

「ある大物警察幹部の息子が女性をレイプしている証拠を握っているんですよ」

「えっ？」

カーネフが思わず聞き返そうとした時、男の後ろから、彼の妻らしき女性が男の腕を引っ張って何事か囁《ささや》いている。「面倒なことに関わるのはやめて早く帰りましょう」とでも言っているのだろう。

「じゃ、まず電話番号の交換をしましょうよ」

カーネフがあわてて持ちかけると、男はやんわり断って、代わりにこう答えた。

「私は治安機関の人間です。夜の11時にまたこの場所で会いましょう。その時に、証拠のDVDやビデオテープ、写真をお渡ししますよ。とにかくご覧になれば、その警察幹部が誰なのかわかります」

もちろんガセネタをつかまされる危険性もあるが、話に乗ってみない手はない。実際彼は以前、他のジャーナリストがガセだと思い込んでまともに相手にしなかった情報提供者に詳しく話を聞き、それが事実であることを突き止めてスクープをものにしたことがある。

夜の11時、カーネフが再び市場のその場所に現れると、男はすでに待ち受けていて、無言で紙袋を手渡した。

「とにかくご覧になればわかります」

こちらが問い返す暇もなく、男はそれだけを繰り返すと足早に立ち去ってしまった。

（とにかく家に帰って、こいつをじっくり確かめるとするか）

カーネフは紙袋をカバンにねじ込み、5分もせずに自宅アパートに帰りついた。おもむろに鍵《かぎ》を取り出し、アパートの共用部分の玄関口の重いドアを開ける。

と、その瞬間である。背後から突然、2人の男が彼に体当たりを食らわせて玄関の中に押し入ってきた。そして、あっと思う間もなく彼の体を羽交い締めにした。

ロシアでは、強盗にしろ殺人にしろ、このアパートの玄関口で襲われる被害が後を絶たない。

「しまった！」

まず、ジャージの上下を着た男がカーネフのカバンを奪おうとして、抵抗する彼と揉《も》み合いになった。するともう一人の、黒いジャケットにジーンズの男がすばやく彼の後ろに回り込み、首に金属の鎖を巻きつけると力いっぱい引き絞った。

ひやりと冷たい感触がしたとたん、それが喉元《のどもと》に食い込むのをカーネフは感じた。苦しい。息が詰まる。頭に血が上って意識が朦朧《もうろう》とする中、彼は自分の首を締めあげる鎖を両手でつかんで引き千切ろうとした。だが次の瞬間、失神して倒れてしまった。

ものの2、3分、その場に昏倒《こんとう》していただろうか。

「もう逃げろ！」と叫ぶ声が聞こえて我に返ると、賊は影も形もなかった。立ちあがってあたりを見回すと、玄関の外の草むらに、取っ手部分が引きちぎられたカバンが転がっていた。あわてて中を改めると、財布や国内パスポート（身分証明書）は無事だったが、ついさっき受け取ったばかりの紙袋がなくなっていた。

「チョルト　バズィミー！（畜生）」

彼は舌打ちをすると、ひどい頭痛とこみ上げる吐き気に耐えながら、100メートル離れた警察まで歩いて行き、事件の一部始終を話した。気がつくと、片足は裸足だった。

犯人が近くに潜んでいる可能性もあったので、カーネフは、気分の悪さを我慢して警察官とパトカーに同乗し1時間ほどあたりを捜しまわった。しかし、何の手掛かりも得られなかった。そのうち、首に帯状についた、生々しい赤紫色の傷口から血が滲《にじ》み、目もかすんできた。

後の捜査を警察官に託すと、彼は早々に入院したが、比較的軽傷だったため翌日には退院した。だが、首のあざは2週間以上消えなかった。

「襲われた話を友人にすると、おまえバカじゃないか、なんで好き好んでそんな危ない仕事をしているんだって呆《あき》れられるけどね」

そう言いながら彼は、まん丸い童顔に茶目っ気たっぷりの笑顔を浮かべる。確かに殺されていたっておかしくない。それなのに彼はさっぱり懲《こ》りていないようである。せいぜい、鎖を巻きつけられた猪首を撫でさすりながら、

「いいネタかもしれなかったのに、俺としたことが、手に入れて2、3分で奪われるとは不覚だった」

と、中身を確かめられなかったことを残念がるのである。

カーネフをねらったこの事件は、ロシア国内で週に3日発行されている独立系の全国紙「ノーバヤガゼータ（「新しい新聞」の意）」に、本人の写真入りで比較的大きく掲載された。

しかし、モスクワだけでも、殺人事件が1か月に82件（未遂も含む）、強盗は同じく387件も起こっている治安状況（08年調べ）では、この種の事件は珍しくもなんと

もない。それにもかかわらず、「ノーバヤガゼータ」があえて大きな記事にしたのは、カーネフがこの新聞の契約記者だからだ。

冒頭に記した通り、彼の本職はあくまでテレビジャーナリストである。だが、彼が最も得意とする、犯罪を通してロシア社会の病巣《びょうそう》を抉《えぐ》り出す報道は、今のテレビ界ではほとんどできなくなっているのだ。

「テレビでは報道統制が進んで、批判できない組織や人物のリストがどんどん増えていっているんだ。大統領、首相はもちろん、内務省とその管轄《かんかつ》下の警察、FSB（ロシア連邦保安庁＝旧KGB）、ロシア軍、国会議員、ロシア正教の総主教、モスクワ市長……。せっかく事件取材でスクープを飛ばしても、偉いさんたちが絡《から》んでいるとわかると万事休す。放映はストップだ。だから、テレビで放映できないネタについては、この新聞に書くようにしている。まあ、大方の新聞も、テレビほどじゃないが、ストレートな権力批判はほとんどできない。だから受け皿は、事実上、この新聞しかないんだ」

実は、カーネフの事件を掲載した08年9月4日付の「ノーバヤガゼータ」は、モスクワから1500キロ離れたイングーシ共和国で起きた、もう一つのジャーナリスト襲撃事件にも大きく紙面を割いていた。

マゴメド・エブローエフ。イングーシ共和国の政権に批判的なウェブサイト「イングシーチア・ルー」の主宰者だった彼は、奇《く》しくもカーネフが襲われたのと同じ8月31日、やはり理不尽な暴力の犠牲となって、こちらは命を絶たれてしまった。イングーシ共和国といっても、一般の日本人にはほとんどなじみがない名称だろう。ロシア連邦を構成する共和国の1つで、ヨーロッパ・ロシア南東部、黒海とカスピ海に挟まれた大カフカス（コーカサス）山脈の北斜面中央部に位置する小国である。同国は、東をチェチェン共和国、西を北オセチア共和国と接し、南の国境を越えると独立国のグルジアである。これら、大カフカス山脈と周辺の平野からなる面積約44万平方キロメートルの地域をカフカスという。

さらに、このカフカス地方は、大カフカス山脈を境に、北カフカスと南カフカスに分けられる。

北カフカスには、クラスノダール地方とスタープロポリ地方の他に、イングーシ共和国、チェチェン共和国、北オセチア共和国、ダゲスタン共和国などロシア連邦内の7つの共和国が、狭い軒を連ねるように領土を接している。

南カフカスは、旧ソ連から独立したグルジア、アゼルバイジャン共和国、アルメニア共和国から成る。

1991年のソ連邦崩壊以後、このカフカスは、それまで社会主義政権下で封印されてきた民族対立が一気に噴出し、武力紛争が絶えない〝火薬庫〟でもある。

その対立の構図も複雑だ。帝政時代から絶えず、その版図の拡大を目論《もくろ》み、隙《すき》あらば南下しようとする大ロシアに対して、カフカスの諸民族が連合軍を結成して闘ったこともあれば、カフカスの隣国同士の小競《こぜ》り合《あ》いも少なくない。

イングーシ共和国は、お隣のチェチェン共和国とは民族的に同一で、ソ連時代はチェチェン・イングーシ自治共和国を形成していたが、92年、チェチェン共和国から分離し、単独でイングーシ共和国を樹立した。

面積は非常に小さく、埼玉県ほどの約3600平方キロメートルにおよそ47万人が暮らす。イングーシ人が人口の77％を占め、チェチェン人が20％、ロシア人1％。宗教的にはスンニ派イスラム教徒が多い。

94年、ロシア連邦からの独立をめざす隣国チェチェン共和国と、それを阻止しようとするロシアとの間に勃発《ぼっぱつ》したチェチェン戦争は、この小さな国に少なからぬ影響を与えている。チェチェンからの難民の流入、チェチェン独立派と気脈を通じた反政府武装勢力の活動、それを封じ込めようとする政権の露骨な弾圧が一般市民の反感を呼ぶなどして、一触即発の政情不安が続いていた。

殺害されたエブローエフはこうした状況の中、ロシア連邦とイングーシ共和国の治安機関が、一部の住民を拉致《らち》、殺害しているとして、彼の運営するウェブサイト上で告発していた。被害に遭った住民らは、治安機関から一方的に、武装勢力の息がかかった者と見なされていたのである。

さらに彼は、元FSB（ロシア連邦保安庁＝旧KGB）出身で、プーチンの全面的な支援を受けていたイングーシ共和国大統領ムラート・ジャジコフ（当時）が自分の暗殺を企てているとすっぱ抜いた。

憤激した政権は、08年6月、過激主義を広めたという理由でエブローエフのウェブサイトの閉鎖を命じたが、彼はその後、違う名称で復活させていた。

まさに、権力との危険なイタチごっこを続けていた最中の8月31日、事件は起こった。この日エブローエフは、モスクワでの仕事を終えて、空路、イングーシ共和国への帰途につき、午後1時30分、同国の首都マガスの空港に降り立った。ところが直後に警察官に拘束され、共和国内務省の特別仕立ての武装ジープに押し込められた。

これを、エブローエフを出迎えに来ていた友人や親族が目撃した。猛スピードで走り去る武装ジープを友人の車が追跡し、時ならぬカーチェイスが始まったが、抜群の性能を誇る武装ジープに普通の車がかなうわけもなく、およそ15分後には振り切られてしまった。

やがてジープは、公立病院の敷地内に滑り込み、入り口付近で急ブレーキをかけ停車した。ドアが開きなにかを放り出すとすぐにドアが閉まり、再びフルスピードでその場を走り去った。

後には、頭を撃ち抜かれたエブローエフの体が転がっていた。彼はただちにその病院に収容されたが、数時間後に死亡が確認された。

イングーシ共和国の内務省は、インタファックス通信の取材に答えて、エブローエフは、同年8月18日、同国の中心都市ナズランで起きた爆発事件の参考人として取り調べるため拘束したが、警察署に向かう車中で、警察官の銃を奪おうとして揉み合ううちに銃弾がこめかみに当たったと発表した。

しかし、彼が連れ去られるところを目撃した友人や知人は、「子供騙《だま》しの言い訳だ。これは絶対に偶発事故などではありえない」と強く反発。警察官は最初から殺害する目的で彼を拘束し、空港から離れるとすぐに彼に銃弾を撃ち込み、病院前の路上に置き去りにしたと主張した。

この殺害事件について、イングーシ共和国内のマスコミは、同国の報道規制によって一切沈黙した。ロシア全土では、テレビのキー局の1つであるＮＴＶ（独立テレビ)が、同共和国内務省の見解そのままに、「拘束に抵抗した末に殺害された」とするヘッドラインを短く流した他は、ラジオ局の「エホ・モスクブイ(「モスクワのこだま」の意)」、インターネットのニュースサイトが触れただけである。

そうした中で唯一《ゆいいつ》、わざわざ特派記者を派遣してこの事件を詳細にレポートしたのが、カーネフの事件を報じた、あの「ノーバヤガゼータ」だ。

9月4日付の紙面は、見開き2ページにわたって、このエブローエフの事件で埋め尽くされた。

同紙の特派記者、エレーナ・ミラシナが彼女の目で見た事件の全貌《ぜんぼう》を報告したものだが、特筆すべきはその大見出しだ。「抵抗した末の殺害」。これは明らかに、「拘束に抵抗した末に殺害された」とするNTVの腰が引けた報道への皮肉である。

「拘束に抵抗した」と報じれば、視聴者は、「銃を奪おうとしたことが悪い。だから殺害もやむを得ない」という印象に傾く。しかし、「拘束に」を取り払うと、読む者には全く違った情景が思い浮かぶ。

「ノーバヤガゼータ」の主な読者は、民主主義や言論の自由、基本的人権の侵害にことさら敏感なインテリ層だ。大見出しの短いコピーを読んだだけで、何が起こったのか察するというわけである。

さらに、特派記者であるミラシナの記事には、NTVが報じなかった驚くべき事実があった。エブローエフの宿敵ともいえる大統領のジャジコフは実は、エブローエフが空港で警察官に拘束された時、目と鼻の先にいたのだ。なんと、2人は同じ飛行機に乗り合わせていたのである。

そのため、この事実を知る人たちの間でこんなうわさが広がっていた。エブローエフとジャジコフは、飛行機の中でつかみ合いのけんかをしていた——。

しかも、ジャジコフは、飛行機から降りた直後、出迎えた同共和国内務大臣のムーサ・メドフと何事か協議を巡らしているのである。エブローエフが連れ去られたのはまさにその直後だ。

ミラシナは渦中《かちゅう》のジャジコフに電話を入れた。彼女は以前、彼に長時間のインタビューを行っており、何事か起ればすぐに連絡が取れる間柄だった。

紙面には、一問一答の短いインタビュー記事が、意味ありげな薄笑いを浮かべるジャジコフの写真とともに別枠に掲載された。

ミラシナが単刀直入に聞く。

「飛行機の中で、あなたとエブローエフの間にトラブルがあったのですか?」

ジャジコフは、それにはすぐに答えず、まず飛行機の中での状況を説明した。

「私は、大統領専用機を持つことは分不相応だと思うので、いつも一般の人たちと同じ飛行機に乗ることにしている。ただし、ビジネスクラスに設けられた専用の席に座る。私のそばにはいつも何人かの人たちが立ち寄る。あの時も数人が来たが、その中にエブローエフはいなかった。そもそも私は彼を個人的には知らないし、私と彼の間にいかなる接触もない。だから、口論や殴り合いなど起ころうはずがない。すべて嘘《うそ》だ。だいたい、私は彼を一度も見たことがない」

「しかしあなたは、彼の活動に憤慨していた。少なくともイングーシ共和国の政権は、エブローエフのウェブサイトを閉鎖させた」

「ウェブサイトを閉鎖したことについては私の管轄ではない。それは検察庁が命じた」

「あなたは次の事実についてどう説明されますか。マガスの空港であなたが、内務大臣のメドフと彼の護衛の警察官たちと会った直後に、エブローエフはこの警察官たちに拘束された。彼らはエブローエフの顔をよく知っていた」

「私はいつも、飛行機で帰ってきた時は、我が国の政情を把握するために内務大臣のメドフに会い、説明を聞くことにしている。この時もメドフは私に報告した。私は直後に車に乗って去った。その後、エブローエフの身に何が起こったか解明するのは検察庁の仕事だ。あなたは、検察庁に電話をしてコメントを求めた方がいい」

「エブローエフの殺害について一言」

「それはもちろん悲劇だ。どこか遠くで交通事故が起こって人が死んでも悲劇だ。人間の死はいつだって悲しい」

ジャジコフはこううそぶいた。

この衝撃的な事件は、前に述べたようにイングーシ共和国の中では一切報じられなかったが、「人民のラジオ（ミラシナの記事にある表現――口コミのこと）」に乗って瞬《また》く間に国中に知れ渡り、市民の憤激を誘った。そして、殺害直後から、軍人や警察官を狙《ねら》った銃撃事件が連日のように発生し、政情不安に拍車をかけた。

こうした混乱の責任をとって大統領のムラート・ジャジコフは2008年10月に辞任。代わって任命された新大統領のユヌスベク・エフクロフの下で検察当局は、エブローエフ殺害の実行犯は、内務省の警備隊長で、被害者と同姓のイブラギーム・エブローエフという男であると断定、彼を逮捕して取り調べが始まった。

同国内で、同姓であるということは、何らかの血縁があることを意味する。マゴメド・エブローエフは血のつながった人間に殺害されたのだ。

ところが事件は紆余曲折《うよきよくせつ》を辿《たど》った。その後、突然、捜査は打ち切りとなり、実行犯とされたイブラギームは釈放されてしまったのである。数か月後、これも突然、捜査が再開され、イブラギームはようやく起訴された。だが、法廷では、殺人罪は適用されず過失致死罪にとどまったため、判決は懲役2年半の軽いものだった。しかも執行猶予《ゆうよ》が付いたため、彼は収監を免れた。背後関係についてはまったく捜査されていない。

ミラシナは言う。

「状況からして、殺害を命じたのが大統領のジャジコフと内務大臣のメドフであることに疑いをさしはさむ余地はありません。政権の関与が明白なあまりにもショッキングな事件で、私は全世界に報じられるべきニュースだと思いました。ただ正直なところ、私が驚いたのは、殺害そのものよりその殺し方です。普通なら、政権の関与が疑われないように、殺し屋を雇って別の場所で殺害するはずなのに、なんであんなあからさまなやり方をしたのか理解できません。ところがそれでも、ジャジコフらに司直の手は伸びない。結局、この国では、軍服を着た人間や権力者はやりたい放題です。何をしても責任を問われない。反対にジャーナリストは、国家からまったく守られていない存在なのです」

実は、ミラシナが所属する「ノーバヤガゼータ」には、こうしたジャーナリスト襲撃事件をとりわけ熱心に報じるある理由があった。この2008年までに、同紙のジャーナリスト3名が次々に悲劇的な死を遂げていたからである。

2000年5月、評論員(日本で言えば、論説委員あたりに相当する)のイーゴリ・ドムニコフが、自宅アパートの入り口でハンマーで頭を殴られ、2か月後に死亡した。03年7月には、副編集長のユーリー・シュチェコチーヒンが、毒物によると思われる奇怪な死を遂げた。

06年10月には、チェチェン戦争の真実を報道することに文字通り命を賭《か》けた、評論員のアンナ・ポリトコフスカヤが白昼、モスクワ中心部の自宅アパートのエレベーターの中で射殺された。この事件は、「ロシアの言論の自由の危機」を象徴するものとして、全世界に衝撃を与えた。

ミラシナが、エブローエフの殺害そのものには驚かず、むしろ、その大胆不敵な手口の方にショックを受けたのは、こうした先例があったからである。

ロシアで今、ジャーナリストたちが次々に襲われている。

ジャーナリストの権利擁護を訴えている「緊急事態ジャーナリズムセンター」のオレグ・パンフィーロフの調査によれば、ロシアでは、ジャーナリストの身辺を脅《おびや》かす襲撃事件が年間80～90件起こっている。「ノーバヤガゼータ」のジャーナリストたちや、イングーシ共和国のエブローエフのように、最悪、殺害されるケースも後を絶たない。

「グラスノスチ（情報公開）擁護財団」のアレクセイ・シモノフ所長によると、プーチンが大統領に就任した２０００年から09年までに、１２０人のジャーナリストが不慮の死を遂げている。

「このうち約70％、つまり84人が殺害されたとみられるが、自身のジャーナリスト活動が原因で殺されたと推測できるのは、さらにそのうちの48人だ。48人の殺害のほとんどは嘱託殺人と思われるが、首謀者、実行犯ともに逮捕された例は数えるほどしかない」

ジャーナリストの犠牲は本来、戦闘地域において甚大《じんだい》である。スクープを求めて常に最前線へ最前線へと飛び出していく彼らは、時として一般の兵士たちよりもよほど危険だ。事実、パリに本拠を置く「国境なき記者団」によれば、イラク戦争が始まった03年3月から06年3月までに、イラク国内で１８４人のジャーナリストが命を落としている。

ロシアの場合はどうか。

確かに同国は、94年から96年まで第1次チェチェン戦争を闘い、再び99年から第2次チェチェン戦争が始まったが、現在では、ロシア軍がチェチェン全土をほぼ制圧し、表立った戦闘は事実上終息している。

さらに、08年8月には、南カフカスに位置する南オセチア共和国の帰属をめぐって、ロシアとグルジアの間に紛争が勃発した。しかしこの紛争は、1週間あまりで停戦となった。また、これらの戦闘はいずれも局地戦である。

懸念《けねん》されるチェチェンの武装独立派によるテロは北カフカスで頻発しており、モスクワでも、02年10月の劇場占拠事件、04年2月の地下鉄爆破事件、さらに、10年3月の同じく地下鉄連続爆破事件など、数年おきに起きている。社会不安を増大させるには十分だが、それ以外の広大な地域は、ほぼ平和が保たれた状態と言っていい。

そのロシアで、ジャーナリストたちの命が危険に晒《さら》されているのである。銃撃され、ハンマーで殴られ、ナイフで刺され、金属の鎖で首を絞められ、あるいは得体の知れない毒物を盛られて。

それは決して、サスペンス映画の中の話ではない。日常茶飯事のように起こっている紛れもない現実なのだ。

おかげで、こんな危ない仕事に就くのは、よっぽど向こう見ずで命知らずの人間だという特殊なイメージさえ、一般の国民の間に定着してしまっている。カーネフが友人から、なにを好き好んでそんな仕事をしているのかと呆《あき》れられるわけである。

「ジャーナリストたちはいまや、綱渡りの曲芸師や屋根ふき職人のように、危険をヒラリとかわす技術を持っている職業を、羨望《せんぼう》の念をもって見ている」

77年前の1933年2月、当時のドイツの評論週刊誌「世界舞台」は、ヒットラー政権誕生直後に始まったすさまじい言論弾圧を、皮肉交じりにこう評した。今のロシアでも、似たような事態が進行しているのである。

「いや、ロシアの大部分のジャーナリストたちにとって、暗殺なんて別世界の話だ。なぜなら、政権にサービスするジャーナリストがほとんどだから。彼らには、高い報酬と安楽で快適な寝床が約束されている。それ以外の、権力批判を恐れない我々のようなほんの一握りの少数派だけが命を狙われているのだ」

「ノーバヤガゼータ」の副編集長、セルゲイ・ソコローフの言葉は強烈なパラドックスに満ちている。

ソ連時代、いわゆる反体制派は厳しい弾圧に晒された。投獄され、精神病院に放り込まれ、国内流刑《るけい》や国外追放の憂《う》き目に遭った。とはいえ、スターリン独裁下は別として、その後のフルシチョフ、ブレジネフ時代以降、処刑された者はいない。ところが、現代の体制批判者は、裁判によらず、白昼の街頭でいきなり射殺されるのである。

どちらがましか、などと比較するのは無意味かもしれない。しかし、社会主義時代の言論弾圧に比べて現在のそれは、権力の関与が巧妙に隠ぺいされているところに、底知れない不気味さを感じる。

この困難な状況に、文字通り命を賭《と》して立ち向かっているのが、「ノーバヤガゼータ」とそこに働くジャーナリストたちである。しかし、その闘いは予断を許さない。「結局、ポリトコフスカヤのようになるか（殺害されるか）、財政上の制裁（税務署の厳しい監査など）によって日乾《ひぼ》しになるか、二つに一つだ」

苦渋を帯びたソコローフの言葉には戦慄《せんりつ》を禁じ得ない。

74年間の社会主義体制から脱却して、私たちと同じ体制を選びとったはずのロシアで今何が進行しているのか。その驚くべき実態を、ここにお伝えしたい。

第１章

悲劇の新聞

編集会議は同僚の遺影が見下ろすスペースで行なわれる

クレムリンや赤の広場からほど近いモスクワの中心部に、「チーストイ・プルディ」という名の地下鉄駅がある。

プラットホームから、モスクワ名物の長いエスカレーターを上って地上に出ると、市電の軌道の向こう側に、大勢の人が人待ち顔でたむろする広場が現れ、その先に並木道が続いているのが見える。並木道を少し歩くと、きれいな湧水《わきみず》をたたえた池につきあたる。

駅名の「チーストイ・プルディ」とは、ロシア語で「澄んだ泉」という意味である。この池にちなんだ命名に違いない。

夏ともなれば、木漏れ日が水面に映えて、キラキラと美しい陰影を作り出すこの池のほとりは、「モスクビッチ（モスクワっ子）」たちのかっこうの憩《いこ》いの場だ。

「ノーバヤガゼータ」の社屋は、ここから歩いて2、3分ほどの閑静な場所にある。

おそらく20世紀初頭に、出版所として建てられたオフィスを現代風に改築したもので、5階建ての2階と3階部分を借り受けているのである。経営部門は2階、編集局は3階にある。

私がこの新聞社に初めて足を踏み入れたのは、2008年6月のことである。新聞社というより、出版社といった方がいいこぢんまりしたたたずまいだが、編集局の内部は意外にモダンで快適な空間で、日本の報道機関にありがちな殺風景さはそこにはなかった。

まず目につくのは、廊下の壁にいくつも飾られた写真パネルである。ソ連時代、政府の迫害に屈せず、反体制を貫いた原子物理学者アンドレイ・サハロフとその夫人のエレーナ・ボンネル、バレリーナのマイヤ・プリセツカヤなど、有名人のモノクロ写真が並んでいるかと思えば、世界各地の自然の奇観を大胆に切り取った原色の風景写真もある。

聞けば、これらは、ユーリー・ロストという著名な写真家の作品であるという。

編集室も、日本のように大部屋ではなく、所属によって、3、4人ずつの小部屋に分かれ、評論員には個室が与えられている。

ほとんどの部屋には、外に向かって大きく開け放たれた窓がある。記者たちは、パソコンに向かう仕事に疲れると、窓の外の緑に目をやってつかの間の休息をとるのである。

廊下のつきあたりは、大きなテーブルと椅子《いす》が並べられた円形のオープンスペースになっている。この壁にも3葉の写真が飾られているが、それは、ユーリー・ロストの作品ではない。

イーゴリ・ドムニコフとユーリー・シュチェコチーヒン、そして、アンナ・ポリトコフスカヤ。非業《ひごう》の死を遂げた同社のジャーナリスト3名の遺影である（後に、新たに3名の遺影が加わることになる）。

彼らの柔和な笑顔が見下ろすこのオープンスペースで毎日、編集会議が開かれ、企画が練られる。

「ノーバヤガゼータ」の創刊は1993年4月である。

日本でいえば、朝日や読売などになぞらえられるロシアの大手紙「コムソモーリスカヤプラウダ」の記者50人余りが、同紙のタブロイド化に反対して社を去り、今までにない新しい理想的な新聞を作るという意気込みで、その名も「ノーバヤガゼータ（新しい新聞）」をスタートさせた。

社員数126名、部数27万部あまりの小さな新聞である。社員の年齢層は18歳から

75歳までと幅広く、記者の平均年齢は40歳である。大学で学びながら正社員として働いている若い記者もいれば、勤めていた新聞が廃刊になったり、報道統制のために書きたいことが書けなくなって移籍してきた著名なジャーナリストもいる。

現在のロシアは建前上は、西側先進諸国と同様、民主主義国である。憲法は、思想と言論の自由、そしてメディアの報道の自由を保障し、検閲を禁止している。それにもかかわらず、今のロシアに報道の自由はほとんどない。いったいどうしてなのか。

政権のメディア支配は、エリツィン時代末期から始まってはいたが、2000年にプーチンが大統領の座について以降、一層強化された。プーチンは、反政権色の濃いメディアの経営者や大株主に圧力をかけて経営権の放棄や株の売却を強制し、代わりに、政府や政府系企業が株を独占するというやり方で、着々と言論統制の布石を打った。こうした搦《から》め手《て》からの手法であれば、憲法に抵触することはないのである。

その結果、テレビはもちろん、ほとんどのメディアで、表立った政権批判、権力批判はタブーになってしまったのだ。

そうした中で気を吐いているのが、この「ノーバヤガゼータ」である。いかなる時も一般市民、あるいは弱者の立場に立ち、「不偏不党」「中立公正」を貫き、鋭い権力批判を厭《いと》わない。この創立時のモットーは今も不変だ。

しかし、一見当たり前のこの原理原則は、今よりもはるかに報道の自由があったエリツィン時代初期においてさえ、他の多くのメディアにとっては、守るに足るものとは思われていなかったようだ。それは、「ノーバヤガゼータ」の創刊間もない93年10月3日に起こったモスクワ騒乱事件の報道が如実《にょじつ》に物語っている。

当時、エリツィン政権の副大統領を務めていたアレクサンドル・ルツコイと、ロシア最高会議（国会に当たる）議長だったルスラーン・ハズブラートフは、エリツィンが推し進める急進的な経済改革に異を唱え、大統領と激しく対立。支持者とともにロシア最高会議ビルに立てこもる騒ぎとなった。

これに対しエリツィンは、軍に出動を命じた。この命令によって、首都のど真ん中に姿を現した戦車が最高会議ビルに向けて轟音《ごうおん》とともに砲弾を撃ち込み、多数の死傷者を出した。翌4日、ルツコイとハズブラートフは降伏し、逮捕された。

この事件は、別名、ホワイトハウス襲撃事件とも言われる。それは、この最高会議ビルの外壁が白いことから、通称〝ベールイドーム（ロシア語で〝ホワイトハウス〟）〟と呼ばれていたためだ。そのホワイトハウスの外壁が砲弾で真っ黒に焼け焦《こ》げた光景を、日本の人々もテレビなどで目にしたことがあるはずだ。

いかに反対派が強硬手段に出たとはいっても、一国の大統領が、日本で言えば国会議事堂に相当する建物に砲弾をぶち込むなど、およそ文明国ではありえないできごとである。

だが、意外なことに当時、エリツィンのこの蛮行を問題視する声は、ロシア国内では少数派にとどまった。むしろ、有力紙や改革派の新聞は、ルツコイやハズブラートフを民主主義の敵として悪魔のように非難し、「エリツィンを支持しなければ、民主主義は滅びる」という論陣を張った。

当時の高級紙「イズベスチア」までが、「無力な政権のおかげで、ロシアではファシズムが勝利する危険性があった」と論評した。つまり、政権が弱腰だったために、ルツコイやハズブラートフら〝ファシスト〟を増長させたと批判したのである。その上、エリツィンはむしろ、早く武器を使った方がよかったとさえ主張した。

さらに、詩人や小説家、科学アカデミー会員の学者、シンガーソングライターなど、ロシアでは知らぬ者のない著名な文化人40名が、「イズベスチア」紙上でアピールを行い、エリツィンを支持し、最高会議を非合法化すべきであると呼びかけた。これらの著名人の中には、ソ連時代の元反体制派や、筋金入りの民主主義者と見なされていた学者もおり、社会への影響力は大きかった。

これに対して、「プラウダ」「ソビエツカヤロシア」「ジェン」などの保守系新聞は、ルツコイとハズブラートフを愛国者として支持し、かたやエリツィンを、経済政策の失敗でロシアを混乱に落としいれた張本人として激しく批判した。

つまり、全《すべ》てのマスコミが、親エリツィン、反エリツィンに分かれて、双方が激しい情報宣伝合戦を繰り広げたのである。そこには、冷静に事実を報道しようとする姿勢はみじんも見られなかった。

唯一《ゆいいつ》「ノーバヤガゼータ」だけがどちらにも与《くみ》しなかった。早い段階から、「これは民主主義者とファシストの闘いではなく、ただの権力闘争にすぎない」と看破し、双方を批判、「犠牲者の遺体に対してさえ、敵か味方かと区別をしている間はこの戦争は終わらない。今こそ、国全体が喪に服する時だ」と主張したのである。

そして、政府関係者、最高会議ビルに立てこもった者、その支持者、一般市民などの生の声をつぶさに拾い、事件の真相に迫ろうとした。

ところが驚いたことに、エリツィン政権はこの時、ソ連時代を思わせるあの悪名高い検閲を復活させたのである。印刷所に検閲官を配置して新聞や雑誌をチェックさせ、政権にとって気に入らない文言を削除させたのだ。政権に批判的な「ノーバヤガゼータ」もその対象になった。しかし編集部は、この削除された空白部分に「検閲で削除」と明記することで抗議を行った。読者はこれを支持し、政権の言論弾圧を非難した。

曲がりなりにも民主主義を標榜《ひょうぼう》する政権が、検閲を復活させた波紋は大きかった。世論の強い反発を買った政権は、たった3日で検閲を廃止せざるをえなくなった。エリツィンの元報道官パーベル・ボッシャーノフが、この検閲復活を引き合いに出して同紙に語った言葉は示唆《しさ》に富んでいた。

彼は、「エリツィン政権にとって、自由なメディアはもはや必要ないのだ」と、エリツィンを民主主義者と見ることを批判した。そして、「今回のホワイトハウス襲撃事件で、クレムリンはホワイトハウスに対して勝利を収めはしたが、その勝利は結果的には敗北であり、政治家としてのエリツィンに未来はない」と大胆な予測をした。

エリツィンはその後、96年の大統領選挙で辛くも再選を果たし、元報道官ボッシャーノフの予言は外れたかに見えた。だが、政権内部の腐敗、自身の健康不安に加え、98年の金融危機などが国民の大きな失望を買う。わずか3～6％の低支持率にあえいだ挙句、99年12月に電撃辞任した。まさにボッシャーノフの言葉通り、エリツィンは「敗北」したのである。

今では、すでにそのエリツィンも鬼籍に入った。当時のことをほとぼりの冷めた頭で顧みるに、「エリツィンを民主主義者だと信じたのはどこのどいつだったのだ」と自己嫌悪《けんお》に陥るというのが現在のロシア人の大方の心理である。加えて、あの流血騒ぎが、単なる権力闘争であったことを疑う者もいない。

「レベルの低い選択だった。2つの悪のうち、よりましな悪の方を選んだにすぎない」

人々はこうつぶやく。

結局、正義はどちらの側にもなかった。「ノーバヤガゼータ」の記事だけが、歴史の評価に耐えうるものだったのだ。創刊からわずか半年で、同紙はその真価をいかんなく発揮したのである。

それから17年。現在では、政権に批判的なメディアは、新聞では同紙、雑誌では「ザ・ニュー・タイムス」、ラジオでは「エホ・モスクブイ」ぐらいになってしまった。その中で本格的な調査報道を行っているメディアは、事実上「ノーバヤガゼータ」だけである。

ロシアでもインターネットの普及によって読者の新聞離れは著しく、とりわけ、同紙のような規模の小さな新聞の経営は苦しい。しかし、他のメディアが、経営難から軒並み、政府系企業や新興財閥に買収される中、ほぼ唯一、独立系メディアとして踏みとどまったことも、権力批判を可能にしている理由である。

そうした、独立不羈《ふき》の報道姿勢と、本質を見誤らない論調、歯に衣着《きぬ》せない権力批判ゆえに、同紙は多大な人的犠牲を払わなければならなかった。

先にふれた3人の犠牲者に続き、オフィスの中に飾られる遺影写真は増える一方だ。

2009年1月、同紙の顧問弁護士で、戦争犯罪や人権蹂躙《じゅうりん》事件の被害者の弁護を担当していたスタニスラフ・マルケロフと、彼を取材中だった「ノーバヤガゼータ」の契約記者アナスタシア・バブーロバが、白昼のモスクワの路上で射殺された。

さらに同年7月、同じく契約記者で、人権活動家でもあったナターリア・エステミロワがチェチェン共和国の首都グローズヌイで拉致《らち》され、殺害された。

これらの事件については改めて詳述するが、いずれも、彼らの日頃の仕事、活動が殺害の原因になったことは間違いない。

いったい、「ノーバヤガゼータ」の他の記者たちは、同僚のこれだけの悲劇を目《ま》の当たりにしてもひるむことはないのだろうか。

イングーシ共和国でのエブローエフ殺害事件を取材したエレーナ・ミラシナが言う。

「アンナ・ポリトコフスカヤが殺された時は、ものすごく怖《おそ》ろしかった。彼女の、ジャーナリストの域を超えた人権擁護の活動が危険であることはわかっていましたが、まさか白昼に、それも女性が、モスクワのど真ん中で射殺されるなんて……。でも、マルケロフ弁護士が殺された時に感じたのは恐怖よりも怒りです。自分の命を守るためにはむしろ、ジャーナリストとしての仕事を続けなければならない。そう決心したのです」

マルケロフ弁護士と女性記者が襲われたという第一報が「ノーバヤガゼータ」の編集部にもたらされた時、錯綜《さくそう》する情報の中でこんな声が飛んだ。「その記者はきっとエレーナ・ミラシナだ」。殺し屋に命を狙《ねら》われてもおかしくない危険な取材を、彼女は次々にこなしていたからである。

こうしたエピソードを紹介すると、権力を向こうに回して一歩も引かない女闘士、といったイメージを抱くかもしれない。だが、実際の彼女は、胸までたらした栗色《くりいろ》の巻き毛と小柄でぽちゃっとした体型が愛らしい、見たところごく普通の女性だ。

その彼女が、ほとんど何気ない調子で、微笑《ほほえ》みさえ浮かべながらこう言うのである。

「もし私が殺されても、『ノーバヤ』の同僚たちがそのあとを引き継ぐでしょう」

ロシアという国で、あらゆる圧力に屈せず、あくまでジャーナリストの良心を貫こうとすれば、これほどの勇気と覚悟を迫られるのだろうか。

私は思わず彼女の顔を凝視せずにはいられなかった。

第2章

奇妙なチェチェン人

危険を顧みず取材に邁進するエレーナ・コスティチェンコ

私が「ノーバヤガゼータ」の編集部で初めて話を聞いたのは、ロマン・シレイノフという30代の若いジャーナリストである。

２００８年6月、私は、ジャーナリスト3名が犠牲になったそれぞれの事件（のちに6名となる）について詳しい記者を紹介してほしいと、あらかじめ同社の秘書課に申し入れていた。そもそも私が同紙に関心を持つきっかけになったのが、この3つの事件だったからだ。そして、2、3日後に先方がセッティングしてくれたのがシレイノフだった。

私は、ジャーナリストの原点――つまり、権力の不正や悪と闘う――をまさに地で行く「ノーバヤガゼータ」のジャーナリストたちに畏敬《いけい》の念すら抱いていた。ところが、実際に会って聞いた彼の話は、私の勝手な思い入れに肩すかしを食わせる淡々としたものだった。

1994年に大学を卒業した彼は、創刊間もなかったこの新聞の理念に共鳴したとか、憧《あこが》れのジャーナリストがいるとか、明確な理由があって同紙を選んだわけではなく、あくまでなりゆきで入社したのだという。

彼は現在、社内の調査部という部署に所属して、さまざまな事件の調査報道を行っている。警察にしろ、裁判所にしろ、すべては政府の管理下にあるため、公式の情報は全くあてにならない。捜査官と個人的に親しくなって裏の情報を仕入れたり、渦中《かちゅう》の人物の知り合いに接触するなどして、独自情報を入手するようにしているという。

つまりは、夜討ち朝駆けで警察関係者の自宅に日参する日本の新聞記者と同じようなことをやっているようだが、公式の情報が全くあてにならないという点は、ロシアならではの事情である。

シレイノフは最近の記事で、メドベージェフ大統領やプーチン首相の親族や知人が、その特権に物を言わせて不透明な蓄財やビジネスを行っている実態を暴《あば》いて見せた。こうした政治家と金を巡る調査報道はいまや、「ノーバヤガゼータ」の独壇場である。なぜなら、他紙ではもはや、取り上げることすらできないテーマだからだ。

「『ノーバヤガゼータ』では、3人ものジャーナリストが亡《な》くなっているが？」

私は、同紙の最大の悲劇について切り出した。しかし、

「人々はみな、ジャーナリストの死に慣れている」とそっけない。

「あなた自身は怖くはないのか」

「いや、我々の新聞は全国紙で、私はその本社に所属しているから、それほど危険だとは思わない」

本社所属のジャーナリストがすでに3人も殺されているのに、この言葉は意外だった。

どういう意味なのだろうか？

「地方のローカル紙や、全国紙でも支局のジャーナリストの方が、より危険だということだ。地元の権力者の批判を掲載すれば、狭い限られた地域の中で反響が大きいから、それだけダイレクトにリアクションが返ってくる」

つまり、こういうことなのだ。彼が具体的に説明してくれた。

ローカル紙で権力批判をする場合、主に、州知事や市長、地元の治安関係者、企業のトップなど、身近な権力者が対象に上る。日本では考えられないが、ロシアの場合、こうした地方の権力者の中には、自身がマフィアの親玉だったり、そうでなくとも、犯罪者集団と密接なつながりを持つ人物がうようよいる。そんな札付きの人間を敵に回したらどうなるか。彼らは、法に訴えるなどというまだるっこしいことはしない。

殺し屋を雇い、記事を書いたジャーナリストの殺害を企てるのである。

全国紙の場合は、大統領や首相、国会議員や国家公務員、大企業のトップなど、国レベルの権力者をターゲットにすることが多い。記事としてのインパクトはもちろん大きく、普通に考えればこちらの方がよっぽど危険に思えるが、関係が濃密な限られた地域よりも範囲が広い分、反応は拡散するのだと言う。

それに、大統領や首相はさすがに、地方の胡散臭《うさんくさ》い有力者たちとは違い、批判的な記事を書かれたからと言って、即座に殺し屋を差し向けるほど野蛮ではない、ということらしい。

結局、この時のインタビューは時間があまり取れずに、3人の事件については聞けずじまいだった。するとシレイノフは、自分の代わりに別のジャーナリストを紹介してくれた。それが、ロシア軍人上がりのジャーナリスト、ベチェスラフ・イズマイロフだった。

見たところ50代半ば、小柄で禿頭《とくとう》、軍事評論員という肩書を持つイズマイロフは、3人の事件の調査を担当している。彼は、明日改めて社を訪ねるように言った。

そして翌日、私は彼の指定の時刻にイズマイロフの部屋を訪ねた。他の部屋と違って、珍しく窓がひとつもないこの個室にはすでに先客が2人、イズマイロフに相対する形で椅子《いす》に座っていた。

一人は、恰幅《かっぷく》のいいメタボ気味の中年のロシア人男性だったが、私は、もう一人の男性の姿に目を奪われてしまった。

足下まである黒い長衣、その下に詰襟風の真っ白いシャツを身につけた、アラビア半島あたりのイスラム教徒と見まごうばかりのいでたちをしていたのである。往年の名画「アラビアのロレンス」の登場人物を思い浮かべたくらいだ。

イズマイロフと名刺の交換をする間も、私はその男性が気になり、ちらちらとその横顔を盗み見た。

細く高い鼻梁《びりょう》と、刈り込まずに、耳下まで伸ばした柔らかい黒髪。やはり柔らかそうな口髭《くちひげ》とあご髭。痩身《そうしん》。といって、普通のロシア人とたいして変わらない肌の色から、中近東の人間でないことは一目でわかる。この人物はいったい誰なのか。

その部屋の主であるイズマイロフは、まず、メタボ気味の男性と話し始めた。男性は、口角泡を飛ばす勢いで、しきりにイズマイロフに訴えている。

彼は37年間も、ロシア軍のパイロットとして、アフガニスタン戦争や第1次、第2次チェチェン戦争に従軍。祖国のためにいくつもの手柄を立てたのに、退役してモスクワに帰ってみると、満足にアパートもあてがわれず、家族4人、わずか30平方メートルのバラックのような小屋に生活しているというのである。

「これを見てくれ！」

男性はいくつかの写真を取り出した。確かに、日本の建設現場で見かける作業員用のプレハブ宿舎のような建物が映っている。

「私は大佐だ。それなのに、こんなバラック（ロシア語でも「バラック」の意は日本と同じだ）に家族4人が押し込められているんだ。いろんな役所をかけずり回ってアパートの提供を申請したが、どこも相手にしてくれない」

万策尽きた男性は、「ノーバヤガゼータ」に飛び込み、このことを記事にしてほしいと、同じく退役軍人であるイズマイロフに懇願していたのである。

この新聞社は、彼のような社会的弱者、つまり、国家に見捨てられたり、人権侵害の犠牲となってどこにもその被害を訴えることのできない人々の最後の拠り所《よりどころ》、駆け込み寺のような存在でもある。彼らの窮状にできるだけ耳を傾け、紙面に反映させるというのが、同紙のポリシーのひとつなのだ。

告発記事がひとたび活字になれば、「ノーバヤガゼータ」のような部数の少ない新聞であっても、ある程度の影響力がある。行政も無視できずに何らかの救済策を申し出る場合もあれば、民間の人権団体が援助の手を差し伸べることもある。

だから同紙は、報道機関であると同時に人権擁護機関でもあり、同紙で働く記者たちは、人権擁護活動家としての顔も併せ持つことになる。06年に自宅アパートのエレベーター内で射殺されたアンナ・ポリトコフスカヤは、その傾向がとりわけ強かった。

彼女は日頃、自分の席を温める暇もなくチェチェンに出かけていたため、社内で彼女の姿を見ることはまれだった。だが、「ああ、今日はアンナが在社している」と、社内のだれにもわかるサインがあった。それは、社屋の玄関口に人々が長蛇の列を作っているのを窓からのぞいた時だ。さまざまな窮状を抱える人が、ポリトコフスカヤに話を聞いてもらおうと会社に押し寄せていたのだ。

人々の話を、彼女はいつも辛抱強く丁寧に聞いていた。そして可能な限り、紙面に取り上げようとした。

退役軍人のイズマイロフもこの時、ポリトコフスカヤと同じように、ロシア軍パイロットの訴えに同情し、彼の力になろうとしていたのだ。

ということは、もう一人のこのイスラム服の男性もやはり、何らかの助けを求めて、「ノーバヤガゼータ」に駆け込んできたのだろうか。

その彼は、パイロットの男性の話に耳を傾け、時折相槌《あいづち》を打ちながら、「家族4人でこんなバラックに?」「ひどい!」と同情の言葉を漏らしていた。そして、2人の会話が途切れた時、「私は4か月間も捕まっていた。彼らはファシストだ!」と声を張り上げた。

言いたいことをすべて言い終えたのか、まもなくパイロットの男性が退出し、ようやく私がイズマイロフと話せる順番が回ってきた。

私はまず、同紙評論員のイーゴリ・ドムニコフの殺害事件と、副編集長のユーリー・シュチェコチーヒンの不審死について質問した。アンナ・ポリトコフスカヤの事件はすでに世界的に有名だったから、私もある程度のことは知っていた。それゆえ、あまり知られていないこの2人の事件について、まず聞きたかったのだ。

イズマイロフは、ドムニコフの事件についてこう説明した。

99年から2000年にかけてドムニコフは、ロシア西部に位置するリーペック州の官僚の汚職の実態を、「ノーバヤガゼータ」紙上で取り上げた。すると、それを読んだ州副知事が激怒し、知り合いの実業家に相談する。その実業家は、誘拐や殺人を請け負うエドアルド・タギリヤーノフという男が率いるギャング団にドムニコフの殺害を依頼したという。ギャング団の一味は、ドムニコフを尾行してその行動パターンを把握した末、2000年5月、自宅アパートの入口で彼を襲い、ハンマーで頭部を何回も殴りつけた。ドムニコフは意識不明の重体に陥り、およそ2か月後に死亡した。タギリヤーノフギャング団は、03年、首領のタギリヤーノフ以下16人が23件もの殺人の罪で逮捕された。この中に、ドムニコフ殺害の実行犯3人も含まれていた。実行犯は取り調べで、この実業家から殺害を依頼されたことを自白している。「ノーバヤガゼータ」が入手した捜査資料にも、黒幕として、副知事とこの実業家の名前が明記されている。

ところが2人は逮捕されていない。副知事は事情聴取に対して、「ドムニコフをリーペック州まで連れてこいと言っただけだ」と弁解し、実業家は、「ドムニコフを懲《こ》らしめてくれとギャング団に依頼したが、殺せとは言っていない」とこれも、嘱託殺人を否定した。

ロシアでは、有力者は政権内部や治安機関に大きなコネクションを持ち、莫大《ばくだい》な賄《わい》賂《ろ》を払っているため、めったなことでは逮捕されない。これはもはや公然の秘密だ。また、タギリヤーノフのようなギャング団にしても、治安機関や権力者と内通していることも多く、やはり組織を一網打尽にするのは至難の業だ。

しかし、このギャング団については、あまりに犠牲者が多く（立件されたのは23件の殺人だが、実際は60人以上殺しているとの説もある）、その手口も残虐《ざんぎゃく》なため、タギリヤーノフの出身地の取調官が、あらゆる圧力をはねのけて捜査を行った。その結果、ギャング団の壊滅に成功し、判決で、タギリヤーノフと3人の手下に終身刑、残りの被告には18年から25年の懲役刑が言い渡された。

「だが、『ノーバヤガゼータ』としては、肝心の首謀者が、何の処罰も受けずにのうのうと外を自由に歩き回っていることには納得できない。我々は、彼らを何とかして裁判にかけたいと思っている。そのために、検察当局に何度も働きかけを行っています」

もう一方の、副編集長ユーリー・シュチェコチーヒンの事件は、ドムニコフのそれより一層不気味で複雑怪奇だ。高級官僚やFSB（ロシア連邦保安庁＝旧KGB）など、国の上層部にまで背後関係が拡《ひろ》がりそうな闇《やみ》の深い事件である。

副編集長である傍ら、リベラル派の「ヤブロコ連合」所属の国会議員でもあったシュチェコチーヒンは、国会議員特権を利用してさまざまな権力犯罪の調査を行っていた。「ノーバヤガゼータ」の編集部内に新たに「調査部」を立ち上げて、それまで以上に調査報道に力を入れるようになったのも彼の功績である。

03年6月、彼は出張先のリャザン市で高熱を出し、顔が日焼けしたように赤くなった。すぐモスクワに戻り入院したが、顔の皮膚が剝《む》け呼吸困難を併発。やがて全身の表皮が剝け始め、めまいや腹痛、吐き気、脱毛も生じた。治療も空《むな》しく、発症から半月後にシュチェコチーヒンは死亡する。

イズマイロフはこう証言する。

「彼は当時54歳だったが、健康そのもので若々しい人でした。ところが遺体を見た時は驚きましたよ。まるで一気に百数十歳も年を取ったようで……。医者の診断は、何かのアレルギーによるショックというものでしたが、遺族は今に至るも死亡診断書を受け取っていません」

あまりにも不可解な死にもかかわらず、検察は、事件性はないとして正式な捜査を行わなかった。だが、「ノーバヤガゼータ」は、シュチェコチーヒンが何らかの毒を盛られたと信じて疑わない。

なぜなら、その当時、シュチェコチーヒンは、「3頭のクジラ」という貿易会社が、ドイツからの家具の輸入という表向きの業務を隠れ蓑《みの》に、実は、武器や麻薬の大規模な密輸をしていた事件の調査をスタートしていたからだ。

「3頭のクジラ」は、摘発を免れるため、FSBの高官を抱き込み、この高官に巨額の賄賂を渡していた。このFSBの高官は、会社が刑事訴追されると、検察庁に事件のもみ消しを依頼したようである。すると検察庁は、「3頭のクジラ」を、証拠不十分で不起訴にした上に、事件の取り調べに当たった内務省の捜査官と税関委員会のトップ2人を職権乱用の容疑で告訴したのである。

シュチェコチーヒンが調査に入った時、税関委員会の2人は無罪となったものの、内務省の捜査官は執行猶予《ゆうよ》付きの有罪となっていた。肝心の貿易会社「3頭のクジラ」については、国会議員たちが、不起訴を不当として、連名で検察庁に質問状を送ったことにより捜査が再開されていた。その結果、この会社の会長と財務担当者が逮捕、起訴され、公判が進行中だった。

シュチェコチーヒンはまた、この会社が、密輸で儲《もう》けた金をアメリカの銀行を利用してマネーロンダリングを行っていた形跡があることを突き止めていた。そのため、渡米し、アメリカ側でこのマネーロンダリングについて調査していたFBIの捜査官と情報交換をする予定だったのである。

彼が倒れたのはまさに、この渡米の直前である。

シュチェコチーヒンが毒を盛られたとすれば、それはどのような毒物か。イズマイロフは次のように話す。

「『ノーバヤガゼータ』は、シュチェコチーヒンの事件から3年後の06年11月、元FSBの秘密諜報員《ちょうほういん》アレクサンドル・リトビネンコがロンドンで怪死した事件に注目しました。彼の体内からは放射性物質のポロニウム２１０が検出されましたが、この時のリトビネンコの症状とシュチェコチーヒンのそれが似ていると考えられたのです。しかし、両者の症状を詳しく比較してみると、かなり違う。それで、別の毒物ではないかということになった。現在、編集部では、その毒物は放射性タリウムではないかと考えていますが、確証はありません」

これは、半世紀以上前、１９５４年にアメリカに亡命した元ＫＧＢの秘密諜報員ニコライ・ホフロフに対する毒殺未遂事件で使われた毒物である。ホフロフは、57年の秋、当時の西ドイツのフランクフルトで、妙なにおいのするコーヒーを飲んで重体に陥った。医師の懸命の治療でかろうじて命を取り留めたものの、やせ衰え、実年齢の35歳より20歳は老《ふ》けこんだ姿で退院した。

犯人は特定されなかったが、ホフロフは、毒を盛ったのは、ソ連諜報機関の元同僚に間違いないと主張した。

リトビネンコの場合は、イギリス当局によって、旧ＫＧＢの諜報員が容疑者と特定されたが、シュチェコチーヒンの場合は、前述したように、正式な捜査すら行われなかった。

当然ながら、「ノーバヤガゼータ」とシュチェコチーヒンの遺族はこれに納得せず、検察当局に対し捜査を強く要請し続けたところ、08年4月になってようやく捜査が開始された。だが、今のところ、さしたる成果は上がっていない。

例のイスラム服の男性は、私とイズマイロフのこうしたやり取りにも熱心に耳を傾けていた。そして、私が通訳と話している間に、自分でも、これらの殺人事件についていくつか質問をし、手帳にメモをしていた。

2件の殺人事件の一部始終を話し終えたイズマイロフは、私がずっと気になっていたイスラム服の男性を紹介してくれた。

「この方は、ムハンマドサラフ・マサーエフさんと言って、モスクワ在住のチェチェン人で、イスラム教の説教者です」

チェチェン人――。正直に言えば、私は、その時まで、チェチェン戦争のこともチェチェンという国自体にもあまり関心がなかった。

ソビエト連邦崩壊後、一方的にロシアからの独立を宣言したチェチェンに対し、94年、エリツィン率いるロシア連邦軍が侵攻を開始し、第1次チェチェン戦争が勃発《ぼっぱつ》。戦争は泥沼化するかに思われたが、96年に停戦が実現した。

しかし、99年、当時のプーチン首相のもとで戦闘が再燃し、第2次チェチェン戦争が始まった。ロシア連邦軍の圧倒的な攻撃の前にチェチェンの武装独立派は敗退を余儀なくされ、事実上、ロシアが勝利した。

チェチェン戦争について、私が知っていたのはこの程度である。遠いカフカスの小国で起こった紛争は、日本人の私にとっては別世界のできごとであり、同じロシア国内のモスクワにいてさえ、チェチェンは地理的にも心理的にも遠かった。

目の前の男性は、私にとって初めて接するチェチェン人だった。それまで横顔だけしか見せていなかった彼が、私に真正面から向き直った。横顔を眺めていた限りでは、30代だろうかと思っていたが、正面から改めてその風貌《ふうぼう》を観察すると、口の際《きわ》の、えくぼが長く伸びたようなしわが何本か目に入り、40代前半かもしれないと思った。

彼もまた、日本人を見るのは初めてなのだろう。遠慮深い眼差《まなざ》しながら、興味深そうに私の顔に視線を注いでいた。そして、「日本人の方と知り合いになれるとは光栄です」と言った。

私は、彼が先ほど口走った言葉が気にかかっていた。「4か月間も捕まっていた」とはどういうことなのだろうか。

「また、お会いしたいです」

思わずそう言うと、神に身を捧《ささ》げている者らしい返事が返ってきた。

「再び会えるかどうかは、神の思し召《おぼめ》しです」

私が彼と言葉を交わしたのはこれだけである。そのほぼ16時間後に、私を乗せたアエロフロート機は成田空港に到着した。

日本での日常に舞い戻ってしまうと、モスクワの新聞社の一室で、映画の中から抜け出たような格好をしたチェチェン人と遭遇したことなど、なにやら夢の中の出来事のようで、にわかに現実感を失っていった。私はしばらく、このチェチェン人のことを忘れていた。

彼にもう一度会ってみたい。そう思い立ったのは、帰国から1か月半ほど経《た》った7月半ばのことである。

私は東京から、モスクワで世話になった通訳にメールを送り、イズマイロフに電話を入れてくれるように頼んだ。マサーエフの連絡先を知りたかったのだ。次にモスクワ入りした時、ぜひとも彼に話を聞いてみたかった。通訳からの電話を受けたイズマイロフはマサーエフの同意をとり、彼の携帯電話の番号を教えてくれた。

さっそく通訳がマサーエフに連絡を取ると、彼は、「喜んで取材に応じます」と言い、「いつモスクワに来ますか?」と尋ねたという。しかし私はその時点で、次のモスクワ行きの具体的な日程を立てていなかった。だから彼に、はっきりしたことは告げられなかった。「彼はとても落ち着いた声でしたよ」。通訳は私にそう言った。

それ以後、なぜか、マサーエフの携帯電話はつながらなくなった。

チェチェン人は、しばしばその民族性を、ロシア人によって、〝ガリヤチイ（熱い、興奮しやすい）〟と評される。しかし、私の目の前で柔和な笑みをたたえていたマサーエフに、この形容は当てはまらないように思えた。あえて言えば、「私は4か月間も捕まっていた。彼らはファシストだ！」と声を張り上げたあたりにその片鱗《へんりん》がなくもなかったが、そもそも、1時間程度の接触で、初対面の人間の人となりを把握しようがない。

マサーエフのことをより深く理解するためにも、少々長くなるが、チェチェン共和国とその歴史について触れておきたい。

同国は、大カフカス山脈主峰の北東部に広がる面積約1万7300平方キロメートルの、日本で言えば四国ほどの大きさの小国である。人口は約110万人。民族的には、北カフカスの先住民のひとつであるチェチェン人が大多数を占める。

プロローグでも触れたが、北カフカスとは、大カフカス山脈の北側に、2つの地方と7つの共和国が稠密《ちゅうみつ》にはめ込まれたモザイクのようにひしめいている地域である。

チェチェン共和国は、この北カフカスのやや東寄りに位置し、東隣をダゲスタン共和国、西をイングーシ共和国、北をロシア連邦のスターブロポリ地方、南を独立国のグルジアと国境を接している。

少数民族ではあるが、勇猛果敢なチェチェン人の歴史は、広大なユーラシア大陸の周辺諸民族を飲み込み、征服し、併合しながら膨張を続けた、強大なロシア帝国に対する抵抗と同化の物語である。「ガリヤチイ」と言われるゆえんはまさにここにある。

カフカス諸民族の粘り強く息の長い抵抗も虚《むな》しく、カフカス一帯がロシア帝国によって併合されたのは１８６４年である。帝政ロシアの下で、チェチェンの地には急速に産業化の波が押し寄せ、19世紀末には、チェチェンで最初の石油採掘が始まった。

１９１７年にロシア革命が勃発すると、カフカスの諸民族の間に、この革命を好機として独立を取り戻そうとする機運が高まった。18年には、主に、チェチェン人とイングーシ人から成る山岳民共和国が樹立され、ロシアからの離脱と独立を宣言した。しかし、革命政権が、カフカス民族の自決権や自治を尊重すると約束したため、21年、彼らは、誕生したばかりのソビエト社会主義共和国連邦の枠内のソビエト山岳共和国に参加することで合意した。

ところが、病床のレーニンに代わって革命政権の実権を握りつつあったスターリンは、この約束をすべて反故《ほご》にし、山岳共和国を廃止してソビエト連邦内の各自治州に格下げしてしまった。これに怒ったチェチェン人たちは各地で大規模な反乱を起こした。ソビエト権力がこの反乱を鎮圧するのには長期間を要した。

1934年、チェチェンとお隣のイングーシは、ソビエト連邦を構成するチェチェン・イングーシ自治州となり、2年後の36年には、グローズヌイを首都とするチェチェン・イングーシ自治共和国が誕生した。自治共和国の憲法も制定され、チェチェン人やイングーシ人たちは、今度こそ、長い年月待ち望んだ民族の自治が認められたと信じた。しかし、それはまたしても裏切られたのである。

この36年以降、ソ連全土でスターリンの粛清が猖獗《しょうけつ》を極めたが、ここチェチェンでも例外ではなかった。秘密警察によって反ソ分子のレッテルを貼《は》られた1万人以上の人々が逮捕された。その一部は直ちに銃殺され、辛くも生き残った人々も、多くは強制収容所で命を落とした。

チェチェン民族の上に降りかかった災厄はこれに止《とど》まらない。

独ソ戦が始まって4年目の44年2月、スターリンは、彼らの対独協力を恐れ、強制移住の大号令を下した。この鶴《つる》の一声によって、30万人以上のチェチェン人と9万3000人のイングーシ人が、たった1日で、数千キロ離れた中央アジアのカザフスタンやシベリアへ移住させられたのである。歴史上例を見ない、この過酷な民族大移動の結果、18万人もの死者が出た。

フルシチョフによるスターリン批判後の57年、チェチェン人はようやく故郷への帰還を許され、チェチェン・イングーシ自治共和国が再建された。しかし、強制移住の忌《い》まわしい記憶は民族に深いトラウマを植えつけ、中央政府への根強い不信となって残った。

チェチェンが再び、政治的、民族的な対立と混乱の渦の中に投げ込まれたのは、91年のソ連崩壊後である。

ウクライナ、ベラルーシ、バルト3国に、ウズベキスタン、キルギスなどの中央アジアの国々、さらに、お隣のグルジア、アルメニア、アゼルバイジャンなどの南カフカスの諸国が揃《そろ》って独立を果したことは、チェチェン民族の自由と独立を尊ぶ精神に火をつけるのに十分だった。

91年11月、チェチェン共和国初代大統領ジョハール・ドゥダーエフが、ソビエト連邦離脱法に基づき、チェチェンの独立を一方的に宣言した時、その悲願が成就《じょうじゅ》するかに思われた。年間400万トンの石油を産出する、北カフカスでも有数の石油産出国であることが、ロシアなしでも、独立国として十分やっていけるという自負につながったのだ。

しかし、ボリス・エリツィン率いるロシア連邦政府が、チェチェンの連邦からの離脱を指をくわえて眺めているはずはなかった。ロシア政府は直ちに、チェチェンの独立は憲法違反だと主張し、国際社会に、チェチェンを独立国家として承認しないように呼びかけた。

そもそも、ウクライナやベラルーシ、バルト3国、中央アジアの国々、さらにグルジアなどの南カフカス諸国は、ソビエト連邦を構成する共和国であり、ソ連邦からの分離独立を認めたソ連憲法に則《のっと》って独立を果たしたのである。

だが、チェチェンなどの北カフカス諸国は、ソビエト連邦を構成するロシア共和国（当時）のそのまた自治共和国であったため、ソ連憲法の適用にはならなかったのである（つまり、ソ連邦とは、大きさの違う人形がいくつも入れ子になっているロシアの有名な人形、マトリョーシカのような構造をしていたわけだ）。

また、チェチェンと同様の小さな民族共和国をあまた抱えるロシアが、ひとたびチェチェンの独立を認めれば、他の共和国も、チェチェンに倣《なら》えとばかり、我も我もと独立を求めることは必至だ。そうなれば、ロシアもまた、ソビエト連邦のように四分五裂する恐れがあった。

ロシア政府としては、それはなんとしてでも回避したい最悪のシナリオだったのである。

加えて、石油の問題がある。前にも触れたが、チェチェン共和国は北カフカスでも有数の石油産出国である。カスピ海のバクー油田から黒海沿岸のノヴォロシースクへと延びる石油のパイプラインが、チェチェン国内を通過していることも、ロシアがこの地域を手放したがらない理由の1つなのだ。

しかし、ロシア政府は、チェチェンに対して直ちに実力行使に出ることはなかった。ショック療法と称する急進的な経済改革による国内の混乱を収束するのに精一杯だったからである。こうしてチェチェンは、94年のロシア軍による侵攻（第1次チェチェン戦争）までしばらく、ロシア政府の支配下にもなく、かと言って完全独立を果たしたわけでもない中途半端《はんぱ》な状態のままに置かれた。

第3章

告発の代償

ベチェスラフ・イズマイロフはロシア軍を退役した記者だ

私が再びモスクワ入りしたのは、帰国から2か月半が過ぎた8月末である。到着して2日目には、「ノーバヤガゼータ」の例の窓のない部屋で、イズマイロフと向かい合っていた。ところが、私が椅子《いす》に座ったとたん、イズマイロフは、思いがけないことを言い出した。

「6月に、私はここであなたに、チェチェン人を紹介しましたね。その彼が8月3日以降、行方不明になっているんです」

私は耳を疑った。いったい何が起きたのか。

思わず、イズマイロフと私の間にある椅子を見つめた。ほんの2か月半前、この部屋のこの椅子に、イスラム服を身にまとったあのチェチェン人が座っていたというのに。その彼が行方不明だという。

イズマイロフは、デスクの上にうずたかく積まれた「ノーバヤガゼータ」のバックナンバーの中から、7月10日付の新聞を引っ張り出して、私の前に差し出した。

「この記事を見てください。これは、彼の体験を私が記事にしたものです。この記事のために、彼は再び拉致《らち》されたとしか思えない」

イズマイロフの口調は冷静だったが、表情はさすがに硬かった。

記事に目を通すと、「ムハンマドサラフ・マサーエフ」の名前とともに、

〈私は約4か月間、ラムザン・カディーロフによって拉致されていた〉

こんな大見出しが躍っていた。私のおぼつかないロシア語でも、この程度なら理解はできる。しかし、ラムザン・カディーロフとは何者なのか。私はこの時、とっさにはわからなかった。

カディーロフ、カディーロフ……、確か、プーチンに恭順を誓った親ロシア派のチェチェンの大統領だった。だが、武装独立派のテロで何年か前に暗殺されたはずだが……。

すると、通訳の女性が助け船を出してくれた。

「暗殺されたのは、アフマド・カディーロフ。ラムザン・カディーロフは彼の息子ですよ。父親が暗殺された後を襲って、息子が大統領になったんですよ。親子は、以前は独立派でしたが、ロシア側に寝返って、今ではプーチンの完全な傀儡《かいらい》と化していま

す」

つまり、マサーエフは、チェチェンの大統領によって拉致されていたことになる。6月に彼に会った時、「4か月間も捕まっていた」と言っていたのはこのことを指していたのだ。

私は、7月10日付の「ノーバヤガゼータ」の9面に再び目をやった。すると、さきほどの見出しの下に、サブタイトルとして、

〈〝復興するチェチェン〟に存在する拷問《ごうもん》部屋についての初めての証言〉

とある。

記事のリードはこう続いていた。

〈現在のチェチェンでは、以前と同様、多くの人々が、裁判によらない制裁を受けたり、私設の刑務所にぶち込まれたり、拷問やさまざまな辱《はずかし》めを受けている。

しかし、こうしたできごとは、公式にはほとんど確認されておらず、多くは風聞にとどまっている。なぜか？　それはわかりきったことだ。こうしたひどい経験に耐え、かろうじて生きて解放された人々は、通常は、警察に通報したりはしない。通報したことが犯人にわかったら、もう一度誘拐されて今度こそ命がないからだ。

ムハンマドサラフ・マサーエフは、この不幸な法則のまれな例外のひとりだ。彼は、

〝復興するチェチェン〟における秘密の拷問部屋について、すべての人が知ることを望んでいる。

だが私は、こうした告発記事を掲載することで予想される彼への報復を防ぐ手立てがない。その点についての彼の回答はこうだ。『私に関することはすべて話します。しかし、私とともに拉致された他の人間については話す必要はない。インタビューに答えようと思ったのはあくまで私の意志だ。彼らを危険にさらすことは望んでいない』〉

要するにこの記事は、チェチェン人であるマサーエフが、身の危険を承知で、チェチェンでの自身の体験をイズマイロフに語ったものなのだ。

少々長いが、彼の独白の全文を紹介しておきたい。

〈私は説教者だ。法と権力を敬い、平和を守り、唯一《ゆいいつ》の神を信じることを人々に説いてきた。年齢は42歳だ。グルジア国境に近い、イトム・カレーというチェチェンの村に生まれた。2年間兵役を務め、モスクワの自動車単科大学の1年を修了後、自分の人生を宗教に捧《ささ》げることを決意した。

2006年9月27日、私は2人の知人といっしょにグデルメス（チェチェン第2の都市）に出かけた。この町のモスクの1つで私は祈りを捧げ、ムスリムが行うべき善行について説教をした。

ところが、このモスクの若いムフチ（著者註：イスラム法の判定を下す権威者）は、私の説教の内容が気に入らなかったらしく、私に非難の言葉を投げつけた。その後、私たちは町の中心部のモスクに立ち寄った。そのモスクのムフチはうわべは愛想がよかった。しかし、結局、私たち3人は、27日の夜から次の28日まで警察署で過ごす羽目になった。そのモスクで逮捕されてしまったのだ。

警察署で、1人の警察官は、私の口髭のあたりをねらいすまして殴った。そして、あご髭と頬髭を引っ張ると、私を大声で罵《のの》った。『もし口髭がなかったら、おまえはワッハーブ派（著者註：サウジアラビア発祥のイスラム原理主義派。信者はあご髭だけを生やしている）にちがいない！』。警察官は私の下着まで調べた。私は、ワッハーブ派ではない。説教者だ。

ちょうど居合わせたロシアの特別警察のボスが私たちをかばってくれなかったら、どうなっていたかわからない。とにかく、28日の朝、私たちは解放された。

2日後、次のモスクへと道を急いでいた私たちの前に、迷彩服で身を固め、自動小銃を手にした男たちが立ちふさがった。彼らは私たちに、『チェチェンのムフチであるスルタン・ミルザーエフがあなたがたを招待したからそれに応《こた》えなければいけない』と言った。

抵抗はできなかった。私たちは、自動小銃を持った男たちに監視されて車に乗り、彼らの〝客〟となった。

道路にはいくつもの検問所があったが、私たちの車列は一度も停止させられることなく進んだ。途中、1812年の戦い（著者註：ナポレオン戦争）に勝利して作られたモスクワの凱旋門《がいせんもん》を模した門を通り抜けた。その門の両側にはオオカミとライオンのように見える動物のレリーフが刻まれており、真ん中には、ウラジーミル・プーチンの肖像画がかかっていた。

私たちは車から降りて、カマズ社製のバスに乗り込むよう命令された。このバスは、それから数か月間、私たちの監獄となった。その間、トイレはペットボトルの中にするか、一晩に1回、バスから出ることを許されたのみである。もし我慢できなければ、バスの隅で用を足さなければならなかった。夜はとても寒かった。

私たちは何も知らされなかった。どうして捕まったのか、どうしてこんな目に遭わなければならないのか。

ある日、私たちは森に連れて行かれた。男は自動小銃の安全装置を外し、私たちに狙《ねら》いを定めた。と、男はニヤッと笑って銃を下し、私たちをバスに連れ戻した。

また、別の日には、ラムザン・カディーロフが夜中にやって来て、私たちは彼の前に突き出された。カディーロフは私たちの前に足を投げ出し、私たちにその足をなめ、許しを請《こ》うように要求した。

寒さが一層厳しくなった頃、私たちは地方の監獄に移送された。その監獄には、私たち以外にもたくさんの人々が収容されていた。ある日、ラムザン・カディーロフは、その中の1人に、『マールイ（ちび）！』と声をかけて呼び出した。『マールイ』と呼ばれた男は、30代で痩《や》せて背が高かった。

私たちはやがて、この監獄には、かつてラムザンの戦友だった人間たちが収容されていることを知った。私はこの基地で、ロシアの特別警察のボスを見た。

一緒に収容されていた私の知人の1人は、チェチェンの由緒《ゆいしょ》ある家柄の生まれで、家族が必死に彼の行方を捜していた。カディーロフは家族に、自分は彼を拘束などしていないと誓っていた。しかし、家族はあらゆる方法を講じて真実を知った。

そのためにカディーロフは、彼を解放せざるを得なくなった。彼が自由の身になったのは2006年の12月頃である。カディーロフは私に、『おまえが外に出るのはまだ早い』と言って、嘲《あざけ》るように次の言葉を付け加えた。『おまえはもうちょっとここにいて、俺の部下たちに説教の仕方を教えたらどうだ』。

最後の1か月、私は自由に基地の中を歩くことができ、兵舎の中で寝ることができた。それで私は、自分が、軍事都市（町）の中にいることに気がついた。ラムザン・カディーロフは私を07年1月21日に解放した。この日、彼は私を自宅に招き、茶をふるまった。私は彼に尋ねた。だれのせいで、私はこんなところにいるのかと。すると彼は、『チェチェンのムフチ、スルタン・ミルザーエフの命令だ』と答えた。

そしてカディーロフは、私を解放する時にこう言った。『お前にとって、俺以上に良い友人は、これからも現れないだろうよ』と〉

この独白は、チェチェンが置かれている現状や、イスラム教の説教者であるマサーエフという人物の特殊性についてある程度の予備知識がないと、第三者である外国人には事情が呑《の》み込めないところがある。

だがそれを差し引いても、チェチェンでは、人々が簡単に逮捕されたり拉致されたりしていること、ラムザン・カディーロフという人間が、およそ大統領の名に値しない野卑で残酷な人物であることは十分に窺《うかが》い知れるだろう。カディーロフは、チェチェン情勢に通じた日本人の間で、「さながら、広域暴力団組長のような大統領」と形容されることもあるが、言い得て妙である。

記事を執筆したイズマイロフが話を続けた。

「6月の半ば、あなたはマサーエフと、この部屋で会いましたね。私が彼と初めて会ったのは、実はあの日のわずか3日前でした。私は、サハロフセンター（サハロフ博士が設立した人権センター）で彼に会いました。私は、センターに集まった聴衆の前で、殺害されたアンナ・ポリトコフスカヤについてのスピーチをしたのです。マサーエフはその聴衆の1人で、私に、チェチェンで拉致され、投獄されていた体験を話しました。彼は、自分の体験を公表したかったのです。それで私は、『ノーバヤガゼータに来てください、どうしたらいいか考えましょう』と言いました。そして、6月のあの日、彼は初めて編集部にやって来て、実名入りで記事を掲載することを承諾したのです」

マサーエフの語る拉致のストーリーは真に迫っていたし、説得力もあった。しかしそれが事実なのかどうか、裏を取る必要がある。そこで、イズマイロフは、チェチェンの裏情報に詳しい知り合いのＦＳＢ（ロシア連邦保安庁＝旧ＫＧＢ）の人間に確認を取った。するとそれは、実際に起こったできごとであることが判明した。

それでもイズマイロフは躊躇《ちゅうちょ》していた。記事のリード文にもあった通り、チェチェンでの拉致や拷問の被害者本人が、メディアの取材に応じることはまずありえない。

だから、マサーエフの告白記事が掲載されれば間違いなくスクープになる。しかも、実名入りとなれば、記事の信憑性《しんぴょう》が高まるし、なによりインパクトが大きい。

イズマイロフのジャーナリストとしての血が騒いだことは確かだ。だが一方、実名を明かしての記事はあまりに危険すぎた。ジャーナリストにとって情報源の秘匿《ひとく》は絶対条件だが、ロシアの場合、ジャーナリストはまずそれ以前に、取材対象者の命を守る必要がある。書く方も危険だが、書かれる方も命がけという状況が珍しくないのだ。

イズマイロフはマサーエフに言った。

「実名は危ない。仮名にした方がいい」

だがマサーエフは首を横に振ったという。

「どうぞ実名を出してください。私はかまわない。ただ、いっしょに拉致されていた他の2人については十分配慮してほしい」

マサーエフは、記事にする以上、自分の名前を出さなければ意味がないと考えていた。匿名の記事では、自分を拉致したチェチェンの権力側にダメージを与えることはできない。「これは捏造《ねつぞう》記事だ」などと、いくらでも言い逃れができるからだ。

本人が強く望んでいるのだから公表もやむをえない。イズマイロフは了承した。

ただ、本文については多少、手を加えることにした。マサーエフが語ったそのままを載せることはさすがにリスクが大きかったのだ。そのため、地名や人名については主要なものだけを残し、あとは伏せた。

たとえば、マサーエフらがバスから移送された監獄は、ツェントロイという町の中にあったことは間違いない。というのは、この場所には、カディーロフが直接支配する軍事施設が存在するからだ。しかし紙面では、「軍事都市（町）」とぼかして、具体的な地名は出さなかった。

こうして、イズマイロフは、マサーエフへのインタビューをもとに、関係者へ累《るい》が及ばないよう、細部まで目を配って記事を書いた。しかし、いざ発表してみると、一般の読者からの反応はそれほど良くなかった。

「まあ、ある程度予測はついたことだが」

イズマイロフが言う。

「『ノーバヤガゼータ』の読者の中にさえ、もうチェチェンについての記事はたくさん、といった雰囲気があったのです。生前のアンナ・ポリトコフスカヤが、何百回となくチェチェンの惨状についての記事を寄稿しましたが、ロシア軍が無辜《むこ》の住民を片っ端から拉致《らち》、誘拐して、拷問の末殺している、ロシア軍の後を引き継いだカディーロフ政権も、自分の気に入らない人間を誘拐して闇《やみ》から闇に葬《ほうむ》っているなどといったレポートで、うちのリベラルな読者もさすがに目をそむけてしまったのです。ある詩人など、『これが真実なら、ロシア国民にとってもこんなロシアはいらない。ひどすぎる。祖国を捨てて亡命した方がいい』とさえ言った。ただ彼女の記事にウソはない。すべて事実です。私はロシア軍の軍人としてチェチェンに派遣されていたから断言できます。事実だからこそよけい、読者は、この悲惨な現実を直視することができなかった。『チェチェン』と聞いただけで、記事に対する拒絶反応が起きてしまったのでしょう」

しかし、当のチェチェンに住む読者から、「とても用心深い反応はあった」とイズマイロフは付け加えた。イズマイロフ宛《あ》てに、匿名の手紙やメールが届いたのだ。

彼らはみな同様に、「マサーエフは真実を公表することを恐れていない。なんと勇気のある人だろう」という内容の文面を手短かに認《したた》めていた。チェチェンの住民たちはみな、独裁者のカディーロフを死ぬほど恐れている。こうした意思表示を匿名で行うことすら、実は非常に勇気のいることなのだ。

読者からの反応が芳《かんば》しくなかったのにはもうひとつ理由がある。チェチェンで、ある日突然、理由もなく連行、拉致されるのは、多くの場合、一般の住民である。ところが、マサーエフの事件には宗教が深く絡《から》んでおり、いささか例外的なケースと見なされたのだ。

記事の中で彼が明かしたように、06年9月に彼を拘束する命令を下したのは、チェチェンのムフチ、スルタン・ミルザーエフのようである。だが、記事を読んでも、スルタン・ミルザーエフがなぜマサーエフの拘束を命じたのか、そこのところが判然としない。

ただ、マサーエフら3人がグデルメスの警察に連行されたのは、同地のモスクで行ったマサーエフらの説教に、現地のムフチたちが拒絶反応を示したのが理由らしいことはわかる。

「マサーエフがどんな説教をしたのか、私は詳しくはわかりません。しかし、スルタン・ミルザーエフを批判した内容であることは確かです。ミルザーエフは以前は、ロシアと戦った武装独立派を支持していたのに、その後、裏切ってロシア側についた。これは、カディーロフ親子の場合と同様です。マサーエフは、チェチェンのムフチともあろう高僧がそうした変節をすることは許されない、あくまで、公明正大で首尾一貫した立場を取るべきだと主張した。それが、ミルザーエフと彼の輩下のムフチたちの逆鱗《げきりん》に触れたのでしょう」

イズマイロフはそう説明する。ただし、スルタン・ミルザーエフの背後にカディーロフがいたことは間違いない。あるいは、カディーロフ本人がスルタン・ミルザーエフの名前を騙《かた》って、マサーエフを拉致する命令を出した可能性もある。チェチェンでは、マサーエフの信仰そのものも異端と見なされていた。スンニ派に属するスーフィズムを含めた北カフカス一帯で広く信仰されているのは、イスラム教スンニ派に属するスーフィズムと呼ばれる宗派である。これは、北カフカスに古くから伝わる神秘主義やさまざまな賢人の教えを融合した教えで、正統的なイスラム教よりやや世俗的である。聖者やその廟《びょう》を崇拝し、飲酒や喫煙にも寛容で、女性も、ベールで顔を覆《おお》うことなく素顔を出している。

しかしマサーエフは、初期イスラムの理想的な状況への回帰を目指すサラフィー主義を信じていた。このサラフィー主義は、74ページで触れた過激な原理主義・ワッハーブ派と同義に語られることも多いが、徹底した平和主義者である彼は、武力闘争やテロを肯定する現代のワッハーブ派とは明確に一線を画していた。

マサーエフは、愛する故郷、チェチェンの地が、ロシア軍と武装独立派との熾烈《しれつ》な戦闘によって蹂躙《じゅうりん》され、おびただしい血が流され、ロシア軍、武装独立派双方の拉致や誘拐が横行し、町や村が廃墟《はいきょ》と化したことに深い悲しみを抱いていた。こうしたチェチェンの悲劇の実際を知らない限り、彼の気持ちを理解することは難しい。

91年の独立宣言以来、ロシアの支配下にもなく、かといって完全独立を果たしたわけでもない中途半端《はんぱ》な状態に置かれたチェチェンに対し、ロシアがついに武力攻撃に踏み切ったのは94年12月である。連邦軍がチェチェン領内に4万の兵力を投入し、ここに第1次チェチェン戦争の火蓋《ひぶた》が切って落とされた。

連邦軍は、空爆と地上砲撃によって目標を完全に破壊しながら、戦車や装甲車、歩兵部隊を進め、95年1月にはグローズヌイ近郊の空港を占領した。その後に市の中心部に突入し、チェチェン共和国軍との激しい白兵戦の末、チェチェンの独立の象徴だった共和国大統領府を制圧した。

しかし、連邦軍の無差別爆撃は住民に多くの犠牲をもたらし、ロシアの国会議員の調査によれば、ロシア連邦軍が進攻を開始してから2か月の間に民間人2万4000人が死亡し、アメリカ国務省の報告書によれば、住民約45万人が難民となった。

3月には、グローズヌイ全域が連邦軍によって制圧され、美しかった首都は瓦礫《がれき》の山と化した。首都を放棄したチェチェン共和国軍は、地方都市や山岳地帯に潜んでゲリラ攻撃を展開したが、連邦軍は、そうしたゲリラを掃討するという理由で、チェチェンのいくつもの町や村を包囲して激しい攻撃を加え、多くの住民を殺害した。

これに対しチェチェン側は、ロシア本土スタープロポリ地方の病院や、チェチェンの隣国ダゲスタン共和国の病院を占拠して、患者を人質に取るなどのテロ作戦を行い、やはり多数の死傷者を出した。

96年４月にはドゥダーエフ大統領が、衛星電話をかけている最中にロシア連邦軍のミサイル攻撃を受けて戦死した。それまで、カリスマ的な同大統領の下でかろうじてまとまっていたチェチェンの諸勢力は、ドゥダーエフの死でその求心力を失い、分裂抗争が表面化し始める。

その後、戦闘は泥沼化の一途を辿《たど》るかと思われたが、ロシア側の和平工作にチェチェン側が歩み寄り、８月、ダゲスタン共和国のハサブユルトで和平文書の調印が行われた。このハサブユルト協定により、５年間の停戦が定められ、ロシア連邦軍の完全撤退が実現した。

この和平には、今となっては皮肉なことに、ロシアのメディアがかなりの部分、貢献した。というのは、この第１次チェチェン戦争では、後の第２次チェチェン戦争に比べて政府による報道統制が緩やかだった。そのため、ジャーナリストたちはかなり自由に取材を行うことができ、改革派の新聞各紙はもとより、国営テレビまでが容赦なく、ロシアの軍事侵攻を批判したのである。

中でも、政権批判の急先鋒《きゅうせんぽう》だったのがＮＴＶである。プロローグで取り上げたイングーシ共和国のジャーナリスト殺害事件——体制に批判的なウェブサイト主宰者、エブローエフが空港到着後に、治安機関の武装ジープに押し込められ、車中で射殺された——で、完全に当局寄りの報道を行ったあのテレビ局だ。

このNTVは、93年、国営テレビのニュースキャスターだったエフゲニー・キセリョフが同僚記者らと一緒に開設したロシア初の民放テレビ局である。キセリョフは常々、「ロシアで真のジャーナリズムを確立するためには、政府から何の援助も受けない、完全に独立したテレビ局が必要だ」と力説していた。

NTVは、ロシア連邦軍による砲撃が続くグローズヌイに特派記者を送り込み、ロシア軍兵士や住民の死体が散乱する惨状を映し出した。そして、当局の発表した「不法勢力の武装解除のみを目的にした攻撃」が、実際は、現地住民を巻き込んだ無差別攻撃であった実態を克明にレポートした。

このチェチェン報道から十数年を経て、NTVは、イングーシ共和国でのエブローエフ殺害事件を巡り、見事に政権の広報と化したかのような報道機関へと変貌《へんぼう》した。

いったいこの間、NTVに何が起こったか。

これについては後述するとして、NTVを筆頭にしたメディアの戦争報道によってロシア国民の間に厭戦《えんせん》気分が生まれ、政権批判の世論が盛り上がったのは確かである。

これは、アメリカに敗北をもたらしたのは、ベトコンでも北ベトナムでもない、自由なマスコミ報道だったのだとする見方が今でも説得力を持つベトナム戦争の様相とよく似ている。

いずれにしろ、国民に完全にそっぽを向かれては、もはや戦争を続行することは不可能だったのである。

97年1月には、チェチェン共和国軍の参謀総長だったアスラン・マスハードフが、民主的な選挙によって、チェチェン共和国第3代大統領に選出された。穏健で民主主義的なこの大統領の下で戦後の再建がスタートするかに思われたが、それは容易なことではなかった。

戦乱によって荒廃した全土には武装した犯罪者集団が跋扈《ばっこ》し、外国人や連邦政府関係者らを誘拐しては身代金を要求する誘拐ビジネスが横行した。

加えて、74ページで触れたが、96年頃から、サウジアラビアを本拠地とする急進的なイスラム原理主義、ワッハーブ派がチェチェンに浸透し、ハサブユルト協定による和平を脅《おびや》かしかねないほどの勢力になっていった。そしてこのワッハーブ派と手を握ったのが、各地に群雄割拠していた野戦司令官たちである。彼らは、ワッハーブ派の影響を排除しようとする穏健派のマスハードフの命令に背を向けたため、大統領の権威はみるみる低下していった。

マスハードフ政権内で首相代行を務めたシャミーリ・バサーエフも、そうした野戦司令官出身で、対ロシア最強硬派だった。そのバサーエフは99年8月、「大イスラム教国建設」を掲げ、約1500名のチェチェン人武装勢力を率いて隣国のダゲスタン共和国に侵攻し、一部を占拠するという事件を起こした。

また、ちょうど同じ時期、モスクワ、ヴォルゴドンスクなどで立て続けにアパート爆破事件が起き多数の死傷者が出た。ロシア政府は、この一連の爆破事件を、犯人が判明していないにもかかわらず、チェチェンの武装独立派によるテロと決めつけた。

これらの事件を理由に、同年9月、エリツィン大統領の後継者に指名されたプーチン首相が、「北カフカスにおける対テロ作戦」の開始を命じ、ここに第2次チェチェン戦争が始まった。

一連のアパート爆破事件を巡っては、チェチェンのテロリストによる犯行ではなく、ロシア内務省やFSBによる謀略ではないかという声も根強い。プーチンがチェチェンへの軍事行動を起こすための口実として計画されたというのだ。

たとえば、モスクワから約200キロ南東に位置するリャザン市で起こったアパート爆破未遂事件では、FSB職員と思われる複数の人物が時限爆弾を仕掛けるところを住民が目撃したとされるが、真相は闇の中だ。

いずれにしろ、憎むべきテロとの戦いに敢然と挑んだプーチンの強硬姿勢は多くの国民の支持を集め、2000年3月の大統領選挙で彼は大勝した。

そのプーチン率いるロシア連邦軍は、破竹の進撃を開始した。グローズヌイや他の主要都市に、迅速で容赦ない絨毯《じゅうたん》爆撃やミサイル攻撃を仕掛けて、たちまち全土を制圧した。

ロシア政府は、親ロシア派のアフマド・カディーロフを大統領に据えて、チェチェンの安定化を図ろうとした。第2章で触れた通り、カディーロフは、第1次チェチェン戦争で独立派に属してロシアと戦ったが、第2次チェチェン戦争では、早々にロシア側に寝返った人物である。

追い詰められた武装独立派は、捨て身のテロ攻撃に出た。犯行声明が出されたものだけでも、02年10月のモスクワの劇場占拠事件、03年7月のモスクワ野外ロックコンサート会場爆破事件、04年8月の旅客機同時爆破事件、同、モスクワ地下鉄駅付近爆破事件、9月の北オセチア共和国ベスランの学校占拠事件、10年3月のモスクワ地下鉄連続爆破事件と枚挙にいとまがない。

大統領のアフマド・カディーロフ自身、武装独立派によって04年5月に暗殺された。

自爆テロも含む、こうした血で血を洗う凄惨《せいさん》なテロ事件の背景には、アルカイダなど、国際的なイスラム原理主義テロ組織の浸透があるのではないかとみられている。

ロシア側も、頻発するテロに対して手をこまねいていたわけではない。カディーロフ大統領の暗殺は確かにプーチン政権に大きな衝撃を与えたが、ただちに、彼の息子のラムザン・カディーロフを新大統領に任命することで権力の空白を防ぎ、武装独立派の巻き返しを阻止した。

国際情勢も、プーチン政権に味方した。01年9月11日に起きたニューヨークの同時多発テロで3000人もの死者が出たのを受け、ブッシュ政権は「テロとの戦い」を宣言した。するとプーチンは、チェチェンの武装独立派との戦いも、世界的な「テロとの戦い」の一環であると主張し、それまで、チェチェンでの人権侵害を非難してきた欧米の追及をかわすことに成功したのである。

こうして勢いに乗るロシア連邦軍は、チェチェンの独立派指導者たちを次々に暗殺して武装独立派の士気を挫《くじ》き、彼らの劣勢を決定的にした。

09年4月、ロシア政府は、チェチェンでの情勢は安定化したとして、「対テロ特別非常事態」の解除を宣言した。確かに、武装独立派の残党は山間部に身を隠し、時々、散発的なテロ行為に走る以外は、目に見える形の大規模な戦闘は終結した。

カディーロフ大統領は強権的な支配を固め、連邦政府からの巨額の資金で、首都グローズヌイの復興を進めている。

この戦争による民間人の犠牲者は、第1次チェチェン戦争で数十万人、第2次チェチェン戦争で2万5000人に上ると推定される。

しかし、辛くも生き残ったチェチェンの住民たちにとって、この戦争はいまだ終わっていない。なぜなら、彼らの夫や妻が、あるいは子供が、ロシア連邦軍にある日突然、連れ去られたまま、いまだに生死がわからないからだ。

第2次チェチェン戦争においては、ロシア政府は第1次チェチェン戦争の苦い教訓から、マスコミに対して厳しい報道統制を敷いた。そのため、戦争報道は軒並み〝大本営発表〟となり、ロシア政府や連邦軍にとって都合の悪いことはほとんど報じられなくなった。

このような状況下で、チェチェン国内では恐ろしい人権蹂躙《じゅうりん》が蔓延《まんえん》していた。テロリスト（武装独立派）を摘発するという名目の下に、ロシア連邦軍が、住民を片っ端から拉致《らち》したのである。拉致された者はその後、拷問《ごうもん》を加えられた遺体で発見されるか、行方不明のままである。

行方不明者の数は、3000人から5000人にも及ぶ。残された家族は今も、行方のわからない肉親を必死の思いで探し続けている。家族にとっては時が止まったも同然なのだ。

さらに、身代金目的の誘拐も多発した。要求された金額を家族が支払えなければ、情け容赦もなく人質を殺すが、呆《あき》れたことに、遺族がその死体を引き取るのにも金を要求するのだ。こんなとんでもない蛮行を、ロシア連邦軍が日常茶飯事のように行っていたのである。

もっとも、チェチェンの武装独立派も負けじと、外国人やロシア人を誘拐し、その首をはねる映像をインターネット上で公開しているのだから、残酷さにおいては大差がない。

アフマド・カディーロフがロシアの傀儡《かいらい》政権を樹立して以降は、ロシア連邦軍に取って代わって、チェチェン当局が、人々の拉致、拷問、殺害を行っている。「チェチェン人自身の手で共和国の再建を」というロシア側のスローガンは美しいが、それはつまり、チェチェン人同士に殺し合いをさせるということである。

およそ1万7300平方キロメートルの小さな共和国の中で、市民の誰もが、行方不明者を身近に知っている。「こっちの家族は、父親が連邦軍に引っぱられた。あっちの家族は、息子が行方不明になっている」。町中がこんなうわさで持ち切りだ。それほど、この拉致や誘拐は、チェチェン国内で大規模に組織的に発生している。

家族の生死がわからないという状態は、親族に、耐え難い、いつ終わるともしれない苦痛を与える。

行方不明者を捜し続ける親族は、「あきらめなければ報復する」「おまえも行方不明にしてやる」と、当局から脅迫を受けることが少なくない。それでも彼らは、検察当局に面会を求め、外国の人権団体に訴え、政府がこの問題に無視を決め込んでいることに抗議して庁舎前でデモを行い、行方不明者が埋葬されているかもしれないと、遺体がまとめて葬《ほうむ》られている集団埋葬地を訪れる。

しかし、そのすべての努力が水泡に帰すると、自国内での捜索をあきらめ、欧州人権裁判所に訴え出る。その結果、より一層の脅迫、暴力にさらされ、実際に、行方不明者の親族が二次失踪《しっそう》するケースも後を絶たない。

こうした、全土に蔓延する拉致や失踪、殺人を食い止め、ロシア人とチェチェン人との間に融和を実現させたい。チェチェン人であるマサーエフはこの一念で、初期イスラムの、平和で理想的な時代に回帰しようとするサラフィー主義を人々に広めたいと考えていたのだ。

一方、親ロシア政権は、武装独立派の間に広まった過激な原理主義、ワッハーブ派に警戒を強めていた。アラビア風の衣装をまとったマサーエフは一見して、このワッハーブ派、つまり、武装独立派のテロリストと見なされて、逮捕される危険があったのである。

だが、このサラフィー主義をチェチェン国内に布教することをミッションと考えていたマサーエフは、純粋な信仰心の証《あかし》として、あえて、この衣装を身につけていた。そして、モスクワに居を構えているにもかかわらず、危険を覚悟で何度もチェチェン入りしていた。

マサーエフには妻と7人の子供がいたが、彼は妻子とは別居中で、妻子はチェチェンに住んでいた。そのことも、彼が頻繁に故郷に帰っていた理由なのかもしれない。

マサーエフは、06年9月から4か月にわたって拉致される以前にも、チェチェンで何度か逮捕、監禁されたことがある。そう語るのは、彼と面識のある人権団体「ヒューマンライツウォッチ」のモスクワ支部副代表タニヤ・ロクシナだ。

「彼は05年、グローズヌイのモスクやグデルメスの別のモスクでも逮捕されています。いずれも、過激派と疑われて数日間警察に留置され、殴られるなど暴行を受けている。

ところが、数日後には解放された。どうやら、精神障害者ではないかと見られて放免されたようです」

ロクシナ自身、数年前にグローズヌイで初めて彼に会った時、そのアラビア風の衣装に驚き、精神的に病んだ人間なのかと思ってしまったと言う。チェチェンであろうと、その他のロシアの地域であろうと、人々の目に彼の服装が異様に映っていたことは確かなのだ。

「ヒューマンライツウォッチ」のロクシナが続ける。

「でも、彼と詳しく話をしてみると、教養のある物静かな人物です。チェチェン人として最高の教育を受けているし、経済的にも不自由はなく、外国にも出かけたことがあり、国際情勢にも通じています。しかし、サラフィー主義という宗派を広めることを自分自身の使命と信じ切って、それを何よりも優先しているために、普通の人間からは奇異に見えてしまうのです。

さらに、自分自身が何度も不法な逮捕を経験しており、幽閉されていたツェントロイの軍事施設で、たくさんの人々が正式な裁判によらずに獄につながれていることを目《ま》の当たりにしたことから、このひどい無法行為について泣き寝入りするのではなく、正義と公正を求めて、チェチェン当局に告発すべきだと主張していました。

彼は、自分のためでなく、チェチェンの市民たちがこれ以上、悲惨な目に遭わないようにという願いから行動していたのです。

このため、4か月にも及ぶ例の拉致事件については、私たちが優秀な弁護士（09年1月に殺害されることになるスタニスラフ・マルケロフ弁護士）を紹介して、チェチェンの検察当局に訴えを起こしていた最中でした。非常に例外的なことに、チェチェンの検察当局は捜査を開始していたのです」

マサーエフはさらに、ロクシナに、ジャーナリストを紹介してほしいと頼んでいた。チェチェンにおける、こうした拉致や不法監禁の実態を、被害者自らマスコミに公表すべきだと考えていたのだ。しかし、彼女は断った。

武装独立派の掃討を〝請け負う〟見返りに、プーチンの強力な庇護《ひご》を受けたカディーロフは、今のチェチェンでまさにやりたい放題だ。彼の独裁と無法はとどまるところを知らない。こんな状況下で、カディーロフ政権の悪行の数々をマスコミで暴露したらどうなるか。それこそ、いつ、どこで暗殺されるかわからない。彼の身を案じるロクシナにはとても、この頼みを聞き入れることはできなかった。

だがマサーエフはあきらめなかった。人に頼んでも無理なら自ら行動しよう。そして訪れたサハロフセンターで、「ノーバヤガゼータ」のイズマイロフと出会ったのだ。

この出会いが、彼のその後の命運を決してしまったと言っていい。

イズマイロフの筆による「ノーバヤガゼータ」の告発記事は、一般読者の興味をそれほど喚起しなかった一方で、ある筋の恐ろしい反応を呼び起こした。

08年7月10日、記事が掲載されたまさにその日、チェチェンの首都グローズヌイで1件の交通事故が発生した。詳細はわからないが、この事故でマゴメド・デニーエフという若い男性が死亡した。なんとこのデニーエフは、マサーエフとともに拉致されていた2人の男性のうちの1人だったのである。

この〝偶然〟を文字通りの偶然と考える関係者は1人もいない。第一報を知り合いのFSBの職員から受けたイズマイロフは、ぞっと背筋が寒くなる思いだった。新聞が出たとたん、怒り狂ったカディーロフ本人か、もしくは彼の配下の人間が報復したのではないか。

イズマイロフがマサーエフにこの悲報を伝えると、さすがの彼も暗く沈みこんでしまった。同行の2人の実名を明かさず、彼らの行動についてぼかせば危険は及ばないだろうとマサーエフは考えていた。この読みが甘かったのだ。

ちなみに、同行したもう一人の男性は、釈放された直後、国外に脱出している。これ以上、チェチェン、いや、ロシアにとどまるのは危険だと判断したのだ。

デニーエフの交通事故による訃報《ふほう》が伝えられた直後、マサーエフは、チェチェンで営まれる彼の葬儀に参列したいと言い出して周囲を困惑させた。

これまで、マサーエフの命知らずの行動に少なからずはらはらさせられてきた「ヒューマンライツウォッチ」のロクシナは、延々3時間、彼への説得を試みた。このタイミングでのチェチェン行きは、まさに自殺行為だったからだ。「わかりました。私は（チェチェンへ）行きません」。ようやく彼からこの約束を取りつけて、ほっと胸を撫《な》で下ろしたのだった。

ところが、それからしばらくして、ロクシナが夏の休暇を終えてオフィスに出勤すると、マサーエフはモスクワから消えていた。8月1日のことだ。なんでも、マサーエフの一番上の姉が亡《な》くなり、葬式には間に合わないが、その後の法事に出席するという理由でチェチェンに出かけてしまったのだ。

一方、イズマイロフは、いったんチェチェン行きを取りやめたマサーエフが、再びチェチェンに向かおうとしていることを知り、強く止めた。しかし、チェチェンの習わしで、親族の葬式直後の法事には必ず出席しなくてはならない。なにより、チェチェンは自分の故郷であり、家族もいる。久しぶりに子供たちにも会いたい。そんな理由を並べて、彼はイズマイロフの説得を聞かなかった。

そして彼は、イズマイロフに、チェチェンで使う携帯電話の番号を教え、こう言い残して出かけた。

「もし私の身に何かあったら、それはカディーロフという人間の本性が露呈した証だ」

8月4日、「ヒューマンライツウォッチ」のロクシナは、チェチェンに住むマサーエフの兄オレグから緊急の電話を受けた。

「弟が行方不明になった」

オレグは、開口一番こう言った。

「弟は8月2日の姉の法事には姿を見せていました。ところが翌日の3日、グローズヌイで、『これからタクシーを拾う』と私に電話をかけてきた後、連絡が取れなくなった。弟はおそらく、家族に会いに行こうとしていたのでしょう。グローズヌイで私が探し回ったところ、目撃者がいたんです。市の中心部のロセリハズ銀行の近くで、迷彩服を着た男たちに無理やり車に引きずり込まれたというんです。私はすぐにグローズヌイの警察署に飛び込みましたが、被害届を提出しようとしても拒否されました。チェチェンの警察が直接、弟の誘拐に関わっているからとしか考えられない」

ロクシナは、すぐに、「メモリアル」や「アムネスティインターナショナル」など、マサーエフと交流のあった人権団体に手当たり次第に電話を入れ、彼の失踪を伝えた。もちろん、「ノーバヤガゼータ」のイズマイロフにも連絡をした。

「万事休すだ」。第一報を聞いた瞬間、イズマイロフはそう思った。これまで、マサーエフは何度となく逮捕、拉致され、そのたびに奇跡的に解放されてきた。しかし、今度という今度はだめだろう。自分の書いた記事が彼の息の根を止めてしまったのではないか。

兄のオレグの言う通り、チェチェン当局の関与が濃厚だ。おそらく、マサーエフがチェチェンに現れたら拘束しろという命令が出ていたものと思われる。

イズマイロフは、マサーエフに最後に会った時のことを思い出していた。

「今度、(チェチェンへ)出かけたら、間違いなく殺される」

彼は、しつこいくらい繰り返した。しかし、マサーエフの返事も毎回、判で押したようなものだった。

「姉にお悔やみを言わなければならない。それは私の義務だ」

2人の会話は堂々巡りを繰り返した。

この男はまったく死を恐れていない。イズマイロフは畏敬《いけい》の念さえ抱いてマサーエフの顔を見つめた。「彼は、自分が何をしても殺されない保証をカディーロフからもらってでもいるのだろうか」。あまりにも落ち着きはらったその態度から、ふと、イズマイロフの頭の中にこんな疑念が湧《わ》くほどだった。

「ヒューマンライツウォッチ」のロクシナは、マサーエフの命知らずの行動の意味をこう解釈する。

「彼が、常に、殺される覚悟を持っていたことは確かです。でも、もしかしたら、過去に何度も拘束されながら釈放された経験から、神に守られているという意識もあったのかもしれません」

イズマイロフは、マサーエフが残した彼の携帯番号に電話をかけた。呼び出し音が響くばかりで誰も出ない。まもなく留守番電話に切り替わった。一瞬、伝言を入れようかどうか迷ったが、そのまま受話器を置いた。イズマイロフはそれから、明けても暮れても、マサーエフの携帯に電話をし続けた。

マサーエフが失踪してちょうど1週間が過ぎた頃、いつものように電話を入れると、思いがけず、チェチェンで流行《はや》っている陽気な歌の呼び出し音が流れ、チェチェン語が飛び込んできた。何度もかけ続けて、無機質な呼び出し音にすっかり慣れてしまったイズマイロフは一瞬、虚をつかれ、心臓が早鐘のように鳴り出した。

彼は、チェチェン共和国の隣国、ダゲスタン共和国の出身で、チェチェンの事情に通じている。それでとっさに、「アッサラム・アレイクム（こんにちは）」と挨拶《あいさつ》した。現地で使われているアラビア語である。

イズマイロフはすぐにロシア語に切りかえて尋ねた。

「これはマサーエフの携帯電話か？」

「違うよ、おれのだ」

「マサーエフはどこにいる？」

その瞬間、電話は切れた。

イズマイロフは、その後も繰り返しかけ続けたが誰も出ることはなかった。マサーエフを拉致《らち》した一味の誰かが大胆にも、彼の携帯をそのまま使っているか、拉致後に捨てられた携帯を、偶然拾った誰かが使っているか……。

イズマイロフは、マサーエフが行方不明になってからというもの、殺害された同僚のアンナ・ポリトコフスカヤのことを思い出さずにはいられなかった。

前述したように、「ノーバヤガゼータ」に掲載された彼女のチェチェンについてのレポートは、毎回、ロシア連邦軍の蛮行で埋め尽くされ、ロシア人なら読み進めることがつらくなるほどの内容だった。

しかし彼女は単に、衝撃的な事実だけを報じたのではない。彼女の記事には、読んだ者の心を揺り動かす、ある特徴があった。それは、現地住民の実名や地名、具体的なエピソードを可能な限り明かして、チェチェンに生きる彼らの生身の姿を伝えたことである。

テレビ画面が、被害者の泣き叫ぶ場面だけを切り取って伝えるのに対して、彼女は、単なる被害者としてではなく、同じ人間として、彼らの人生の苦悩を、喜びを、生き生きと克明に描き出してみせた。それは読者に、遠いカフカスで起きている出来事を身近に感じさせ、我がこととして考えさせる大きなきっかけを与えたのである。

もちろん、実名報道には他の目的もあった。具体的な名前の明記は記事の信憑《しんぴょう》性を増す。当局によって、「それは捏造《ねつぞう》だ」「歪曲《わいきょく》だ」と批判や抗議を受けた場合の担保になるからだ。

さらに、ロシア軍に拘束された住民の実名を公表したことで、その住民が解放されたケースもあった。

しかし、時には、ポリトコフスカヤのこうした取材手法が悲劇を招くことがあった。あるチェチェンの村を取材した時、彼女はいつものように、自分の記事に住民の実名を明記した。ところが、彼女が次にその村を訪問すると恐ろしい現実が待っていた。実名を掲載された住民たちは、片っ端から消されていた。殺されたり行方不明になっていたのだ。彼女の受けた衝撃は大きく、その後もずっと実名を出したことを悔やんでいた。

「あの時の彼女の苦痛と同様の苦痛を、私は今、味わっています。ジャーナリストとして、マサーエフの身を守ることができなかった。なぜ、もっと必死に彼を止めようとしなかったのだろうかと」

自らを恥じ、忸怩《じくじ》たる思いにとらわれたイズマイロフは、ほぼ絶望的だとは思ったが、知り合いのFSB関係者や、チェチェンにいる知り合いに手当たり次第に電話をかけまくって、マサーエフの安否を探ろうとした。

しかし、グローズヌイに住むある知人は、イズマイロフと話すのに、携帯電話を持っているにもかかわらず、わざわざ隣のイングーシ共和国まで出かけて、郵便局の公衆電話からかけてくるほどだった。治安機関による盗聴を恐れていたのだ。彼を危険にさらすわけにはいかない。イズマイロフは、この知人からの協力を断念した。

それ以降も、さまざまな情報を収集し続けた結果、わずかに、「シャトイ地区（グローズヌイから約50キロ南に位置する町）の地下牢《ろう》に閉じ込められている」といったうわさを耳にしたが確証はなく、他の情報は皆無だった。

イズマイロフは、8月7日付の「ノーバヤガゼータ」に短く、「再び拉致？　カデイーロフによって以前捕虜になっていたムハンマドサラフ・マサーエフが失踪《しっそう》した」という記事を掲載した。そしてこの記事中で、マサーエフとともに捕虜になっていたマゴメド・デニーエフが、〝大変奇妙なことに〟、最初の記事が出た7月10日当日、グローズヌイで交通事故死したことも明らかにした。

一方、「メモリアル」や「アムネスティインターナショナル」、それに「ヒューマンライツウォッチ」らいくつかの人権団体は一致協力して、チェチェン共和国の検察当局や、ロシア最高検察庁長官宛《あ》てにマサーエフの救出を要請する手紙を送った。さらに、ロシア国内だけでなく国外に向けても緊急声明を発表した。

以下は、「アムネスティインターナショナル」、「ヒューマンライツウォッチ」と同じく国際人権団体である「SOSトーチャー」が、インターネットサイトで発表した声明文である。

〈SOSトーチャー国際事務局は、モマドサラ・マサエフ《ママ》さんが、先(06年)の誘拐と不法拘禁への補償を求め声をあげたことへの懲罰として、再び誘拐されたのではないかと憂慮します。国際事務局はまた、これは彼への圧力であり、当局への申立てを撤回させる試みであることを憂慮します。国際事務局はモマドサラ・マサエフさんの身の安全を憂慮し、彼が拷問《ごうもん》及び虐待《ぎゃくたい》を受けるのではないかと危惧《きぐ》しています。(中

略）

チェチェン関係当局に以下の内容の要請をお願いします。

1、モマドサラ・マサエフさんの行方を直ちに探し出すこと。

2、いかなる情況にあろうとも、彼の心身の安全を保障し、必要な医療を提供するとともに自ら選んだ弁護士や家族との無条件の面会を直ちに認めること。

3、国際法および国際基準に合致する正当な嫌疑が不在の中、彼の即時釈放を命じること。もしそのような嫌疑が存在するならば、彼を公平で資格のある裁判に付し、その間の手続き上の権利をすべて保障すること。

4、国内法および国際人権基準に沿って、国内全土における人権尊重と基本的自由を保障すること〉

イズマイロフも、8月11日付の新聞に再び、『ノーバヤガゼータ』のインタビューの後、失踪したラムザン・カディーロフの元捕虜」とする記事を載せ、マサーエフが行方不明になったいきさつと、彼が過去に何度もチェチェンで拘束されていること、人権団体が関係各機関に救出を働きかけていることに言及した。

しかしながら、いわば、事件の震源である「ノーバヤガゼータ」以外のマスコミは、マサーエフの失踪をほとんど黙殺した。

考えてみてほしい。一般の市民が権力者によって不法に拉致、監禁された上、さらにその被害者本人が、この事実を新聞紙上で告発した途端に行方不明になったとしたら——。もし欧米や日本でこんな事件が起きれば、自由と民主主義を揺るがす、権力による許し難い犯罪であるとして、マスコミどころか社会全体に激震が走るはずである。

ところがロシアでは、ほとんど一顧だにされないのだ。

理由はいくつもある。

この国では、白昼、首都のど真ん中で、政治家や実業家などが、車に仕掛けられた爆弾で爆殺されたり、銃弾で体を蜂《はち》の巣のように射抜かれて殺されるなどの凄惨《せいさん》な事件が四六時中起きている。莫大《ばくだい》な身代金を要求する誘拐団も暗躍しており、不可解な失踪を遂げる者も珍しくない。そして、社会を覆《おお》う、無差別テロに対する恐怖がある。

地下鉄を利用する時、プラスチック爆弾を身につけた自爆テロ犯が一緒に乗り込んでこないかと、常に怯《おび》えるような社会においては、チェチェン人が1人行方不明になったところで、「それがどうした?」程度の反応しか、呼び起こさないのだ。

もうひとつの理由は、アンナ・ポリトコフスカヤの殺害が示す通り、チェチェンで今何が起こっているか、真実を報道しようとすれば恐ろしい報復を生むからである。

この恐怖がマスコミ全体を萎縮《いしゅく》させ、自由なチェチェン報道をタブーにしてしまったのである。

さらに、これは、マサーエフにとって大変不運なできごとなのだが、彼の行方不明を報じる記事が掲載された8月7日、まさにその日、南カフカスに位置する南オセチア共和国の帰属を巡って、ロシアとグルジアの間で武力衝突が勃発《ぼっぱつ》した。この大事件の前では、人権団体がどんなに躍起になって彼の救出キャンペーンを行ったところで、社会の注目度は限りなく低くなる。

「ヒューマンライツウォッチ」のロクシナが言う。

「我々国際的な人権団体と内外のマスコミがタッグを組んで、大々的に報道し当局に圧力をかければ、解放される可能性はなきにしもあらずです。事実、04年にマゴメド・マゴメドフという法律家が、チェチェン共和国の治安機関によって2か月間拘束された時、大きな救出キャンペーンが巻き起こったため、当局は解放せざるを得なかった。

ところが、マサーエフの場合は、ロシアとグルジアのこの紛争の陰に隠れてしまい、救出のための大きなムーブメントを作り出すことができなかった。我々はチェチェンの検察当局に何度も照会していますが、『情報はありません』の一点張りです。遺体が見つかっていない以上、(生存の)希望を捨てるつもりはありませんが……」

最後は、そう言葉を濁した。

「ノーバヤガゼータ」の他に、かろうじて、このマサーエフの失踪について報じたのは、私が調べた限りでは、8月8日付の「コメルサント」という大手経済紙だけだ。同紙は、マサーエフが行方不明になったいきさつについて、イズマイロフ、「ヒューマンライツウォッチ」のロクシナ、さらに、マサーエフの兄のオレグなどに取材をし、比較的詳しく記事にしている。

「コメルサント」は、06年に政府系企業の系列会社に買収されるまで、「ノーバヤガゼータ」と同様、数少ない独立系の新聞としてリベラルな論調が目立っていた。その社風は、買収後もある程度残り、紙面から権力批判が全く消えたわけではない。マサーエフ失踪を報じたのも、こうした社風からであろうと思われる。

同紙によれば、マサーエフがグローズヌイの中心部で、迷彩服の男らに車に引きずり込まれて拉致されたという目撃談は、兄のオレグが、弟の行方を探し求めて、グローズヌイのモスクに出かけた時に、そこに居合わせた住民からこっそり聞いた話だという。

チェチェンでは、こうした拉致が白昼堂々とまかり通っており、目撃者がいる場合でも、誰一人警察に届けようとはしない。他人にみだりに目撃したことを漏らすこともしない。うっかりそんなことをしようものなら、どんな報復が待ち受けているかわからないからだ。

また、この兄は当初、人権団体と頻繁に連絡を取り合っていたが、この8月8日の時点で全く連絡を絶ち、人権団体の人間が電話を入れても、つながらない状態になっているとも書かれている。おそらく兄は、弟の失踪について騒ぎ立てると、自分の身も危ないと悟ったのだろう。

この経済紙「コメルサント」の記事の最後には、マサーエフの失踪について、チェチェン大統領ラムザン・カディーロフの広報担当官によるコメントが掲載されている。

「(マサーエフが拉致されたというストーリーは)およそ現実的ではない。だれかが数日、家に帰らないというだけで、もうマスコミは拉致ではないかと騒ぎ立てる。マサーエフに関して言えば、彼は宗教者でも、チェチェンで有名な人物でもない。彼に対して、いかなるイデオロギー的、政治的な圧迫も加えられていない。精神の専門家や宗教界の人間は、私にこう言った。『彼は精神的に健康な人間ではない』と」

確かに、大多数の人間が恐怖のあまり沈黙を余儀なくされる中、1人、正義と公正を求めて独裁者ラムザン・カディーロフに戦いを挑む彼は、傍目には頭のおかしな人間としか映らないのであろう。

しかし、常軌を逸しているのははたしてどちらなのか。

「残念ながら、人が消えてしまうことはチェチェンでは普通に起きています。とりわけ、チェチェンの真実を外の世界に伝えようとする者には、必ず報復が待ち受けています」

アンナ・ポリトコフスカヤの娘、ベーラ・ポリトコフスカヤは私にこう語った。

まさに、チェチェンで今、何が起きているかを、自身の運命をもって知らしめた1人のチェチェン人。束の間《つかま》の邂逅《かいこう》で見せた彼の、穏やかだが、強い意志を秘めた目の輝きを、私は今も忘れることができないでいる。

第４章

殉教者たち

非業の死を遂げた６人（右端がアンナ・ポリトコフスカヤ）

「チェチェンの真実を外の世界に伝えようとする者には、必ず報復が待ち受けている」

ベーラ・ポリトコフスカヤのこの言葉は、彼女の母の運命を言い表した言葉でもある。報道統制の裏側に隠されたチェチェン戦争の真の姿を伝え、そのために命を落とした最も勇敢なジャーナリスト、それが、アンナ・ポリトコフスカヤだった。

２００６年10月7日土曜日、この日、ポリトコフスカヤの同僚だったゾーヤ・ヨロショクは、「ノーバヤガゼータ」の編集部で当直をしていた。

彼女は、「コムソモーリスカヤプラウダ」から飛び出して、「ノーバヤガゼータ」を創刊した50人の記者のうちの１人である。しかし今では、それら最古参の社員は、ヨロショクの他に、社長のセルゲイ・コジウーロフ、編集長のドミートリー・ムラートフ、副編集長のセルゲイ・ソコローフだけになってしまった。

ヨロショクは自分の原稿を書き終えた後、ポリトコフスカヤから送られてくるはずの原稿を待ちわびていた。だが、何度メールをチェックしても、原稿は届いていない。ヨロショクは首をひねった。

ポリトコフスカヤはわざわざ、「私の記事のためにページを割いてほしい」と頼んでいた。なにより彼女はとても几帳面《きちょうめん》な性格で、今まで締め切りに遅れたことは一度もなかった。もし何かあったら、せめてメッセージを送って来るはずだが……。

そういえば、彼女は1週間前に父親を亡《な》くしたばかりだった。さらにその1週間前には母親が入院していた。確か、彼女の娘は妊娠していて臨月のはずだ。家族に不幸や病気が相次いで記事が書けないのだろうか。

これ以上待っても連絡がないようならこちらから電話をかけてみよう。そう思いながらヨロショクは午後3時頃に編集部を出て、友人と会い、レストランで食事を共にしていた。

4時半頃、携帯電話が鳴った。インタファックス通信の友人の男性からだった。友人は、とりとめもない世間話の後で、突然、こう聞いた。

「アンナは今、どこに住んでいる？」

「ドロゴミーロフスカヤ通りじゃないかしら」

「よかった、それじゃ、彼女じゃないな」

「何のこと？」

今度はヨロショクが尋ねた。

「アンナに似た女性が、リスナーヤ通りのアパートで殺されたらしい」

ハンマーで頭を殴られたようなショックが彼女を襲った。あわててポリトコフスカヤの携帯に電話を入れる。何度目かの呼び出し音の後、なにかのノイズが入り、誰かが出るような気配がした。

「ああ、よかった、無事なのね」。そう言おうとして、彼女は次に口に出す言葉さえ思いついていた。

「ほら、ロシアのことわざに、一度、亡くなったと間違われた人は、その後、とても長生きするって……」

だが、電話がつながったと思ったのは気のせいだった。無情な呼び出し音がただ鳴り響くばかりで、彼女のあの声は聞こえない。

そのうち、他の友人たちから、ポリトコフスカヤの安否を尋ねる電話が矢継ぎ早にかかってきた。

「今、テレビで（殺害事件について）やってるわよ！」

「やっぱり本当なのか？」

電話は鳴りやまなかった。彼女はどうしていいかわからず、編集長のムラートフに電話を入れた。彼は、挨拶《あいさつ》抜きでいきなり言った。

「それは事実だ」

ムラートフの重く沈んだ声に、彼女は、頭の中が真っ白になった。

ヨロショクが、友人とレストランで食事をしていた同時刻、ムラートフは社内で会議中だった。その時、ある通信社から、「アンナ・ポリトコフスカヤが殺害されたが、コメントしてほしい」という電話が入ったのだ。

「すぐに編集部にもどります」

ヨロショクはムラートフにそれだけを言ってレストランを飛び出し、車を拾った。車中、友人から悔やみの電話をもらい、彼女は堪《こら》え切れずに涙をこぼした。

オフィスに着くと、編集部にはすでに編集長のムラートフ始め、10人ほどの記者が集まっていた。彼女は無言でムラートフと抱き合った。すでに、警察から捜査官が到着して、ポリトコフスカヤのデスクがあった部屋や、ムラートフの部屋の家宅捜索に入っていた。

誰もが沈鬱《ちんうつ》な表情を浮かべ、「なぜ今なのか？」と囁《ささや》き合った。彼女が、もう何年も前から暗殺の危険にさらされていたことは周知の事実だった。毎日のように脅迫電話や脅迫状が舞い込むため、彼女は周囲の助言も入れて、一時、ヨーロッパに避難したほどである。しかし、最も危険な時期は過ぎた。誰もがそう思っていた。

この06年当時は、チェチェン戦争でのロシアの優勢がほぼ決定的となり、武装独立派が山に逃げ込んだことで、表立った戦闘は終息していた。そのために、彼女がチェチェンに出張に出かける機会は減り、チェチェン関係の記事も少なくなっていたからだ。

「なぜ、自分ではなく、彼女が襲われたのか」。そんな声も少なからず上がった。

たとえば、後にチェチェン人の説教者マサーエフについての記事を書き、マサーエフ失踪《しっそう》後、彼の行方を八方手を尽くして捜しまわった軍事評論員のベチェスラフ・イズマイロフである。

ロシア軍軍人として第1次チェチェン戦争に従軍した彼は、当初は軍務で、後にはボランティアとして、敵方のチェチェンの要人たちと交渉して、ロシア側の捕虜を100人以上も奪還した人物である。

そのイズマイロフは、退役後、「ノーバヤガゼータ」のジャーナリストとなり、チェチェン戦争を巡るレポートを数多く書いた。そして、元ロシア軍軍人とは思えないほど厳しい筆致で、ロシア政府と軍、そして、チェチェンの独裁者ラムザン・カディーロフを批判していた。「自分が殺されてもおかしくなかった」と彼は言う。

こうした反応は、ポリトコフスカヤの殺害はチェチェンの関係をおいて他にないと、大方の人々が考えていた証左でもある。10月7日はプーチンの誕生日であった。プーチンにへつらう人間か、ないしはその手下が、プーチンへの最高の誕生日プレゼントとして企てたのではないかと言う者もいた。

ポリトコフスカヤの娘のベーラは、この日の午後、モスクワ中心部のスーパーマーケットにいた。妊娠していた彼女はそろそろ臨月に入ろうとしていた。まもなく生まれる赤ん坊のために、ベビーバスを探していたのだ。いくつもの店を出たり入ったりした後、ベーラは午後４時半頃、母に電話を入れた。しかし母は出ない。何度電話しても同じだ。

そこへ兄のイリヤーから電話が入り、自分も母と連絡が取れないと言う。胸騒ぎがしたベーラは、兄の方が母のアパートに近い場所に住んでいたので、様子を見に行ってくれるよう頼んだ。

10分後、イリヤーが母のアパートに着くと、パトカーと救急車のサイレンが鳴り響き、あたりは騒然とした雰囲気に包まれていた。

「ママが殺された！」

兄の悲痛な叫びに、ベーラは携帯電話を耳に押し当てたまま言葉を失った。

暗殺者は、ポリトコフスカヤのアパートの中に潜んでいた。彼女が、自分の部屋のある階で、エレベーターから降りようと一歩足を踏み出した刹那《せつな》、至近距離から狙撃《そげき》されたのである。撃ちこまれた銃弾は全部で4発で、3発は胸に、1発は頭に命中していた。

銃撃の衝撃で彼女の体は跳ね飛ばされ、エレベーターの壁に打ちつけられた。アパートの住人が発見した時、彼女は、血の海の中、体をくの字に曲げ、エレベーターの壁に背をもたせかけた格好でこと切れていた。

現場には、小型の自動装塡《そうてん》銃マカロフが放置されていた。

「母にはもちろん覚悟はあったと思う」と娘のベーラは言う。

「母はふだんから私たち兄妹に、重要な書類はここにあるからよく覚えておくのよ、と言っていたのです。でも、もうじき初孫が生まれることを喜んでいました。友人に、危険な仕事から手を引いて、普通のおばあちゃんになる、というようなことを話してもいたらしいのですが」

「ノーバヤガゼータ」には、事件直後から、おびただしい数の弔電が届き始め、弔問客も引きも切らなかった。ヨロショクたちは弔電をポリトコフスカヤの部屋の壁に貼《は》ったが、すぐにスペースが足りなくなり、廊下の壁にまであふれた。まもなく、社内の壁という壁は弔電で埋まってしまった。

オフィスの玄関口に彼女の大きな遺影が飾られたが、花を手向ける人は後を絶たなかった。ヨロショクが、用事のためにオフィスを出て、地下鉄駅の近くまで行くと、80歳代と思《おぼ》しき老夫婦が花屋でカーネーションを買っていた。もしかすると、と思っていると、やはり、「ノーバヤガゼータ」のオフィスまでやって来て、写真の下にそっと献花した。

「私たちの一番好きなジャーナリストでした。彼女の記事はすべて読みました」

老夫婦は、言葉少なにヨロショクにそう語った。

他社のジャーナリストも弔問に訪れ、

「彼女の死に方は、ジャーナリストとしてうらやましい」

と漏らした。

政権による弾圧を恐れて、社内の厳しい自主検閲の枠内でしかものを書けない他のジャーナリストたちにとって、ポリトコフスカヤの、なにものも恐れず、なにものにも捉《とら》われない勇敢さと果敢さは、ある種の屈折した憧憬《しょうけい》と嫉《ねた》みを買っていたのである。

ヨロショク始め編集スタッフは、悲しみに浸ってばかりもいられなかった。10月9日付で発行される紙面を緊急に差し替えて、アンナ・ポリトコフスカヤ追悼のための紙面作りをしなければならなかった。

ヨロショクは、社内の食堂で、たくさんの弔電の中から紙面に取り上げるものを選び、編集作業を始めた。編集長のムラートフや副編集長のソコローフらは追悼記事の執筆に入った。

朝の5時頃、これらの作業がすべて終了すると、ムラートフは一同を見渡して、苦渋に満ちた表情で尋ねた。

「我々のプロジェクトをこれからも続けますか、どうしますか」

プロジェクトとは要するに、「ノーバヤガゼータ」のことだ。ポリトコフスカヤの殺害で、同紙の犠牲者は3人になった。これだけの犠牲者を出してまでこの新聞をこれからも存続すべきなのかどうか、ムラートフは問うたのだ。そして彼はこうも言った。

「言論の自由と引き換えに、仲間の命を差し出すことに、いったい何の価値があるのだろうか」

編集長として、彼女の命を守れなかったことに対する悔恨と慙愧《ざんき》の念が彼を苛《さいな》んでいた。もうこれ以上、なにがあっても仲間を死なせてはならない。

　そもそも、ポリトコフスカヤがチェチェン報道にのめり込んでいったのは、ムラートフが彼女をチェチェン特派員に指名したことがきっかけだった。99年夏、ちょうど彼女が、「オープシャヤガゼータ（＝一般の新聞）」という新聞から「ノーバヤガゼータ」に移籍してまもない頃である。以後彼女は、チェチェン全土をくまなく歩き回って、戦時下の市民の生の声を伝えていく。

　しかし、ロシア軍の蛮行をこれでもかと暴《あば》く彼女の記事は、「ノーバヤガゼータ」の読者だけでなく、人々の間に激しい動揺と拒絶反応を巻き起こした。「自分の国の名誉を傷つける売国奴《ばいこくど》」「汚《けが》らわしい嘘《うそ》八百だ」。そんな罵詈《ばり》雑言《ぞうごん》が投げつけられた。すでにロシア社会は、国営テレビまでがこぞって政権批判を繰り広げた、第1次チェチェン戦争当時とはまったく様相を異にしていた。2000年5月に就任したプーチン大統領は、着々と報道統制を進め、チェチェン侵攻に際しても厳しい取材規制を敷いた。なにより国民が、チェチェンの〝テロリスト〟を掃討するために侵攻を開始したプーチンの強硬姿勢を支持していた。

　こうした逆風の中、編集部内でも、彼女の記事は毎回激しい論争の的となった。

「これは事実なのか」、「きちんと裏を取っているのか」、「事実だとしてもここまで書いていいものだろうか」。

しかし、編集長のムラートフは彼女の記事を全《すべ》て掲載した。

「『ノーバヤガゼータ』はひとつのチームです。上が命令して、記者たちに記事を書かせるというシステムではない。記者たちは一人一人が独立して、信念を持って仕事をしている。編集長といえども、記者たちが書きたいと思うことを止める権利はないし、書きたくないことを無理強いする権利もないのです。

ただし彼女は、たとえば、現在のチェチェン大統領ラムザン・カディーロフに向かって、『臆病者《おくびようもの》だ』『馬鹿《ばか》だ』などといった感情的な表現をさしはさむことがあったので、それらは、編集長権限で削除しました。そうした表現は、ストレートに恨みを買う危険性があったからです」

ポリトコフスカヤの一連のチェチェン報道によって、「ノーバヤガゼータ」の発行部数は急落した。

「経営面からみれば、これは自殺行為だった。しかし、ジャーナリズムの理念からすれば、彼女の記事を載せることは正しかった」

副編集長のソコローフは言う。

ポリトコフスカヤの記事は、多くの人々の憤激を誘った反面、心ある人の胸を打つなにものかがあった。

モスクワ大学ジャーナリズム学部に在籍しながら、「ノーバヤガゼータ」の記者として働く22歳のエレーナ・コスティチェンコは、高校生の時、初めてポリトコフスカヤの記事に接した。

「彼女がその時レポートしていたのは、チェチェンの幼い子供たちのことです。子供たちは、彼女が彼らの家に入ろうとすると、撃たれるのではないかと怯《おび》えたのです。生まれてからずっと平和な日々を知らず、ロシア軍によって父親を殺された子供たちは、ロシア人と見ればすべて悪人と思っているのです。私は、テロリストを掃討するという名目で、手当たりしだいの拉致《らち》や殺人が行われていることを知らなかった。自分の国で何が起こっているのかまったく理解していなかった。そういう意味で、彼女の記事は衝撃的であるとともに、チェチェンの人々の苦しみを我がこととして感じる、彼女の優しさがにじみ出た記事でもありました。わたしはこの記事に深く心を動かされて、『ノーバヤガゼータ』の記者になりたいと思ったのです」

コスティチェンコはその後、見習い期間を経て念願の「ノーバヤガゼータ」に入社した。

彼女はポリトコフスカヤを、これ以上ないほど尊敬していた。ほとんどチェチェンに出かけて、めったに編集部にいなかったポリトコフスカヤをまれに見かけた時は、遠くから胸を躍らせた。

ポリトコフスカヤ殺害の数か月前、編集長のムラートフは彼女と激しい口論をしたという。当時、彼女のチェチェンへの出張は、以前に比べて減ってはいたが、まったくなくなったわけではなかった。

記者の自主性を最大限重んじるムラートフも、ポリトコフスカヤの身を案じて、これ以上のチェチェン行きを許すわけにはいかなかった。

「チェチェン人は、あのならず者のようなカディーロフを大統領に選んだ。チェチェンの問題はもう、チェチェン人自身にまかせるべきだ」

「民主的な選挙によってカディーロフが選ばれたわけではない」

「あなたはひとりでカディーロフと闘っている。だが、チェチェン問題の解決をプーチンから委《ゆだ》ねられた時から、カディーロフは絶大な権力を手にしたんだ。彼にはすべてが許されている。そんな男を相手にするのは危険極まりない」

「チェチェンでは、警察や検察庁や裁判所に駆け込んでも何もしてくれない。だから人々は、私だけに悩みを打ち明ける。そういう人たちの信頼を裏切るわけにはいかない」

彼女は頑として首を縦に振らなかった。言い争いは長時間続いた。業《ごう》を煮やしたムラートフはついに叫んだ。

「ソ連軍がアフガニスタンから軍を撤退させたように、あなたをチェチェンから撤退させる。もうチェチェンへの出張を禁止する！」

すると彼女は、涙を浮かべてこう訴えた。

「チェチェンを取材するジャーナリストは今やもう私だけになった。だから、これは私の義務です。それに、チェチェンでは心ある人たちがほとんど殺されてしまった。今、生き残っている人を見捨てるわけにはいかない」

ムラートフはこの時悟ったという。もはやなにびとも、彼女を止めることはできないと。

創刊時のメンバーのヨロショクは、ムラートフが「ノーバヤガゼータ」を存続させるかどうかをみなに尋ねた時、内心、彼が閉鎖を決意しているのならそれに素直に従おうと思った。

「『ノーバヤ』は、私たちが手塩にかけて育てたわが子のようなものです。その『ノーバヤ』がなくなるなんて本当にさびしいことで、たとえば今、そういう話が出たら、私は強く反対すると思います。でも、当時はあまりにもアンナの殺害が衝撃的で、そんなことを考える余裕すらなかった」

しかし、社員たちはこぞって、閉鎖に反対した。いま閉鎖すれば、それこそ政権の思うつぼになる。絶対に存続するべきだ。彼らの強い声に励まされて、ムラートフはようやく存続を決意した。彼はこの時、記者たちから、「あなたは弱すぎる」とまで言われた。報道の自由を貫くことと、記者の命を守ることとの狭間《はざま》で苦悩する管理職の辛《つら》いところである。

やがて、いつも編集会議が開かれるオープンスペースの壁に、ポリトコフスカヤの柔らかい微笑みをたたえた写真が、ドムニコフ、シュチェコチーヒンの遺影と並べて掲げられた。

「アンナは、写真などでは、厳しい表情をした男勝りでタフな女闘士のように見られていたけれど、実際の彼女は、優しい声でしゃべる、物静かで人当たりの柔らかな女性でした」

チェチェン戦争反対の集会のたびに、ポリトコフスカヤと顔を合わせていた年配の女性は、彼女の印象をこう語る。写真は、その雰囲気をよく伝えていた。

追悼記事のタイトルはとても短かった。

ていた。

〈アーニャ〉

彼女は、その人柄を反映して、優しい響きのある、この親しみやすい愛称で呼ばれていた。

〈10月7日土曜日、「ノーバヤガゼータ」の評論員、アンナ・ポリトコフスカヤが、自宅アパートの入口で殺害された〉

このリード文で始まる本文は次のように続いた。

〈彼女は美しかった。年を経るごとに美しくなっていった。それはなぜか。人は誰でも、生まれた時に神から、自分の顔のおおよその設計図を受け取るが、その後の人生をどう生きるかによって、最終的な顔の造作が形作られる。人間として円熟してくると、その人の顔には、知らず知らずのうちに心の内がにじみ出る。彼女の心は美しかった。だからこそ、彼女は美しかったのだ。

彼女は、とても女らしかった。面白い冗談にはとても魅力的な笑顔を浮かべたし、不正に対しては人目もはばからず涙を流した。どのような不正に対しても、自分に直接向けられたように感じ、被害者のために力の限り闘った。

彼女はまた、大の男でさえかなわないほどの勇気を示した。武装されたジープに乗り、たくさんの護衛に囲まれた男たちより、ずっと勇敢だった。

彼女は絶えず脅迫されていた。監視や尾行も行われていた。チェチェンでは、ロシアの兵隊によって逮捕され、銃殺するという脅しを受けた。ベスランに行く飛行機の中では毒を盛られたが、かろうじて回復した。

しかし、この後、彼女は体調が完全に回復したわけではなく、常に、体のどこかに痛みを抱えていた。しかし、なんと言っても彼女が一番痛みを感じていたのは、良心だ。真実を伝えたいのにそれが難しくなっていたからだ。

「ノーバヤガゼータ」に好意を寄せている人たちでさえ、時折、「ポリトコフスカヤはあまりに極端だ」と言った。いや、そうではない。彼女は常に正しいことを書いた。しかしその真実があまりに恐ろしいものだったから、ほとんどの人々にとって、その現実を受け入れることができなかったのだ。だから、そうした反応になった。

正直に言えば、私たちの編集局でさえ、時折、読者と同様の反応を示した〉

〈彼女は悪を、自身の目でしっかり直視した。だからこそ、つらく苦しい状況の中でも真の勝利者だった。悪に目をそむけずにいたからこそ、彼女はこれまで生き残ってこられたのかもしれないのだ。

私たちのアーニャがいなくなってからというもの、私たちはその現実を受け入れることができない。私たちの心の中で彼女はまだ生きている。

殺害犯は、白昼のモスクワの中心部で、自分の意思によってこのような残酷な殺人を犯したのだろうか。私たちは草の根を分けてもこの卑劣な犯人を捜し出す。この問題は、ヨロシアでは、マスメディアは、独立した状態にあるとは言い難い。この問題は、ヨーロッパやアメリカで論議の対象となっている。

「ノーバヤガゼータ」では、3人の主要なジャーナリストが相次いで殺害された。イーゴリ・ドムニコフ。彼の殺害犯は、信頼すべき捜査官の献身的な努力によって、今法廷に立たされている。

ユーリー・シュチェコチーヒン。肉親の死亡診断書を閲覧する権利を法律が認めているにもかかわらず、権力はそれを拒否している。しかし私たちは、独自の調査を続けている。犯人は必ず処罰されるだろう。

そして今、私たちのアンナ・ポリトコフスカヤである。殺害犯たちは、1人のジャーナリストを殺害しただけではない。人権擁護活動家にしてロシア市民、そして、母親でもある美しい女性を殺したのだ。

「ノーバヤガゼータ」が存在する限り、殺害犯は、枕《まくら》を高くして眠ることはできない〉

殺害から3日後の10月10日、冷たい雨のそぼ降るこの日、編集長のムラートフやヨロショクたち「ノーバヤガゼータ」のスタッフは、チャーターした大型バスに同乗して、モスクワ近郊のノボクンツェボ墓地に向かった。

墓地には4000人あまりの人々が集まっていた。事前に遺族から、葬儀の際には政治的なアピールや示威行動は慎んでほしいという要請があったが、そのような行動をする者は1人もいなかった。人々はただ、しめやかにポリトコフスカヤの冥福《めいふく》を祈った。

ヨロショクは、棺《ひつぎ》の中に安置された同僚の死に顔をつくづくと見て安堵《あんど》した。生前の彼女とそれほど変わらない安らかな表情だったからだ。

ヨロショクは怖かったのだ。03年に、副編集長のユーリー・シュチェコチーヒンが、2人目の犠牲者として奇怪な死を遂げた時、彼女は棺の中の彼を見て悲鳴を上げた。そこには、同僚として彼女が親しく付き合っていた、活力に満ちて、年齢よりずっと若々しい54歳の男の面影はどこにもなかった。髪が抜け落ち、無残にやせ衰え、見たところ、100歳以上の老人が横たわっていたのである。どう考えても、自然な死を迎えたようには思えなかった。

だから、ポリトコフスカヤの安らかな死に顔に、ヨロショクは少し慰められたのである。

事件から1年後の07年8月、捜査は急展開した。内務省とFSB（ロシア連邦保安庁＝旧KGB）の現職と退役の職員を含む10名が容疑者として逮捕されたのだ。

逮捕を指揮したユーリー・チャイカ最高検察庁長官は次のように発表した。

「主導していたのは、チェチェン出身者からなるモスクワの組織犯罪グループのリーダーで、（背後には）ロシアの不安定化をもくろむ外国在住のロシアのオリガルヒ（寡占《かせん》資本家）がいる」

そして、殺害の動機を、「ロシアを不安定化させ、ロシアの指導者の評判を落とすことだ」と述べた。

プーチンは、ポリトコフスカヤの殺害直後、「彼女が書いた政権批判の記事以上に、暗殺によってロシアは大打撃を被《こうむ》った」とコメントしていた。チャイカ長官の発表は、このコメントと奇妙に呼応する。

「オリガルヒ」とは、ソ連崩壊後、資本主義体制移行の混乱の中で、法の未整備に乗じて巨額の蓄財に成功した一握りの新興財閥のことである。

「ロシアの不安定化をもくろむ外国在住のロシアのオリガルヒ」とは、第7章で詳述するが、エリツィン政権との癒着《ゆちゃく》やメディア支配によって、ロシア国民の間で悪名高いユダヤ系オリガルヒ、ボリス・ベレゾフスキーを指していることは間違いない。べレゾフスキーは00年、プーチン政権によって国外逃亡に追い込まれ、現在イギリス在住である。

この発表によれば、ベレゾフスキーが、自分を迫害したプーチンの評判を落とすために、内務省やFSBの職員を含む実行犯を使って、自分と何の利害関係もないポリトコフスカヤを、わざわざ殺害したという筋書きになる。こんな見え透いた謀略説を信じる者などどこにいるだろうか。

ロシア国内では、ポリトコフスカヤ殺害事件の直後に起こったロンドンでの元FSB諜報員《ちょうほういん》リトビネンコ毒殺事件についても、このベレゾフスキーを黒幕と見なす主張が目立っている。

イギリスの捜査当局は、リトビネンコが体調を崩す直前に彼に接触した元KGB将校のアンドレイ・ルゴボイを容疑者と特定し、ロシア当局に引き渡しを要求していた。なにしろ、ルゴボイの行くところすべてに、リトビネンコ殺害に用いられた放射性ポロニウム210が検出されたのだから、動かし難い証拠であるとされたのである。

そこで、ルゴボイの引き渡しを拒否したロシア側が持ち出したのが、このベレゾフスキー黒幕説である。ベレゾフスキーにすべての罪をなすりつければ、彼を嫌悪《けんお》しているロシア国民の納得を得られるとでも思ったのだろうか。

この逮捕劇について、「ノーバヤガゼータ」の副編集長ソコローフは、「政治的に過ぎる」と一蹴《いっしゅう》した。

その後のなりゆきも、ある程度予想されたものだった。結局、容疑者たちは次々に、事件とは無関係として釈放され、襲撃を手配したとする元内務省職員と見張り役とされる男2人の計3人が起訴されたにとどまった。そしてこの3人も、09年2月、陪審員の評決によって無罪となった。その後、検察の上告によりこの判決は取り消され、同年6月、審理はモスクワ管区軍事裁判所に差し戻されたが、この差し戻し審でも被告らの無罪は覆《くつがえ》らず3人は釈放された。事件の捜査はまったく振り出しに戻ったのである。

いったい、逮捕時のチャイカ長官直々の発表は何だったのか。世界的に耳目を集めた事件だから、一応、逮捕はして見せたというところか。首謀者どころか、殺害犯にも辿《たど》りつけず、当局はこのまま背後関係を解明することなく幕引きを図る公算が大である。

毒殺されたリトビネンコは、体調を崩す直前、ポリトコフスカヤを殺したのはプーチン以外にあり得ないと記者会見の席で力説していた。しかし、この説については、「ノーバヤガゼータ」の副編集長ソコローフは否定的だ。

「プーチンはそれほどシンプルな人間ではない。もし、この事件でプーチンの責任を追及できるとすれば、このような殺人をやすやすと実行できるシステムを、彼の政権下で作り上げたことだ」

ポリトコフスカヤの娘ベーラもこう言う。

「ロシアにおいては、なんらかの大きな政治的事件が起きる場合、上部の命令がなければ実行することは不可能だと思います。ただ、だからと言って、母の事件でプーチンの直接の命令があったとは思えません」

ポリトコフスカヤ殺害事件から2年以上が過ぎた09年の正月、ヨロショクの心をなんともいえない不安がよぎった。２０００年にドムニコフ、03年にシュチェコチーヒン、06年にポリトコフスカヤ。3年ごとに襲う悲劇が、もしかしたら今年も繰り返されるのではないか。そんな不吉な予感を振り払うことができなかったのだ。

なにしろヨロショクは、ポリトコフスカヤが殺害された時、泣き続けて涙が止まらず、病院に担《かつ》ぎ込まれて精神安定剤の処方を受けたほどである。

そしてやはり、事件は起きたのである。それも、ヨロショクが考えたよりもずっと早く。

モスクワ中心部の地下鉄クロポトキンスカヤ駅に通じるプレチステンカ通りは、古いモスクワの街並みが広がる由緒《ゆいしょ》ある通りである。09年1月19日。この通り沿いにある財団法人に勤務するビクトル・ポポフは、午後2時半頃、食料品を買うため、オフィスを出て近くのスーパーマーケットに出かけた。

30分ほどしてこの通りに戻ってみると、パトカーが止まり、警察官が通行規制をしている。何事が起きたのかとポポフが背伸びをして見ると、歩道に男女が倒れていた。ネイビーブルーのコートを着た男性はうつぶせで、女性はあおむけに横たわっていた。状況から銃撃されたらしいことがわかった。

男性はぴくりとも動かず、おそらくもう死んでいるとポポフは思った。だが女性はかすかに手を動かしていた。もっとよく見ようと目を凝らすと、彼女の頭の周りに血と脳みそらしきものが飛び散っているのが見え、ぎょっとした。救急車が来るまでかなり時間がかかったように思う。通行人が50人ぐらい、遠巻きでその様子を眺めていた。

倒れていた男性はきちんとした身なりだったので、社会的に地位のある人ではないかと思った。少なくとも、ギャング同士の撃ち合いではないだろう。しかし、ポポフにはそれ以上のことはわからなかった。彼が事件のあらましを知ったのは、夜の7時のテレビニュースである。

銃撃され殺害されたのは、「ノーバヤガゼータ」の顧問弁護士を務めるスタニスラフ・マルケロフ（34歳）。そして、女性は、同じく「ノーバヤガゼータ」の契約記者アナスタシア・バブーロバ（25歳）である。

マルケロフ弁護士は、すぐ近くで行われた記者会見に出席した後、午後2時45分頃、プレチステンカ通りをクロポトキンスカヤ駅に向かって歩いていた。バブーロバは、記者会見に遅れてきたため、歩きながら、マルケロフ弁護士にインタビューをしていた。

経済紙「コメルサント」が伝えたところによると、その時、暗い色のジャケットとジーンズにニット帽をかぶった180センチぐらいの若い男が弁護士に近寄り、消音装置付きのピストルで、弁護士の後頭部を撃った。弁護士が倒れると、若い男はすぐにその場から逃走しようとしたが、悲鳴を上げたバブーロバがなぜか彼の方に近寄ったために、彼女の頭部めがけてもう1発、ピストルを発射した。

バブーロバはおそらく、犯人に立ち向かおうとしたのであろうと編集長のムラートフは言う。

マルケロフ弁護士は即死、バブーロバは搬送先の病院で死亡が確認された。これで、殺害された「ノーバヤガゼータ」関係者は5名となってしまった。

記者のエレーナ・ミラシナがこの悲報を聞いたのは、事件から約1時間後の午後4時である。彼女とマルケロフの共通の友人である、人権団体「メモリアル」のスタッフ、アレクサンドル・チェルカーソフから連絡が入ったのだ。「マルケロフが殺された」というチェルカーソフに、ミラシナは思わず、「うそ！」と口走った。今までにも数回、「マルケロフ弁護士が殺害された」という偽《にせ》情報が関係者の間を駆け巡ったことがあったからである。

しかし今度は事実だった。そしてその直後、彼といっしょにいた「ノーバヤガゼータ」の女性記者も重傷を負ったようだという情報が入り、それはミラシナではないかというわさが広がったのを、彼女自身が耳にした。

ミラシナは、マルケロフ弁護士とわずか3日前に電話で話をしたばかりだった。マルケロフは、2000年に起こった「ノーバヤガゼータ」評論員、ドムニコフ殺害事件の首謀者の逮捕を要求する文書を検察庁に提出していた。そのことについて、近く会って意見交換をする予定だったのである。

アンナ・ポリトコフスカヤと親しかったマルケロフが熱心に取り組んだのは、チェチェンにおける人権蹂躙《じゅうりん》事件である。

２０００年３月、チェチェン共和国で、ロシア軍の大佐が、地元の18歳の女性を強姦《ごうかん》する事件が起き、マルケロフは被害者遺族の代理人となっていた。大佐は、03年に禁固10年の判決を受けたが、この１月15日に刑期を残して釈放された。マルケロフが殺される直前まで出席していた記者会見は、この早期釈放に抗議するものだった。

彼は、第２章、第３章で詳しく述べた、失踪《しっそう》したチェチェン人説教者ムハンマドサラフ・マサーエフの代理人も務めていた。マサーエフが以前、４か月間拘束されていた事件に対する捜査をチェチェン検察当局に働きかけた結果、検察当局は捜査に乗り出していたのである。

今回の殺害の動機として考えられるのは、必ずしもチェチェン絡《がら》みだけではない。近年ロシアで勢いを増す民族主義団体（ネオナチ）の関与説も有力だ。

スラブ系ロシア人至上主義を掲げる彼らの中には、カフカス系、中央アジア系の移民や出稼ぎ労働者、さらに、アジア、アフリカ人を手当たり次第襲う狂信的なグループも存在する。この暴力行為によって多数の死者が出ているが、警察は、「必ずしも人種偏見による犯行とは限らない。物取りや強盗目的の可能性もある」という理由でほとんど取り締まりをせず、主要マスコミも無視を決め込んでいる。

こうした民族主義団体に反対して活動する反ネオナチグループもいる。マルケロフは、06年、反ネオナチ活動家が民族主義グループに集団暴行を受けて死亡した事件を担当し、検察に捜査を働きかけて、実行犯3人の実刑を引き出した。このため、民族主義団体から、殺害の脅迫を受けていたのである。

一方のアナスタシア・バブーロバは、08年の秋に「ノーバヤガゼータ」の契約記者になったばかりで、奇《く》しくも、このマルケロフ弁護士へのインタビューが初めての大仕事になるはずだった。巻き添えで殺害されたと見られるが、とっさに犯人に立ち向かおうとした勇気が、不幸な結末を招いてしまった。

自分の尊敬すべき先輩たちが、心強い味方である弁護士が、そして年若い後輩までが、どんどん殺されていく。エレーナ・ミラシナが、アンナ・ポリトコフスカヤ殺害事件の時に抱いた底知れない恐怖は、繰り返される悲劇を前に、抑えがたい怒りへと変わっていた。

〈恐れてはいない〉

マルケロフ弁護士の遺体が路上に横たわる写真を1面に大きく掲載した09年1月21日付の「ノーバヤガゼータ」は、こんな大見出しで、ミラシナの筆になる追悼文を載せた。

〈殺人者に恐怖はない。なぜなら彼らは、自分たちが罰せられないことを知っているからだ。しかし、彼らに殺された犠牲者にも恐怖はなかった。なぜなら、他の人を救おうと必死になっている時、恐怖など忘れてしまうからだ

〈1月19日の白昼、モスクワ中心部で、「ノーバヤガゼータ」のジャーナリスト、アナスタシア・バブーロバと弁護士のスタニスラフ・マルケロフは、至近距離から後頭部を撃たれた。犯人は恐れていなかった。公衆の面前での政治的な暗殺事件が、法廷で裁かれたことなどないからだ。

スタニスラフ・マルケロフは非常に稀《まれ》な弁護士だった。希望のない危険な事件ばかりを進んで引き受けた。彼はモスクワの弁護士にもかかわらず、常に、チェチェンでの不法な処刑や拷問《ごうもん》の犠牲者のために働いた。彼はまた、ファシストたちに襲われた人々の事件をも引き受けていた。つまりは、国家によって屈辱を受けたり殺害されようとしている人を助けるのが彼の務めだった。彼は、私たちの新聞の親しい友であり、顧問弁護士であった。

アンナ・ポリトコフスカヤが書いた記事に対する訴訟についても、彼が弁護を行っていた。2000年に殺害された私たちの編集者イーゴリ・ドムニコフの遺族の代理人になったのも彼で、この事件の首謀者を裁判にかけるよう、当局に要求し続けていた。しかし犯人はまだ自由の身だ。

アナスタシアは08年の10月に入社したばかりだった。私たちの新聞で働くことを願っていた彼女は、特に、ロシアのネオナチグループが関わる犯罪についての記事を書こうとしていた。しかし、彼女に残された時間はあまりに短かった。

言うなれば、スタニスラフとアナスタシアは、この国の大部分の人々に受け入れられないほど、立派な人間たちだった。ロシアを支配する者たちが、「彼らを殺害してもよい」という判決を下したほどに。

これはもうテロルではない。戦争だ〉

ミラシナは、2人が、「この国の大部分の人々に受け入れられないほど」と書いた。確かに、国粋主義、排外主義が吹き荒れるロシアで、ネオナチの犯罪を暴《あば》き自国の戦争犯罪被害者を助けようとする者は、圧倒的に少数派である。しかし、プレチステンカ通りの現場には、驚くほど多くの、そうした〝少数派〟たちが集まって、2人の死を悼《いた》み、抗議行動を行った。

「彼らはロシアの自由のために死んだ」

2人の遺影と捧《ささ》げられた花束に埋まった現場に、こんなメッセージが記されたステッカーが貼《は》られていた。

同年11月、マルケロフ弁護士とバブーロバ記者殺害の実行犯とされる容疑者が逮捕された。若い男女で、2人とも民族主義団体に所属し、家宅捜索の際には、多数の銃火器が押収《おうしゅう》された。彼らが、仲間の逮捕を巡ってマルケロフ弁護士に恨みを抱き、さらに、別の殺人事件に関与している疑いも強いが、検察当局は、2人を逮捕するに至った理由を明らかにしていない。

あるいは、2人は真犯人ではないのにもかかわらず、他の殺人事件との関連で、検察当局から司法取引を要求されている可能性もあり、今後の展開は予断を許さない。ロシアには、本裁判の前に予審があり、現在は、その予審がようやく終了した段階だという。

10人もの容疑者を逮捕しながら、結局、真犯人を突き止めることができなかったアンナ・ポリトコフスカヤ事件の二の舞になることも考えられる。

この年の悲劇はこれだけではなかった。

チェチェン問題を通じてマルケロフ弁護士やポリトコフスカヤと親しく、マルケロフ弁護士が殺害された時、「ノーバヤガゼータ」に追悼文を寄せたナターリア・エステミロワが、同年7月、チェチェンの首都グローズヌイで拉致《らち》され、殺害された。

第1章で述べた通り、同紙の契約記者であるとともに、モスクワに本拠を置く人権団体「メモリアル」の活動家でもあった彼女は、朝、自宅を出たところを車で連れ去られ、翌日、チェチェンの隣国イングーシ共和国で、頭と胸を撃たれた射殺体で発見された。これで犠牲者は6名となった。

08年12月、産経新聞モスクワ特派員佐藤貴生がチェチェンの現状について報じた記事に、生前の彼女が登場する。佐藤は、グローズヌイ入りして、2度の戦争で徹底的に破壊され、瓦礫《がれき》の山と化した首都に復興の鎚音《つちおと》が響き渡っている様子を次のようにレポートした。

〈欧州のどこかの街と見まごうばかりの真新しい中層住宅が並ぶ街中には、あちこちにカディロフ父子やプーチン首相の肖像画が掲げられ、買い物や学校帰りの男女でにぎわっていた。

「想像できないだろうが、戦闘中は通りを戦車が行き交い、多くの死体が横たわっていた。ラムザンは平和を取り戻しただけでなく、この1、2年で街を着実に発展させた」（初老の男性）。人々はみな若き大統領をたたえ、「2度と戦火にさらされることはない」と異口同音に話した〉

しかし佐藤は、チェチェンの表の顔だけでなく、一般の市民が、恐怖から黙して語ろうとしない陰の部分にも光を当てている。

〈現地で活動する人権団体「メモリアル」のナタリア・エステミロワ氏は、「失業率が7割に達し、将来を悲観する若者たちが山へと姿を消している」と話した。山岳部にはイスラム武装勢力が潜伏し、職のない若者に毎月200~300ドルを支給して組織固めを進めているとの情報もある。
さらに、別の人権活動家は「誘拐事件は月に5、6件は起きており、私はこれに連邦政府の一部勢力が関与していると考えている。不安定な情勢が続く限り武器弾薬の需要は絶えず、これで金をもうけている者がいるのだ」とし、「子供を戦闘で亡《な》くした親たちは、プーチン政権期の苛烈《かれつ》な統治を決して忘れておらず、彼に対する敵意を持ち続けている」と付け加えた〉

佐藤の記事にあるように、エステミロワは、チェチェンでの人権侵害、つまり、頻発する誘拐や拉致、殺人事件の調査や監視活動、人道支援を行っており、この報復として殺害された可能性が高い。

チェチェン人とロシア人の両親の間に生まれ、長く歴史学の教職にあった彼女は、娘と2人、チェチェンの首都グローズヌイに住み、10年ほど前から、人権擁護の活動を始めた。アンナ・ポリトコフスカヤがチェチェンに取材に訪れると案内役を務め、ポリトコフスカヤが書いた多くの記事の情報源でもあった。

彼女が所属していた「メモリアル」のチェチェン問題担当スタッフ、アレクサンドル・チェルカーソフ(マルケロフ弁護士が殺害された時、ミラシナに第一報を伝えた)は、彼女が大変勇敢で、チェチェン当局の圧力をものともせずに活動し、現地の住民の信頼を集めていたと語った。

09年7月20日付の「ノーバヤガゼータ」には、エステミロワを追悼する記事が掲載されたが、その中に、彼女の活動の一端が紹介されている。

08年、グローズヌイの市長の身内が少女をレイプするという事件が起きた。チェチェンでは、権力者やその縁者が犯罪を犯しても、そのほとんどが闇《やみ》から闇に葬《ほうむ》られて、罪に問われることはまずない。ところがエステミロワは、この事件を記事にし、さらに、被害者の母親を説得して検察に訴えを起こさせた。このため、検察も動かざるを得なくなり、犯人は逮捕され、懲役14年の判決が下ったのである。

「メモリアル」のチェルカーソフが言う。

「グローズヌイで行われた彼女の葬儀には100人の参列者がありました。この数字は一見、ずいぶん少なく感じると思いますが、恐怖に支配された現在のグローズヌイで、身の危険を恐れずにこれだけの人々が集まったことはむしろ驚きに値します」

同時に彼は、盟友のポリトコフスカヤの死をきっかけに生じたエステミロワの顕著な変化についてこう話す。

「彼女は、ポリトコフスカヤが生きていた頃は一切表に出ませんでしたが、ポリトコフスカヤの殺害後に、自らもジャーナリストになり、彼女自身がチェチェン情勢についてレポートするようになった。つまり、黒子の存在から表に出たのです。これは、ある意味、ポリトコフスカヤの死への抗議です。彼女は、09年1月に殺害されたマルケロフ弁護士とも親しかった。彼がチェチェンを訪れると、やはり案内役を務めていた。

彼女は、親しい人間が次々に殺害されるショックに打ちひしがれていましたが、反面、彼らの死で覚悟を決めたようなところがあった。自由のない危険な国で、自由に大胆にふるまうようになったのです。女性はスカーフをかぶらなければならないのに、彼女は平気で何も被《かぶ》らず外に出た。チェチェンに住んでいながら、『ノーバヤガゼータ』に自身の署名入りで、チェチェンの現体制に批判的な記事を書いた。人権侵害を監視する活動を行っていたことで、ただでさえ、日頃からカディーロフ大統領ににらまれていたのに、結局こうした大胆な行動が命取りになったのです」

アンナ・ポリトコフスカヤ、マルケロフ弁護士、そしてナターリア・エステミロワ。彼らは同じ志を持ったまさしく同志であった。その3人ともが非命に斃《たお》れたのである。チェチェンでは、エステミロワ殺害の翌月にも、やはりグローズヌイの中心部で、人権活動家の夫婦がチェチェン当局に拘束され、殺された。発見された２人の死体には拷問の跡があった。妻は２か月の身重だったという。

チェチェンでは、一般の住民とともに、ジャーナリストや人権活動家の命も風前の灯である。

「チェチェンの真実を外の世界に伝えようとする者には、必ず報復が待ち受けている」

ポリトコフスカヤの娘ベーラの言葉が、あらためて不気味な響きを持って蘇《よみがえ》る。

とはいえ、チェチェン領内でのここ数年間の拉致や行方不明事件の発生件数は、以前に比べて減少している。カディーロフの独裁者としての〝指導力〟がいかんなく発揮され、チェチェンの治安が〝回復〟に向かっているからだとされる。

「メモリアル」のチェルカーソフによれば、06年の拉致被害者は１８７人、07年が35人、08年は42人である。ただし、09年は上半期だけで74人と被害者は再び増加している。チェルカーソフはこれらの数字に説明を加える。

「07年に拉致された人の数が、前年の06年に比べて5分の1以下に激減したのは、07年1月にカディーロフが、部下の民兵（カディーロフツィ）に対して、『治安が安定してきたから拉致はやめろ』と号令を下したからだという情報があります。09年に上半期だけで74人もの拉致被害者が出たのは、この年にチェチェン領内で自爆テロが頻発したためです。以前横行した身代金目当ての拉致は、最近は影を潜め、その大部分が、武装独立派やそのシンパ、反体制派を一掃するための〝反テロ行為〟だとされています」

なお、09年下半期以降のデータは「メモリアル」にはない。この調査に従事していたエステミロワ自身が殺害されたからだ。

チェチェン当局は昨今、幾多の失踪《しっそう》事件についてまったくだんまりを決め込むのではなく、表向き、解決に向けて取り組む姿勢らしきものは示している。

アムネスティインターナショナルは07年5月、『ロシア連邦チェチェンにおける強制失踪と正義の実現』と題したレポートを発表した。それによれば、05年4月、チェチェン検察当局は、チェチェン領内の2540人の強制的失踪、または誘拐事件に関して、1814件の刑事訴訟を開始したという。さらに、チェチェン議会は、行方不明者捜索のための委員会を設置し、議会が、法執行機関の職務遂行を支援する体制を整えた。

しかし、これらの調査がほんの形ばかりのものであることは、行方不明者の消息がほとんど判明せず、容疑者として告発された者が1人もいないことで明らかだ。

そもそも、マサーエフやエステミロワの例に見るように、チェチェン当局が自らこうした犯罪を行っている疑いが濃厚なのだ。要するに、犯罪者本人が、自分の犯した犯罪の捜査をしているのである。

「メモリアル」のチェルカーソフは、こうした「スターリン時代を思わせる」体制下に生きるチェチェンの住民の本音をこう明かす。

「彼らにとって信じられるものは、もはや血のつながった者だけです。だからみな、肉親の絆《きずな》の中に逃避しようとしており、それ以外の者に本音を明かすことはめったにない。もちろん、武装独立派にシンパシーを抱く人はまだいる。しかし一方で、復興著しい今、カディーロフ政権もそれほど悪くはないと思い込もうとしている人が増えたことも事実です。なぜなら、カディーロフ政権は、プーチンに絶対服従を誓うことで、復興のための莫大《ばくだい》な利権をチェチェンに呼び込んだ。自分たちもそれにあやかれるならそう悪くないと思いたいのです」

１４５～１４６ページで紹介した産経新聞モスクワ特派員佐藤貴生の記事には、チエチェン共和国政府の08年度の総予算は、実収入の約10倍に当たる３３０億ルーブル（約１０４０億円）であると記されている。

プーチンの虎《とら》の威を借りて権力をほしいままにするカディーロフは、その豊富な復興資金にものを言わせて批判を封じ込め、無力な市民を取り込もうとしている。クレムリンが、この独裁者を、チェチェンの安定化という名目で傀儡《かいらい》として重宝し続ける限り、無法な拉致や殺人が根絶されることはないであろう。いわんや、スターリン時代に匹敵する恐怖政治が終わりを告げることもない。

そして、ムハンマドサラフ・マサーエフの行方は杳《よう》として知れない。

第5章

夢想家たちの新聞経営

創刊メンバーのゾーヤ・ヨロショクは休刊も経験した

1993年の「ノーバヤガゼータ」の創刊以来、17年の間に、2人の記者が殺害され、同じく記者1人が不審死を遂げ、契約記者2人、さらに顧問弁護士までが殺されてしまった。歴史の浅い小規模のメディアで起きたこれだけの犠牲は、世界的に見ても例がないだろう。

「理想に燃えてこの新聞を世に送り出した時、私たちは、こんな悲劇が繰り返し起こることなど想像すらできなかった」。創刊時からの記者、ゾーヤ・ヨロショクは嘆息する。

彼女は、53年12月、ロシア南部、黒海とアゾフ海に挟まれた小さな町チムリョークに生まれた。中学生の頃、地元の若い女性ジャーナリストと知り合ったのがきっかけでジャーナリストを志望し、モスクワ大学ジャーナリズム学部に学んだ。

大学を卒業すると、地元のクラスノダール地方の地方新聞を経て、「コムソモーリスカヤプラウダ」のクラスノダール地方特派員となった。モスクワに招聘《しょうへい》され、同新聞の正式なスタッフとなったのは87年である。ソ連時代、コムソモール（共産主義青年同盟）の機関紙だった「コムソモーリスカヤプラウダ」は、若い読者を対象にしていたため、ソ連共産党機関紙の「プラウダ」やソ連政府機関紙の「イズベスチア」ほど堅苦しくなく、比較的軟らかな紙面作りを方針としていた。

もちろん、こうした社会主義国の新聞の常として、どこそこの工場付属コムソモールでは、どういう議題でどんな内容の会議がもたれたとか、最高機関であるコムソモール全ソ連大会はいつ、どこでどのように開催されたなどといった、コムソモールの活動を報じる記事が紙面の大半を占めた。だが、ヨロショクは、この種の記事は書かずにすんだ。

彼女が笑いながら言う。

「いや一度書いたのですがひどい出来でした。編集長は、私にはこういった堅苦しいテーマは向かないと判断したのでしょう、以後は、一般の人々の生活についてのテーマが専門になりました」

日本の新聞でいえば、いわゆる社会部専門の記者である。市井《しせい》の事件や話題を取り上げることが多く、ヨロショク自身は、当局の検閲の厳しさや、自分の書きたい記事が書けないジレンマや苦悩といったものをそれほど切実に感じたことはなかったという。

だが、彼女は、自分よりずっと年上の世代の尊敬すべき先輩たちが、仕事に絶望して、次々に酒浸りになっていく様子を目《ま》の当たりにしていた。

「古くは、56年のハンガリー動乱、68年のプラハの春など、ソ連が他国を弾圧した事件や、国民に真相を知られては困るような国家レベルの事件については、まるっきり事実と正反対のことを書かざるを得なかったのです。当時のジャーナリストたちの多くは、内心、祖国のやり方に異を唱えていた。でも、そうした主張を明らかにすることは一切できなかったのです。

79年にソ連がアフガニスタンに侵攻した時は、『恥ずべきことだ』と言って涙を流した先輩さえいた。無力感に苛《さいな》まれた彼らは自暴自棄になってしまったのです。その頃、私たちはまだ若くて、彼らの苦悩を理解することができなかった。少なくとも、彼らほどにはソ連社会に絶望していなかったのです。

ずっと後、94年にチェチェン戦争が始まった時、私たちはようやく、彼らの気持ちを理解することができた。私たちの祖国が、やるべきでないことをやった。それを止めることができなかった私たちは、アフガニスタン侵攻で感じた先輩の痛みと同様の痛みを味わったのです」

85年にゴルバチョフが登場して、ソ連社会に新しい風が吹き始めると、「コムソモーリスカヤプラウダ」も、民主化の波に乗って、「イズベスチア」などと同じく改革派の旗手となった。刑事事件や権力者の汚職を積極的に取り上げて追及したことから部数を飛躍的に伸ばし、89年に１７６０万部だった発行部数は、92年にはなんと２０００万部を超えたとヨロショクは言う。

給料は上がり、それまで難しかった西側への出張も可能になった。そして、これこそが何にもまして重要なことであるが、ソ連崩壊直後の91年12月、マスメディア法が施行されたことにより、ジャーナリストのみならず、全ロシア市民にとって悲願だった言論と出版の自由が実現した。

しかし、必ずしも歓迎すべき変化ばかりではなかった。同紙がそもそも、「プラウダ」や「イズベスチア」などより大衆的で軟らかい新聞であったことはすでに述べたが、経営陣は思い切って、タブロイド新聞への転換を図ろうとしたのである。

さらに、社内には、92年頃から早くも、民主的な空気に逆行する事態が進行していた。経営陣は記者に対して、エリツィン政権支持を明確にするよう迫ったのである。

こうした動きに危機感を抱いたのが、ヨロショクの同僚だったドミートリー・ムラートフやセルゲイ・ソコローフ、セルゲイ・コジウーロフら50人のジャーナリストたちである。彼らは、編集長を公選制で選ぶにあたり、自分たちの考えを代表する候補者を立てたが落選してしまった。そこで彼らは同紙を飛び出して、新たな新聞を創刊することを決意したのである。

「ノーバヤガゼータ」現編集長のムラートフは言う。

「私たちジャーナリストはあの頃、特権的な地位にいて、ずいぶん甘やかされていた。確かにあのまま、『コムソモーリスカヤプラウダ』にいたら、安逸な生活が保障されていた。でも私たちは、タブロイド化には賛成できなかった。メディアには2つの方向がある。1つは、興味が腰の上に向かう場合、もう1つは腰の下に向かう場合だ。私たちはあくまで、腰の上に向かう道を選択したかった。安逸な生活を捨てても、質の高い理想的な新聞を作りたかったのです」

「腰の上」とは、つまり政治や経済、社会といった比較的硬いテーマ、「腰の下」とは下半身ネタも含めた下世話なゴシップという意味である。ゴシップやスキャンダルも、捉《とら》え方によっては立派なジャーナリズムである。政治や経済の記事とゴシップ記事が混然一体となっている日本の週刊誌などはまさに、本音はどうあれ、そうしたポリシーで誌面作りをしているはずだ。

しかし、欧米の新聞や雑誌は違う。はっきり、高級紙と、ゴシップやスキャンダルを扱う大衆紙とに棲《す》み分けがなされている。日本の週刊誌のような〝ごった煮〟のメディアはほとんど存在しない。

ムラートフらは、彼らがソ連時代からずっと温めてきた理想のクオリティ・ペーパーを、自分たちの手で世に送り出したいと考えたのであろう。ヨロショクも、今までにない新しい新聞を作りたいという彼らの熱意と意気込みに賛同した。

こうして、50人の記者が「コムソモーリスカヤプラウダ」を退職したのは92年11月のことである。

しかし、同紙に残留した者たちから見れば、彼らの試みは無謀以外のなにものでもなかった。ペレストロイカ以降、おびただしい数の新聞が創刊されたが、92年当時はすでに飽和状態に達していた。そうした状況下で新たな新聞を発行しても、経営を維持できるだけの読者を獲得できる可能性はゼロに等しかった。事実、ムラートフらは、「コムソモーリスカヤプラウダ」の編集長から、「新しい読者の開拓は無理だ」と辛辣《しんらつ》な言葉を浴びせられている。

さらに無謀だったのは、「コムソモーリスカヤプラウダ」を飛び出した50人全員が記者で、資本主義時代の新聞経営のなんたるかを知っている者は誰一人としていなかったことだ。

「私たちは、当時、ロマンチストでありすぎました」

「ノーバヤガゼータ」の現社長、セルゲイ・コジウーロフはそう言って笑う。彼は、創刊当時、社長と編集長を兼ねていた。

「私たちが目指したのは、ある階層を代表するのではなく、あくまで、一般の人々や弱者の立場に立ち、公正中立で良心的な新聞でした。そうした新聞を発行しさえすれば、人々はきっと喜んで読んでくれるだろうと思っていたのです。しかし、新聞の理念ばかりに集中し、経営面での知識が全く欠落していました。たとえば、用紙代や印刷所に支払う代金、人件費がどのくらいかかるのか、広告をどうやって取るのか、キオスクを通して販売するにはどうすればいいかなど、何もわかっていなかったのです」

とはいえ、創刊するに当たり、まとまった金が必要であることはもちろん理解していた。そこで、90年代初頭、すでに、さまざまな事業を起こして財を成していた知り合いの実業家らに新しい新聞についての理念を説明し、賛同した実業家にスポンサーになってもらって、かなりの運転資金を集めることはできた。

意外な人物では、ソ連邦の最初にして最後の大統領ミハイル・ゴルバチョフからの援助も取りつけた。ゴルバチョフとのつながりは、「コムソモーリスカヤプラウダ」時代からである。同紙の記者だったムラートフは、ソ連が崩壊してゴルバチョフが大統領の座を去ってからも、定期的にゴルバチョフについて紙面で取り上げた。これにゴルバチョフはたいそう驚いた。

旧ソ連では、政治的に失脚した人間は、生きながら墓に葬《ほうむ》られたも同然の扱いを受ける。そのよい例がフルシチョフだ。彼は、64年、ブレジネフらによって書記長を解任された後、71年に亡《な》くなるまで、ダーチャ（別荘）で、自宅軟禁のような生活を強いられた。

ソ連崩壊後、ゴルバチョフ自身、自分はフルシチョフと同様の扱いを受けると覚悟をしていた。しかしムラートフは、「フルシチョフの二の舞があってはならない」と考え、ゴルバチョフの動静を必ず月に1回報じた。ただし、ゴルバチョフに肩入れすることはなく、あくまで中立的な姿勢を貫いた。

この姿勢にかえって好感を持ったゴルバチョフは、ムラートフらが新しい新聞を作ると聞いて、援助を申し入れたのである。しかし、紙面の内容については一切口出ししないと約束し、ムラートフらも、決してゴルバチョフのための新聞にしてはならないと心していた。

「ゴルバチョフは、ソ連崩壊後にゴルバチョフ財団を設立しました。でも、新興財閥ほどお金を持っていたわけではない。90年に彼はノーベル平和賞を受賞しましたが、その賞金の一部を私たちの支援に当ててくれたのです。私たちはそのお金で、オフィスのパソコンを購入することができました」

ヨロショクの証言である。

会社の形態については、熟考した上で、株式会社ではなく非営利団体とした。

「このシステムは、新聞を創刊しようとする我々にとって、とても都合のいいものだった」

社長のコジウーロフは言う。なぜなら、非営利団体は利益を出すことが主な目的ではないため、税金の支払い手続きが煩雑《はんざつ》ではなく、税務署の監査もさほど厳しくないのだ。

新しい新聞の名称はそのものずばり、「ノーバヤガゼータ（新しい新聞）」としたかったが、当時、地方のある工場にも同じ名称の新聞が存在していたため、「ノーバヤ」と「ガゼータ」の間に小さく、「エジェニェーブナ」という文字を入れた。「エジェニェーブナ」とは「毎日の」という意味である。

しかし、この名称とは裏腹に、毎日発行するだけの財力は全くなかったから、最初の4か月間は週に1回だけの発行だった。「毎日の」ではなく、「毎週の」と名付けるべき状態だったのだ。

オフィスは、当時、改革派の新聞として知られていた「モスクワニュース」社のプーシキン広場近くのオフィスに間借りをし、同社の印刷所を使い、編集作業に必要な事務用品一式も同社から借り受けた。

初めての給料が支給されたのは、ヨロショクの記憶によれば93年の1月だが、その金額は意外にも、「コムソモーリスカヤプラウダ」の給与水準より高かったという。しかし、次の2月以降はぐっと金額が下がり、それも、支払われたり支払われなかったり、不安定な状況が続いた。

このため、50人のうちほぼ半数が、すでにこの時点で他の新聞に去ってしまった。新しい理想的な新聞を作るのだと意気込んで古巣を飛び出したものの、経済的な見通しがまったく立たないことに不安を覚えたのだ。

創刊号の発行は93年4月1日と決まった。部数は10万部である。だが、スタッフは、印刷所に持ち込む寸前まで手直しを続けた。

「みな徹夜でした。当時は今のように24時間スーパーもなく、カフェも少なかったので、ちょっと出かけて何か食べるということもできず、みな空きっ腹で最後の追い込みにかかっていたのです。

するとき、朝の4時頃でした。編集部の入口にコジウーロフの奥さん、彼女は哲学博士ですが、その奥さんが両手に鍋《なべ》を下げて立っていたのです。その鍋は、布巾《ふきん》で丁寧に包んでありました。彼女は私たちのために、差し入れを持って来てくれたのです。それは、3種類の温かいカーシャ（ロシア風のおかゆ）でした。みな、歓声を上げて飛びつきました。空腹にしみ渡ったあの温かいカーシャの味を、私はよく覚えています」

創刊号は、そうした苦労の結晶だった。

1面のトップ記事のタイトルは、現役政治家たちの大言壮語と虚言癖を揶揄《やゆ》した、「うそつきの毎週の格付け」。これはムラートフの筆になるものだ。

1面にはもうひとつ、「我々自身へのいくつかの質問」と題した小さなコラムがある。これこそ、創刊に際しての同紙の理念を、簡潔に謳《うた》い上げたものだ。

〈――あなたはだれを支持するのか？

「だれも支持しない。私たちは、二者択一の考え方をしない。まったく新しい別の人間が必要だ。冷静で明るい考え方をする、なにより手のきれいな人物。今何をすればいいか、よくわかっている人物、そういう人物こそ、政治を実行するのにふさわしい」

——あなたの新聞を読むのはどんな読者か？

「さまざまなことに興味を持ち、夢中になることのできる人。自分に愛想をつかしていない人。そういう人は少なくとも100万人はいるはずだ」

——だれが〝ノーバヤ〟に融資するのか？

「自由で誠実な人。少なくともそうした人物は500人はいるだろう」

——〝ノーバヤ〟に融資しないのはだれか？

「議会と政府である」〉

「あなたはだれを支持するのか？」という自問自答は、93年4月という時代を色濃く反映している。第1章で述べたが、当時は、エリツィン大統領と、副大統領ルツコイ、ロシア最高会議議長ハズブラートフとの対立が表面化していた。ヨロショクの言葉を借りれば、「まるで内戦前夜のような緊迫した状況」になっていた。どのメディアも、どちらの陣営に立つかを鮮明にしており、とりわけ、有力なリベラル紙はどれもエリツィン支持一色だった。エリツィンを支持しないと表明しようものなら、「共産主義者」とか「ファシスト」とレッテルを貼《は》られかねない雰囲気だった。そうした中で、中立を貫くことはたいそう勇気がいる行為だったのである。

ともかくも創刊号は刷りあがった。ところが、真新しい新聞の束を前にしてみなは考え込んでしまった。これをどうやって売ったらいいのかだれにもわからなかったのだ。嘘《うそ》のような本当の話である。

社長のコジウーロフがまた苦笑して言う。

「先ほども言ったように、私たちは、すばらしい内容の新聞を出せば、読者は自分からそれを買うために行列を作るだろうと、ほとんど空想小説のようなことを考えていた。だから、宣伝もしなかったのです。私たちは、御存じのように、1000万部以上の部数を誇った『コムソモーリスカヤプラウダ』の出身です。10万部を売ることがどれほど難しいことなのかよくわかっていなかった。あとになってようやく、良い新聞を作ることも重要だが、むしろそれを読者に届けることの方がよっぽど大変なのだということを知ったのです」

ロシアの場合、新聞を販売するには大きく2つの方法がある。キオスクに置く方法と郵便局を通して配達する方法である。日本のような新聞専売所による配達方式は存在しない。

郵便局を通して配達する方法は当然ながら、定期購読者がいなくては成立しない。

それゆえ、まずはキオスクに置いて、不特定多数の読者にこの新しい新聞の存在をアピールしなくてはならない。ところが創刊当時、「ノーバヤガゼータ」はキオスクにただの1部も置かれていなかったのである。

「キオスクに置いてもらうには、キオスクでの流通を請け負う仲介会社に金を支払って契約を結ばなければいけない。しかし、その会社は、知名度ゼロの新聞の創刊号をいきなり全部引き受けてキオスクに卸すことなどしません。通常は、数十部程度をサンプルとして受け取り、それがどの程度売れるかをチェック後に契約を結ぶのです。私たちはそういうシステムも知らなかった」

それではどうしたのか。当時、「ノーバヤガゼータ」のスポンサーとなった企業に、インコムバンクという銀行があった。この銀行に5万部分の郵便配達料を負担してもらい、宣伝用のフリーペーパーとして、他の新聞といっしょに各家庭に配達したのだ。残りは、記者たちが自ら地下鉄の出入り口で通行人に手渡したり、アパートのポストに手当たり次第投げ込むなどした。

ヨロショクも、ソコローフとともに一日中街頭に立った。

「今までにない新しい新聞です。読んでください」

何度も声をからして呼びかけたが、立ち止まる通行人は少なかった。

結局、創刊号がどのくらい売れたのかだれも確認しなかった。コジウーロフによれば、せいぜい1万部未満ではないかと言う。

「編集部に椅子《いす》は必要なかったのです。売れ残った新聞が椅子代わりになりましたから（笑）」

だが、フリーペーパーとして各家庭に配達されたことによって、ある程度、新聞の存在が知られるようになった。さらに、NTVの当時の社長エフゲニー・キセリョフが、NTVの自分の番組の中で何度となく取り上げてくれたことも大いに宣伝になった。

こうして、まもなく1万2000人の定期購読者が現れ、ようやく正規の郵便配達のルートに乗って、新聞が配達されるようになった。キオスクでの販売は、仲介会社を通さず、コジウーロフ自身が、刷りあがった「ノーバヤガゼータ」を車に積んで、こちらのキオスクには100部、あちらのキオスクには200部という具合に卸して歩いた。

しかし、こんなやり方では、早々につぶれない方が不思議である。1万2000～1万5000部程度の発行部数では、社員に満足な給料も払えない。

「『コムソモーリスカヤプラウダ』時代、我々はかなりの高給をもらっていた。それが、辞めてからは、家族のために食料品を買う金すらなくなってしまった」

現編集長のムラートフも当時を回想して言う。

この部数低迷にもかかわらず、コジウーロフらは、93年の8月から土曜、日曜を除く週5日の発行に踏み切った。新聞のタイトルに「毎日の」とある以上、看板に偽りがあってはならず、さらに毎日発行することで、少しでも知名度を上げようとしたのだ。

まもなく、キオスクでの流通を請け負う仲介会社と正式契約を結び、ほとんどのキオスクに置かれるようになった。それでも、部数はいっこうに上向かなかった。印刷所への積もり積もった借金が10万ドルにも膨れ上がって、ついに休刊に追い込まれたのは、創刊からまもなく2年を迎えようとしていた95年2月のことである。

「あれは、休刊になる2日前だったと思います」

ヨロショクが当時を思い起こす。

「ムラートフが編集長になったのです。それまでは、コジウーロフが社長と編集長を兼ねていましたが、2つの役職を分離することになり、ムラートフが編集長に選ばれたのです。私は当時、大きな記事のシリーズを準備していて、ムラートフから、『できるだけ早く最初の記事をあげてくれ』と催促されていた。それで、2日後に『できあがりました』と報告したら、彼は、心ここにあらず、といった妙な顔つきをしたんです。『どうしたの?』と尋ねる間もなく彼が言いました。『休刊になった』と」

ヨロショクはただただ驚いた。もちろん、財政状態が相当逼迫《ひっぱく》していることは知っていたが、まさかこんなに急に休刊になるとは思ってもいなかったのだ。

いったん休刊になってしまえば、なかなか再開のめども立たず、もちろん給料は出ない。このため、それまで25人ほど残っていた「コムソモーリスカヤプラウダ」時代の同僚が、さらに16人も去ってしまった。

ヨロショク自身は、どっちつかずの状態で他へ移籍することなど考えられなかった。「イズベスチア」など7つもの新聞からオファーがあったが、そのすべてを断り、残ったスタッフと互いに励まし合いながら、ひたすら「ノーバヤガゼータ」の再開を願った。

生活はなおいっそう苦しくなり、一番気に入っていたワンピースを2着残して、他のすべての洋服を売り払った。貯金を取り崩す毎日だった。

だが彼女の忍耐も限界に近づいていた。休刊となってから4か月が過ぎた6月、ついに彼女はヒステリーを起こし、泣きながらムラートフに訴えた。

「『ノーバヤ』の運命を決めてちょうだい。こんな中途半端《はんぱ》な状態は耐えられない!」

ムラートフは、彼女の取り乱しように怖《おそ》れをなしたらしい。「彼はどこからか３００ドルをかき集めてきて、私に渡して言ったんです。『故郷のチムリョークに一時帰りなさい』と」

彼女が故郷に帰っている間、コジウーロフもムラートフも金策に走り回っていた。ゴルバチョフのつてで、外国のさまざまな団体から少しずつ寄付を集め、他のルートで、民主的なメディアに献金を行っているオランダの財団から、かなり多額の寄付を受け取ることができた。また、当時、「オープシャヤガゼータ」の記者だったアンナ・ポリトコフスカヤが、同紙の紙面で「ノーバヤガゼータ」に援助をしてほしいと呼びかけた効果も大きかった。

あらゆるつてを辿《たど》って、格安で引き受けてくれる印刷所や、市価の半値以下で入居させてくれるオフィスも探した。

こうした死に物狂いの努力の甲斐《かい》あって、95年の9月には、「ノーバヤガゼータ」の発行再開に漕《こ》ぎつけた。元の印刷所への10万ドルの借金も、96年の春までにはほぼ完済することができた。

再開後の同紙は、「毎日の」という文字を取り払い、文字通りの「ノーバヤガゼータ」となって再出発した。当初は週1回の発行だったが、まもなく、月曜と木曜の週

2回発行となった。発行部数が飛躍的に増加したのは、エリツィンと共産党委員長ジュガーノフの一騎打ちとなった96年の大統領選挙の年である。

それまで、あいかわらず、1万2000部あたりをうろうろしていたのが、この年の終わりまでに10万2000部に達した。同紙の中立公正で客観的なスタンスが、ようやく一般に浸透したためである。

ヨロショクによれば、新聞発行が再開された数か月後の96年から、給料は定期的に支払われるようになった。当初はドルによる支払いで300ドルほどだったが、どんどんアップして1000ドルになった。この大幅な昇給は、部数の増加もその理由ではあったが、インフレによる急激な物価上昇に連動してスライドさせたためでもあり、「ノーバヤガゼータ」の経営状況が劇的に改善されたというわけではない。

むしろ、ロシアにおける新聞のマーケットは当時、飽和状態から急速に縮小に向かっており、その中で新聞経営はなお一層の厳しさを迫られていた。

〈総務省統計局発行の「世界の統計」によると、ソ連時代末期の一九八九年には、日刊新聞は七百十九種発行され、発行総部数は、一億三千七百七十六万部だった。人口千人当たりの発行部数は四百九十三部で、二人に一人が新聞を購読している計算だった。

ところが、ソ連崩壊後三年たった一九九四年には、ロシアの日刊新聞は十七種に減り、発行総部数も三千九百三十万部に減った。人口千人当たりの部数も二百六十七部で、四人に一人が購読していた。さらに、二〇〇四年になると日刊新聞は二百五十種に増えたものの、発行総部数は一千三百二十八万部に大幅ダウンしていた。人口千人当たりの部数は九一・八部で、十人に一人しか購読していないことになる。

ちなみに、わが国の日刊新聞は二〇〇四年には百八種発行され、発行総部数は七千四十四万部にのぼった。人口千人あたりの部数は、五百五十一・二部。つまり二人に一人強は購読していることになる〉（『ロシアのマスメディアと権力』飯島一孝著　ユーラシア・ブックレットNo.133　東洋書店）

ロシアのこの急激な新聞離れはなぜ起きたのか。

ソ連時代、党や政府の機関紙だった新聞や雑誌の多くは、ソ連崩壊後、厳しい検閲から解放された代わりに、政府の補助金を打ち切られ独立採算制となった。さらに、エリツィン政権の急激な市場経済化が招いたハイパーインフレによって、用紙代や印刷代、郵送費、人件費などが高騰《こうとう》した。頼みの綱の広告収入もおいそれとは入らず、財政難に陥ったマスメディアの多くは購読料を値上げせざるを得なかった。

しかし、経済の混乱で急増した貧困層は新聞代さえ支払えず、どの新聞や雑誌も、軒並み販売部数が激減するという悪循環に陥った。また、土曜、日曜は新聞を発行しないなどのロシア独特の慣習や郵便配達の遅延により、速報性という点で新聞には大きな欠陥があった。そこへ追い打ちをかけるようにインターネットが急速に普及し、ますます新聞離れが加速したのである。

こうした状況を打開するため、メディア各社は苦肉の策として、次々に、「オリガルヒ（寡占《かせん》資本家）」と言われた新興財閥や政府系企業に買収される道を選んだのである。

だが、そうなると、大資本は、資金を提供する代わりに露骨に編集方針に介入しはじめ、編集権や報道の自由が損なわれる事態となった。つまり、社会主義時代の言論統制から自由になったはずのマスメディアが、市場原理の非情な洗礼を浴びて、再び、権力側や大企業の宣伝機関に逆戻りするという皮肉な結果になったのである。

しかし、「ノーバヤガゼータ」はほぼ唯一《ゆいいつ》、この流れに飲み込まれることなく、独立系新聞として踏みとどまった。

ヨロショクが言う。

「98年に金融危機が起こり、新聞の財政難も一層深刻化して、私たちの給料はまた300ドルに戻ってしまいました。ちょうどこの頃、『ノーバヤガゼータ』も、いくつかの新興財閥から買収を持ちかけられましたが、私たちはこれを断りました。私たちはお金がほしくないわけではない。確かに買収されれば一時は楽になるでしょうが、結局は、恥ずべき終わり方になることが多い。

以前、ポリトコフスカヤが在籍していた『オープシャヤガゼータ』がいい例です。同紙はある実業家に買収された結果、紙面のポリシーが180度変わってしまい、それによって部数が急落して、結局廃刊に追い込まれた。私たちは、同じ終わるのなら、恥ずかしくない終わり方を迎えたいと思ったのです。ジャーナリストとしての良心を選んだのです」

社長のコジウーロフが補足する。

「私たちは、人生や社会、政治に対してある程度同じ価値観や信念を持った集団です。それが紙面に反映されている。ところが、実業家が新聞を買収すると、金を出す代わりに自分の言うことを聞けという。そうなると、『ノーバヤガゼータ』という看板は同じでも、中身は全く違ったものになる。『ノーバヤガゼータ』であって『ノーバヤガゼータ』ではない。なんのために、我々が『コムソモーリスカヤプラウダ』から飛び出したのかもわからなくなる。これでは存在する意味がないのです。私たちは苦しくとも、独立独歩でやるしかなかった」

99年の9月に第2次チェチェン戦争が始まり、アンナ・ポリトコフスカヤのチェチェン報道が大きな物議を醸《かも》して、同紙の部数が低迷したことはすでに書いた。

この苦境を救ったのは、オリガルヒの1人であるミハイル・ホドルコフスキーである。プーチンに批判的で、野党や人権団体に多くの献金を行っていた彼は、「ノーバヤガゼータ」にも、彼が育てたロシア第2の石油会社「ユーコス」の広告を載せていた。

ところが彼は、第7章で詳しく述べるが、プーチンの怒りに触れ、脱税、詐欺《さぎ》、横領の容疑で03年10月に逮捕されてしまった。有力なスポンサーを失った同紙は再び窮地に陥った。

その後、国際的な投機家のジョージ・ソロスからかなりの額の献金を受け、一時、息を吹き返したものの、この献金に対する税務署の審査は執拗《しつよう》を極めた。おびただしい数の書類を作り、ようやく審査にパスして金を受け取ったと思ったら、税務署は今度は、金の使い道が不明朗であるという不可解な理由で、「ノーバヤガゼータ」を訴えた。

こうした理不尽な行為は、明らかに、舌鋒《ぜっぽう》鋭く権力批判を行う同紙への圧力の一端であろう。

06年6月、ついに、「ノーバヤガゼータ」は、元ソ連大統領ミハイル・ゴルバチョフ、そして実業家のアレクサンドル・レーベジェフの申し出を受け入れて、非営利団体から株式会社化することに踏み切った。2人は以前から何度も援助を申し出ていたが、経営陣は、独立の立場を放棄することにつながるとして、そのたびに断っていた。

しかし、財政状態がいよいよ逼迫して、もはや背に腹は代えられなかったのだ。話し合いの末、ゴルバチョフとレーベジェフは、同紙の株を2人あわせて49%取得することになった。残りの51%の株は編集局で所有し、かろうじて、独立系新聞の体面を守った。

なお、それまで月曜と木曜の週2回発行だったのが、この06年の後半には金曜を加えて週3日発行となった。その後、08年の後半からは木曜を水曜に変更し、月曜、水曜、金曜の発行とした。

ゴルバチョフとレーベジェフは、紙面には全く口を出さないという点で、「ノーバヤガゼータ」にとっては理想的な株主である。

アレクサンドル・レーベジェフは、93年にロシア投資金融会社を創設して財を成したオリガルヒの1人で、08年のロシア版「フォーブス」の長者番付では39位にランクされている。元KGBの諜報員《ちようほういん》出身という経歴がプーチンと似てはいるが、考え方はかなりリベラルであるという。

モスクワ市長選挙やソチ（黒海沿岸の都市。次期冬季五輪開催地）市長選挙に立候補するなど、政治への関心も深く、かたわら09年1月、イギリスの夕刊紙「イブニング・スタンダード」を、翌10年3月には、やはりイギリスの高級紙「インディペンデント」をそれぞれたった1ポンドで買収し、話題をまいた。

こうした行為には、かなりの野心とともに、それゆえの危惧《きぐ》も感じざるを得ないが、「ノーバヤガゼータ」にとっては救世主であることに間違いない。

社長のコジウーロフはこう話す。

「彼は、私たちのポリシーに賛同して支援を申し出たのであり、ビジネスパートナーというより、私たちのチームの一員です。彼は私たちを信頼し、私たちとのつながりをなにより大事にしています。むしろ、彼にとって、『ノーバヤガゼータ』が必要なのだと思います」

レーベジェフに何度も会い、その人となりに触れたヨロショクもこう言う。

「アンナ・ポリトコフスカヤが殺害された時も、マルケロフ弁護士が殺害された時も真っ先に編集部にやって来て、私たちを慰めてくれました。ポリトコフスカヤ殺害犯を検挙するために100万ドルの懸賞金をかけたのも彼です。実際、彼にしてみれば、

『ノーバヤガゼータ』のスポンサーになることでいいことは何もない。むしろＦＳＢに目をつけられるなどリスクが大きい。それでもなお、私たちを支援してくれるのは、あくまで純粋な動機からだと思います」

「ノーバヤガゼータ」は現在、財政面でレーベジェフに大きく依存している。全収入のうち、なんと50％が彼からの援助であり、残り30％が販売収入、20％が広告収入である。ヨロショクによれば、社員たちの給料はほとんど、レーベジェフの個人的なポケットマネーから出ているという。

「給料の遅配は以前から日常茶飯事でしたが、レーベジェフが株主になって以後は、ある程度改善されました。でも、今でも遅れることはままあります。それは、レーベジェフが出張に行くなどして、私たちの給料を出すためのサインができない時です」

唯一の独立系新聞と謳《うた》いながらも、実際の財政状態はこのようにお寒い限りだ。だが、ともかくも、レーベジェフのおかげで同紙は延命し、現在に至っている。

第6章

犯罪専門記者の憂鬱

セルゲイ・カーネフの歩みはテレビの栄枯盛衰と重なる

プロローグに登場したセルゲイ・カーネフを覚えているだろうか。何者かに自宅アパートの入口で襲われ、金属の鎖で首を絞められた、あの太っちょで気のいいジャーナリストである。

なぜ彼をここで再び取り上げるのかといえば、テレビジャーナリストとしての彼の歩みがそのまま、ロシアのテレビの栄枯盛衰を物語るからだ。現在のロシアのあまたあるメディアの中で、政権による報道統制が最も進んでいるのはテレビである。ソ連崩壊後、ロシア初の民放局が誕生し、一度は報道の自由を手に入れたはずなのに、なぜ再び、政権のコントロール下に入ってしまったのか。カーネフはこのテレビの世界にいて、内部からその変貌《へんぼう》をつぶさに体験した当事者であり、厳しくなる一方の報道統制にただ1人、異議申し立てをした人物でもあるのだ。

あの襲撃事件があってからほぼ1週間後、彼の元に、若い女性の声で1本の電話が入った。

彼はその声に聞きおぼえがあった。カリーニングラードの元警察官イリーナ・クラフチェンコだ。

「『ノーバヤガゼータ』で読んだけど、この間、賊に襲われたんですって。でも、犯人は意外に、こっちの方の可能性があるわ」

「えっ、なんだって？」

カーネフは、今の今まで、自分を襲った賊は、治安関係者と思《おぼ》しき男から預かったDVDなどの資料を奪うのが目的だとばかり思っていた。

「あんたの関係か？」

「ええ、考えられなくもない。妙な会話を聞き込んだもんだから」

「妙な会話？」

カリーニングラードは、バルト海に接する港湾都市で、ポーランドとリトアニアに挟まれたロシアの飛び地領である。もともとは、「ケーニヒスベルク」という名のドイツ領だったが、第2次大戦でソ連軍が侵攻し、ソ連領となった。

その後は長く軍需産業主体の閉鎖都市だった。ソ連崩壊後は、深刻な経済危機に陥り、麻薬取引など犯罪の温床ともなったが、復興の特別措置として無関税の経済特区が設けられ、貿易都市として蘇《よみがえ》った。今や経済成長率は本土を上回る。

カーネフは、輸出入の盛んなこの都市で、ある犯罪組織が暗躍している実態を、テレビ番組で放送し、さらに、「ノーバヤガゼータ」にも書いていた。それは、08年6月、つまりあの襲撃の2か月前のことだ。

彼がこの犯罪組織の存在を知ったのは、このクラフチェンコという警察官からの情報提供である。

「ロシアで警察官と名のつく人間にろくなのはいない。まともな人間なら、1年も（警察官を）やれば、辟易《へきえき》してやめるはずだ」

仕事柄、警察官と付き合いの深いカーネフはこう断言するが、

「まあ、中には、このクラフチェンコのような人間もいる」

遡《さかのぼ》って07年11月中旬のことである。この日、カリーニングラードの港に停泊していたドイツ船のコンテナから、およそ900万ルーブル（約4050万円）相当の中国からの密輸入品が発見された。

荷物は表向き、靴の敷き革ということになっていたが、実際は、中国製の日用品で、モスクワで1、2を誇る規模のチェルキーゾフ市場に運ばれる予定だった。この捜査の過程で、モスクワ、サンクトペテルブルグ、カリーニングラード、この3大都市を

結ぶ大規模な密輸団の存在が明るみに出た。彼らは、1か月におよそ10億ルーブル（約45億円）もの金を動かしていた。

警察の捜査によれば、このビジネスを取り仕切っているのは、ティマフォン・フアンという男である。朝鮮人とウズベク人のハーフであるフアンは、カリーニングラードでは伝説的な人物だった。だれも彼の素顔を見た者はいない。彼はもっぱら、自分のパートナーたちと電話のみでビジネスを行っていた。

この事件の捜査を命じられたのが、女性捜査官クラフチェンコだった。

彼女は密《ひそ》かに、彼が使っていた電話回線の盗聴を行っていた。6時間以上にわたる電話での会話を録音したこのテープには、驚いたことに、警察官や検察官、税関職員ら、密輸を取り締まるべき役人たちが入れ替わり立ち替わり登場し、フアンと謀議を巡らしているのである。

「こうした大々的な密輸は、治安関係のトップや税関職員を抱き込み、莫大《ばくだい》な賄賂《わいろ》を支払って、その全面的なサポートを受けない限り不可能だ」とカーネフは説明する。

やがて、フアンに対するXデイが準備され、さしもの大密輸団の首魁《しゅかい》もあえなく逮捕されるはずだった。ところが、このXデイは来なかった。フアンは、すんでのところで司直の手を逃れたのである。実は彼は、自分が逮捕されるかもしれないことを事前に察知していた。警察官の中に内通者がいたのだ。

録音テープの中に、こんな会話がある。

ファン「イワン・イワーヌイチ、俺のところに、明日捜査官がやって来る」

イワン「ティマフォン、心配するな。私がうまくやったから、(捜査官は)行かない」

ちなみにこの、イワン・イワーヌイチなる人物はカリーニングラード警察の上層部の現職警察官である。

ファンは、日頃から、あらゆるところに賄賂をばらまいていたにもかかわらず、あわや逮捕されかけたことに怒り心頭だった。彼は、自分の協力者たちに不満をぶちまけた。すると次のようなことが起こった。

クラフチェンコが所属していたのは、ロシア西部地域を管轄《かんかつ》する警察署内の、密輸を専門に捜査する部署である。その専門部署が廃止されてしまったのだ。同時にクラフチェンコも失職した。彼女の上司である警察副署長は、「クラフチェンコは法律を自分の都合のいいように解釈している。そんな捜査官はいらない」とマスコミの取材に答えてそう語った。しかし、後に、この警察副署長も、ファンと接触があったことが判明した。

怒り心頭なのは、正式の逮捕状まで取り、家宅捜索に乗り出す寸前だったクラフチエンコも同様である。憤懣《ふんまん》やるかたない彼女は、犯罪専門のテレビジャーナリストとして名を知られているカーネフに連絡を取り、2人で捜査を続行しようと持ちかけたのだ。カーネフは、急遽《きゆうきよ》カリーニングラードに飛んだ。

カリーニングラードで、クラフチェンコはカーネフに、例の盗聴した録音テープなどの証拠一式を手渡した。カーネフは、彼女の助けを得て潜伏中のファンの居場所を探し出した。そして、一計を案じて彼を誘い出し、話を聞くことに成功した。

ファンは、カーネフにこう言った。

「警察官や検察官たちは、俺が作り上げた密輸組織を乗っ取って、自分たちでビジネスをやろうともくろんだんだ」

そして、自分を警察に密告した裏切り者のことを、怒りにまかせて不用意にまくしたてた。この証言と、捜査官だったクラフチェンコから入手した証拠によって、カーネフは、密輸組織の全貌《ぜんぼう》をつかみ、テレビ放映に踏み切ったのだ。

カーネフは、このテレビ番組の中で、関与が確実な密輸取締官や、組織の黒幕と思われるサンクトペテルブルグ在住の元大佐などの実名を公表した。それゆえ、彼らから相当恨まれていることは十分承知していた。だが、クラフチェンコに指摘されるまで、あの襲撃と結びつけて考えたことはなかった。

　クラフチェンコは、彼女が聞き込んだ、妙な会話をカーネフに披露した。

「私は、『押収《おうしゅう》されたコンテナ（密輸入品が納めてある）を取り戻すことはできますよ』と言って、組織の黒幕の元大佐に接触したの。それで、サンクトペテルブルグの元大佐のオフィスに行ったのよ。ちょうど、あなたが襲われて数日たった頃よ。そうしたら、こんなどなり声が聞こえてきたの。『おまえらはいったい、俺に何を持って来たんだ。盗聴の録音テープを持って来いと命令したのに、全然関係ないカセットを持ってきやがって！』。えっ？　これはもしかしたらと思って、こうして電話したの」

　あの時、治安関係者と思しき人間から紙袋を受け取って襲撃されるまで、ものの5分と経《た》っていない。それゆえ彼は、これはてっきり賊が後をつけてきたからだと思い込んでいた。

「なにしろ俺は、あっちこっちから恨まれているからね。そのうち別の線も出てくるかもしれないな」

　彼はしかし、自分を襲った犯人の心当たりについて、警察にこの新たな情報を伝えることはしなかった。

「話したってどうなるもんじゃない。どっちみち犯人なんて上がらないさ。だいたい、ナイフで切り裂かれた俺のバッグを証拠品として押収したはいいが、いつまでたっても返してくれない。あのバッグは、隠しカメラを中に据え付けた特別仕立てのやつなんだ。あれがないと仕事ができない。修理して使おうと思って、いつ返してくれるんだってねじ込んだら、警察の奴《やつ》ら、隠しカメラをなくしちまったって言うんだよ。まあ、金で弁償してくれたから新しいカメラを買ったけど、ろくでもない」

実際、ロシアの警察官ほど評判の悪いものはない。カーネフは、警察絡《がら》みのとんでもない話をいくつも知っている。

「彼らは、ブタ箱入りした犯罪者をいいカモにして金儲《かねもう》けをやっているんだ。たとえば、ある詐欺師《さぎし》が警察に捕まった。彼は、警察官から、40万ドルを支払えば捜査は中止になると持ちかけられて、娑婆《しゃば》の家族にそのことを話した。家族はすぐに40万ドルを用立てて警察官に渡したんだ。ところが、捜査は一向に中止にならない。

詐欺師は頭にきて、『払った分の見返りが何もないじゃないか』と文句を言ったら、『おまえ、たくさんの人間をだまして金を巻き上げた分際で何を言うんだね。おまえがやっていたことを真似《まね》たまでだ』と逆襲されてギャフンとなった。人をだましてなんぼの凄腕《すごうで》詐欺師もかたなしだ。詐欺の腕にかけちゃ、警察官の方が一枚も二枚も上手だったってことだ」

この警察官はいくら金を積まれても捜査を中止しなかった。40万ドルをまるまる自分のポケットに入れたことを除けば、職務に忠実な警察官の鑑《かがみ》と言えないこともない。

「金のある犯罪者は、逮捕されるとすぐ、警察官や検察官と交渉を始める。金さえ積めば、警察官はどんな文書も作ってやるし、売春婦を妻と偽って刑務所に引っ張り込むこともできるし、優雅に外泊だってできる。そのまま逃げてしまうんじゃないかって? いや、意外にちゃんと戻ってくるんだよ」

聞いているこちらが目を丸くすると、カーネフはおどけて片目をつぶって見せる。

ロシアの警察官に多少同情するところがあるとすれば、彼らはかなりの薄給なので、賄賂でももらわなければ食っていけないかもしれないということだ。

ところが09年4月、こうした警察官の腐敗と堕落に慣れ切ったモスクビッチ（モスクワっ子）でさえ、震えあがるような事件が起きた。

事件のあらましはこうだ。

4月27日の深夜、モスクワのツァリーツィノ地区警察の署長で少佐のデニス・エブセコーフは、警察署長の制服姿のまま通りがかりの車を止め、行きつけのスーパーマーケット「オーストロフ」に行くよう頼んだ。スーパーに着き、運転手がエブセコーフに金を要求すると、彼は金の代わりに、運転手の胸めがけてピストルをぶっ放した。

運転手は即死した。

車から出たエブセコーフは、店の前でさらに3人の通行人に発砲し、1人はとっさに身をかわして無事だったが、他の2人は重傷を負った。

スーパーに入ったエブセコーフはまず、レジ係の女性を射殺。従業員や客はパニックとなり店の裏庭に逃げたが、エブセコーフは彼らを追いかけ、塀に追い詰めてその前に並ばせた。彼は、恐怖に顔が引きつる彼らに銃口を向け、1人ずつ〝処刑〟しようとした。

最初に狙《ねら》いを定められた女性は、「レジからお金を持って来るから助けてください」と命乞《いのちご》いしたが、「俺がほしいのはお前の脳みそだ」と言い放ち、まさに銃を発射しようとしたその瞬間、通報を受けた警官隊が裏庭になだれ込んだ。エブセコーフと警官隊の間で銃撃戦が始まったが、多勢に無勢でエブセコーフはすぐに抵抗をやめ、その場で彼は、同僚によって逮捕された。

このエブセコーフという警察署長が、いったいなぜ、こうした戦慄《せんりつ》すべき行動に走ったのか、その動機はいまだに解明されていない。しかし、4月29日付の「ノーバヤガゼータ」紙上に、そのヒントになると思われるカーネフの署名記事がある。この記事で彼は、事件直前のエブセコーフの行動を明らかにして見せた。

〈エブセコーフ署長は、4月20日に32回目の誕生日を迎えた。この日の朝、ツァリーツィノ地区警察の開け放たれた門を、外車が次から次へと滑り込み、大きな箱や紙包みを抱えた人たちが降り立った。尊敬すべき署長の誕生日を祝うためである。当日は盛大な宴が開かれ大いに盛り上がったが、次の日も、そのまた次の日も、結局1週間近く宴会が続いたようである。なぜなら、エブセコーフ署長は、警察署でずっと酔っぱらっていたからだ。

エブセコーフが27日の夜、妻とたくさんの連れとともに出かけたレストラン「アビニョン」の従業員は、客の異常なまでのはしゃぎぶりをよく覚えていた。一方、一行が次に立ち寄ったカフェのガードマンはこう証言する。エブセコーフは最初、連れと和やかに談笑していた。まもなく彼の携帯が鳴ったので、彼はロビーに出て話をしていたが、その声はだんだん高くなっていった。彼は戻って来ると、妻やウエイターに〝マート（卑猥《ひわい》な罵《ののし》り言葉）〟を叫び始めた。10時頃、宴会はお開きになり、エブセコーフ夫妻は家路についた。

ところが少佐は、カフェで彼に電話をした人物に会うために、制服を着込んでピストルを持ち、家から再び外出した。当紙の情報によれば、この電話の人物は、モスクワの南区（モスクワの10の行政区分のひとつ）を管轄する警察署の大佐である。南区は現在、いささか複雑な状況になっていることが私たちの取材で判明した。詳細は不明だが、なんらかの極秘の企てが露見し、その責任を問われて上層部が更迭《こうてつ》されたのである。

一体、エブセコーフ署長は、大佐と会って何を話したのか、それこそが、この事件を解明するカギになるはずだ。なぜなら、この待ち合わせの直後にあの惨劇が起きたのだ〉

この記事から推察できるのは、警察署ぐるみの良からぬ企《たくら》みにエブセコーフが関係しており、この事実が発覚しそうになって進退きわまり、精神的に異常をきたして乱射事件を起こしたのではないかということだ。しかし、警察上層部が関与していると思われる背後関係について、捜査された形跡はなく、裁判でも取り上げられていない。

かくてカーネフは、記事を激烈な口調で締め括《くく》った。

〈彼ら（警察）はもう、自主解散した方がいい。なぜなら、彼らの暴走を制御することはもはや不可能だからだ。

彼らは賄賂を取り、拘束した人間に拷問《ごうもん》を行い、容疑者を殺し、健全なビジネスを取り上げ、刑事事件を握りつぶし、罪をでっち上げ、不法な監視を行ってその情報をギャングたちに売り、街のど真ん中で銃撃戦を始め、パスポートの売買で儲け、人々を誘拐して、被害者から金を巻き上げる。彼らはことほどさように不法なビジネスに忙しいので、犯罪者を捕える時間的な余裕などない。警察の改革など不可能だ。できるのはただ、解散することだけだ〉

しかしいったい、ロシアの警察はどうしてこれほどの犯罪者集団になり下がったのか。

そもそも、警察官も含めたロシアの公務員、官僚たちの汚職、贈収賄は今に始まったことではない。いわばソ連時代から続く悪弊で、「仕事をスムーズに回すための潤滑油」であり、「必要悪だ」と言い切る者さえいる。

ところが、プーチン時代に入ると、汚職は言うに及ばず、ギャング団顔負けの悪質な犯罪が警察官の間に蔓延《まんえん》するようになる。これは、警察を始めとした治安省庁関係者（総称してシロビキと言う）が、プーチン政権下で強い権限を握るようになったことと密接に関係している。旧ＫＧＢの諜報員《ちょうほういん》出身であるプーチンは、大統領就任後、政権の中枢《ちゅうすう》を旧ＫＧＢ関係者で固め、内務省やその管理下の警察官僚、軍人なども優遇した。

「シロビキたちは、大統領の後ろ盾を得て初めて、自分たちがいかに絶大な権力を持っているかを自覚するようになった。そして、その特権的な地位を利用して力を誇示するようになったのだ。もはや彼らを取り締まる者はいないから腐敗や堕落に歯止めがかからない」

「ノーバヤガゼータ」の副編集長セルゲイ・ソコローフもそう説明する。

警察がこんな目も当てられない状態だからこそ、カーネフは、刑事事件のルポや調査報道に並々ならぬ情熱を燃やすのである。警察ができない、やろうとしないことに首を突っ込み、時には警察官の犯罪をも暴《あば》く。彼はそこに、たまらないスリルと興奮を覚えるのだ。

「まさに天職だ。他の仕事は考えられない」。彼は何度も繰り返した。

例の襲撃事件の後、カーネフは、「ノーバヤガゼータ」の編集長ムラートフから、「少しは休養した方がいい。アメリカにでも行ったらどうだ」と勧められた。ちょうど、「ニューヨークタイムズ」のモスクワ支局の女性記者からインタビューを受け、「モスクワで活躍する犯罪専門ジャーナリスト」として、「ニューヨークタイムズ」の紙面に紹介されたのである。

そして、この女性記者から、アメリカで彼の体験をまとめた本を出版しないかとも持ちかけられていた。そのために、休養も兼ねたアメリカ行きの話が出たのである。

だが彼は、こう言って断った。

「私は、いつも泳いでいないと死んでしまう魚みたいなものですよ。仕事から離れたら、本当に死んでしまうかもわからない」

とはいえ、朝から晩まで仕事に忙殺されながら、彼はふと不思議に思うのである。ジャーナリストなんて物知りの頭のいいやつらがやる仕事で、自分にはまるで縁がないと思っていた。それなのに、どうしてこんな巡り合わせになったのかと。

セルゲイ・カーネフは1962年、モスクワの生まれである。幼い頃に両親が離婚、母子2人暮らしになったが、ほどなく母が新しい父と再婚した。血のつながらない父はカーネフをかわいがってくれ、「彼こそ、本当の父だと思うようになった」という。

17歳で電気技術の専門学校に入学したが、翌年、徴兵され、シベリヤのオホーツク海沿岸の地、マガダンで軍隊生活を送った。基本的に理数系が得意な彼だが、詩を書いたり文章を書いたりするのも好きだった。

マガダンにいた頃、兵舎のゴミ捨て場に、当時、反体制的だと評されていた「外国文学」という雑誌が大量に捨てられていたのを見つけ、こっそり持ち帰って読みふけった。また、軍隊内の新聞に詩を投稿したこともある。

2年間の兵役期間が終了すると、彼はモスクワに戻ったが、電気技術専門学校に復学することなく、モスクワ郊外にあるシェレメーチェボ国際空港近くのローブニャという町でディスコのディスクジョッキーになった。84年、ゴルバチョフが登場する直前のことである。

「ディスコといっても、ペレストロイカ前だから、西側のような個人経営の店じゃない。最初は熟練工養成専門学校の中にあって、僕はアマチュアのDJだった。しばらくして、ローブニャの町の公園にディスコが移設されて、僕はそこの公園に文化工作員という名目で雇われたんだ。DJセルゲイって呼ばれててね、結構評判は良かったんだよ。

場所柄、国際線のスチュワードと親しくなって、当時のソ連では知られていなかった西側のロックやポップスの最新情報を仕入れたんだ。ドナ・サマーにフリオ・イグレシアス、ピンク・フロイドなんかね。ところが、彼らの曲をかけようとすると、共産党の石頭連中は、『こんな歌はみんなセックスの宣伝だ!』と聞かないんだ。『いや、恋愛をテーマにした歌だ』と反論しても、禁止の一点張りだった」

当時は、ソ連共産党がすべてを牛耳っていた社会主義社会である。ディスクジョッキーといえども、コムソモール（共産主義青年同盟）の地区委員会に、年間の勤務計画書を提出して承諾を得なければならなかったのだ。そして、その計画通りに勤務を遂行しているかどうか、役人が定期的にディスコに立ち入って目を光らせていた。

むろん、西側のロックを紹介するなどもっての外、トークも、愛国心やソ連軍を讃《たた》える内容にしろ、という具合だ。

「そう言えば、あの頃、役人たちはしきりに、『ストップ・ミスターレーガン』をかけろってうるさかったね。当時の『アゴン（火）』とかいう名前の御用ロックグループの歌だよ。アメリカは世界中で戦争を起こしている。好戦的なレーガン大統領を止めろ！っていう内容さ。

こんな曲、聞きたくないから、どうやって役人の目をごまかそうかと頭を悩ませたよ。そのうち、いつ役人が視察に来るかだいたいわかったから、視察がない時は、最初に申し訳程度にあの曲を流して、あとは、自由に好みの曲をかけていたんだ」

彼はこのディスクジョッキーの仕事を、ソ連崩壊直前の１９９０年まで続けた。

84年から90年までといえば、世界を二分した超大国ソ連が、内部崩壊に向かって突き進んでいた時代である。国民の大きな期待をもって迎えられたペレストロイカとグラスノスチ。東欧の民主化とベルリンの壁崩壊による冷戦の終結。ペレストロイカの行き詰まりと社会主義経済の破綻《はたん》。そして、間もなく訪れるソ連崩壊と、その後の未《み》曾有《ぞう》の混乱。

この間、ロシアの庶民たちは、時代という大波に弄《もてあそ》ばれもみくちゃにされた。

「でも、俺たち若者にとっちゃ、エキサイティングな時代だった。80年代の半ばから、俺たちは大きな変化の兆《きざ》しを感じとっていた。新聞や雑誌が、今まで極秘とされた歴史的な事実を次から次へと暴いていったんだ。もう、それらを貪《むさぼ》り食うようにすべて読んだよ。俺たちも、自然発生的な集会にいくつも参加して、今まで我慢していたことをしゃべりまくってストレスを発散したもんだよ。ソ連の崩壊も歓迎した」

85年以降、自由化がどんどん進み、口うるさい役人がカーネフの仕事に口をはさむこともなくなっていった。おかげで彼は、大好きなドナ・サマーの曲を一日中かけまくっては、達者なトークを披露していた。

だが、当局による面倒な規制や取り締まりがなくなった代わりに、今度は、ディスコにマフィアが出入りして、執拗《しつよう》に金をゆするようになったのである。言うことを聞かないと殴られ、機材を壊された。これに嫌気がさしたカーネフに、ひょんなことから、新たな仕事が舞い込んだ。

ディスクジョッキーをやっていたローブニャの町の周辺で、90年代の初め頃、有料の小さなテレビ局が開局した。ところが、このテレビが流すのは24時間、映画ばかりだった。そこでカーネフは、そのテレビ局に、映画だけでなくドキュメンタリー番組も放送してみたらどうかと提案した。そして、「自分はこの地区でずっとＤＪをやっているから、マフィアとか警察関係者の知り合いがいて、いろんなことを聞き込んでいる。そういうことをネタにして放映したらどうか」と付け加えた。

すると後日、テレビ局からカーネフに連絡が入った。ご要望の番組をスタートさせるので、ついてはそのレポーターにならないかというのだ。これには彼も驚いた。自分は、テレビの世界のなんたるかも知らなかったからだ。

しかし、マフィアに牛耳られる自分の仕事に理不尽さと窮屈さを感じていた彼は、思い切って別の世界に飛び込むことにした。

「今から思うと、最初の頃は幼稚園の子供みたいな仕事ぶりだったよ。カメラマンと2人で動き回っていたんだけど、最初は車も与えられなかったんだ。しばらくして、僕にビデオカメラが支給されたけど」

そのドキュメンタリー番組は、「ドミノ」というタイトルの30分番組だった。画面の下にテレビ局の電話番号を入れ、視聴者から、地域のさまざまな事件やできごとの提供を呼びかけた。

「一番多かったのは、どこかで水道管が破裂したとか、アパートの集中暖房が壊れたとかいう情報だった。僕たちは、現場に急行して住民の苦情を聞き、それをすぐに管《かん》轄《かつ》の役人にぶつけた。僕が役人にマイクを突きつけて、『いったいいつ、復旧するんですか?』ってやるんだよ。だから、住民には喜ばれたね。もちろん、住民の情報提供に頼るだけじゃなく、自分たちでネタを捜してあちこち駆けずり回った。この頃から、どこへ行くにも必ず、ビデオカメラを携帯していたんだ」

カーネフの仕事ぶりはまさに、オンザジョブトレーニングだった。

「経験しながらレポートのコツや技術的なことを覚えていったんだ。しゃべりは、ディスクジョッキーをやっていたことが役に立った。ディスコで酔っぱらって騒いでいる客の注意をいかにひくか、いつも考えていたからね。ただ、さっきも言ったように、テレビジャーナリストとしてはまだまだひよっこだった。とてもプロとはいえなかったよ。当時は、一般の若者の代表としてテレビに出ていたつもりだった。視聴者からは、服装がくだけすぎているとか、しゃべりのイントネーションがおかしいとか文句もついたけど、総じて好評だった」

ロシアの報道番組といえば、堅苦しいニュース番組しか存在しなかった90年当時、素人《しろうと》に毛の生えたような記者が、怖いもの知らずでどこへでも突撃取材するという型破りの番組は、見る者に新鮮に映ったのである。

その後、ロシアのテレビ局でこの種の番組が珍しくなったところをみると、小さな有料テレビ局のこの試みは、全国に先鞭《せんべん》をつけるものだったのかもしれない。

テレビジャーナリストのイロハを学んだカーネフは、4年後、そのキャリアを生かせる大きなチャンスをつかんだ。元の国営テレビ、通称「第1チャンネル（ロシア公共テレビ＝ORT）」の系列のチャンネル4というテレビ局が、93年から深夜のドキュメンタリー番組をスタートさせていたが、そのレポーター役に抜擢《ばってき》されたのだ。

「制作元のATVというプロダクションが人材を募集していたんだ。急いで、僕が今まで、『ドミノ』のために作ったいろいろな番組をビデオカセットに収めて送ったら、それを見たプロダクションの担当者は、『この男で決まりだ』と言ったらしい。他にも応募者はたくさんあったらしいけど、その一言で僕は採用になった。94年の春のことだった」

深夜、モスクワとその周辺で起こる事件やできごとをカバーするのがカーネフの仕事だった。第一報が入ると現場に急行してその模様を中継し、当事者に突撃インタビューを敢行する。生々しいライブ映像と臨場感あふれるレポート、多少のセンセーショナリズムとスキャンダリズムが売りの番組だ。

タイトルは、「ブレーメチカ」といった。これは、ソ連時代から続く第1チャンネルの有名なニュース番組、「ブレーミア（「時間」の意）」を皮肉った命名で、日本語なら「時間ちゃん」とでも言おうか。「ブレーミア」が、国家レベルのニュースや国際情勢を報じる正統派の硬い報道番組なら、「ブレーメチカ」は、あくまで、庶民の目線レベルのできごとを追いかける軟らかい番組だ。とは言っても、政治家や有名人のスキャンダルや汚職などを暴き立てることもした。要するに、視聴者が単純に面白いと思うもの、言い換えれば、庶民がカタルシスを感じるようなネタなら何でもよかったのだ。

「タブーはなかった。何を放送してもOKだった。当時のロシア正教の総主教アレクシー2世を乗せた車が、人をはねてそのまま走り去った事件があった。もちろん、運転手が運転していたんだけど立派なひき逃げだ。当時はその事実をありのままに放送できた。今だったら考えられないけどね。もっとも放送直後に、ロシア正教の幹部が『ブレーメチカ』の編集長と話をつけて事件をもみ消したらしい。だから、警察沙汰《ざた》にもならなかった」

94年といえば、91年のソ連崩壊からわずかに3年である。社会主義から資本主義へ、未曾有の体制転換の混乱はいまだ収まらず、むしろひどくなる一方だった。

92年には、エリツィンの登用した若き経済学者エゴール・ガイダールが、ショック療法と呼ばれる急速な市場経済化を断行した。しかしその市場経済化は、破滅的なハイパーインフレを引き起こし、通貨ルーブルの価値は紙くず同然になった。おかげで、人々が長年コツコツと貯《た》めた蓄えはあっという間に消え失《う》せ、それまでそこそこの暮らしをしていた国民の多くが貧困層に転落する。とりわけ、年金生活者の困窮はひどかった。

経済的混乱は、深刻な社会不安や人心の荒廃を招く。強盗や殺人など犯罪が急増し、ゴミで汚れた街角には物乞《ものご》いやストリートチルドレンがあふれた。

昼間から、ウオッカをラッパ飲みして千鳥足で歩く酔っぱらい、些細《ささい》なことで殴り合いのけんかをする男たち。外国人客向けのホテルのロビーでは、肌も露《あら》わな娼婦《しょうふ》たちがたむろして、マクドナルドのハンバーガーをかじりながら、これと目をつけた男性客に声をかけていた。

一言で言えば、カオスである。こんなとんでもない世の中だから、カーネフが血眼になってネタを探すまでもなく、あっと驚く事件がいくつも向こうから飛び込んできてくれる有様だった。

カーネフが「ブレーメチカ」で仕事をしたのは、94年から2000年の6年間である。この間、テレビの制作現場の雰囲気が大きく変貌《へんぼう》したことを、彼は肌身にしみて感じている。当初は自由で活気に満ちていたのに、年を追うごとに、上の意向ばかり気にする、どうにも息苦しくて窮屈な場所に変わってしまったのである。

「僕の感覚では、91年のソ連崩壊から94年の第1次チェチェン戦争が始まる頃までが、一番、自由があっていい時代だった。でも、良くない兆候はすでに、93年のホワイトハウス襲撃事件の時に現れていた」

この事件を巡ってエリツィン政権が検閲を復活させ、「ノーバヤガゼータ」が、検閲官によって削除された箇所に抗議の意味で「検閲で削除」と明記したことは、すでに書いた。

「確かに3日間で検閲はなくなったが、以前のようにストレートな政権批判ができにくくなったことは確かだ。94年頃、エリツィンの秘書官が豪華な別荘を建てたんだ。大統領の秘書官といっても、あんな贅沢《ぜいたく》な別荘を建てられるほどの実入りがあるわけじゃない。そこで、知人の記者が、彼の金の流れを調査して番組を作ろうとしたんだ。そうしたら、編集長から待ったがかかった。こんなことはそれまでにはなかったんだ」

番組の「ブレーメチカ」はこの94年、チャンネル4から離れて、ロシア初の民放テレビ局NTVに移った。我が国では、たとえば、TBSで放送されていた人気番組が日本テレビに移るなどということはあまり聞いたことがないが、ロシアではそれほど珍しいことではないという。

ところがこのNTVでの放映も97年までで、同年から番組終了時の08年までは、モスクワ市が100%出資するテレビ局に移った。放送局がめまぐるしく変わるたびに、「ブレーメチカ」の制作者は、そのテレビ局の経営者の顔色をうかがって番組を作らなければならなかった。

「たとえば、NTVで放送していた時は、NTVのオーナーだったウラジーミル・グシンスキーの意向に逆らう内容は御法度《ごはっと》だった。そもそも、『ブレーメチカ』がNTVからテレビツェントルに鞍替《くらが》えした理由も、番組の中で、『モスフィルム』というソ連時代からある有名な映画スタジオを批判したところ、グシンスキーがちょうどこの『モスフィルム』を買収しようとしていたために、彼の逆鱗《げきりん》に触れたからなんだ。モスクワ市の経営するテレビツェントルに移ると今度は、それまでNTVでは、モスクワ市長のルシコフや彼の部下の批判が自由にできたのに、これができなくなった」

さらに、詳細は次章で触れるが、96年のエリツィン再選後、テレビ界に、エリツィン政権翼賛体制と呼べるようなものができ、大統領、大統領の側近、モスクワ市長、モスクワ市の官僚、ロシア正教の総主教、治安機関（内務省、警察、FSBなど）のトップなどを取り上げて批判することが難しくなっていった。

しかしカーネフは当初、こうした権力絡《がら》みの複雑な問題が自分の身に降りかかってくることなど想像すらしなかった。なぜなら、彼の守備範囲はせいぜい、身近な市井《しせい》の犯罪やスキャンダルがほとんどだったからだ。報道の自由云々《うんぬん》などという面倒くさいことは、天下国家の大事件を追いかけるエリート記者が頭を悩ますことで、俺には関係ない。彼はそうタカをくっていた。

ところが、ある時彼は、この面倒な問題に遭遇する。

その日カーネフは、モスクワ中心部の地下鉄駅スハレフスカヤそばのサドーヴァヤ環状道路で、番組スタッフとともにコーヒーを飲みながら一服していた。そばには、車体に大きく「ブレーメチカ」と入った中継車が待機していた。すると、この中継車めがけて走って来る男がいる。

「困ってるんだ、助けてくれ！　パトカーが僕の車に追突して逃げようとしているんだ！」

男は叫び、道路の向こう側を指さす。見ると、2台の車が止まっていた。日本製の中古車と思しき1台はトランクが壊れ、もう1台は、窓ガラスが粉々に飛び散りボンネットが壊れている。

カーネフはコーヒーの入った紙コップを投げ捨てると、追突した車に近寄った。その車は見たところ普通車だが、特別の発信機がついていてナンバープレートも警察のそれだ。覆面パトカーに違いない。中にいた警察官はエンジンをかけようと焦《あせ》っているがなかなかかからない。

「何をしている?!」

カーネフが声をかけた瞬間、エンジンが唸《うな》りを上げ車は急発進した。

「逃がすな!」

カーネフら撮影グループは、急いで中継車に乗り込み覆面パトカーを追跡した。途中でカーネフは、携帯電話で交通警察に通報。交通警察は途中から追跡に加わった。覆面パトカーは、モスクワの北部めざして数十キロを飛ばし、あるガレージに入ろうとしたところでようやく止まった。

カーネフらがカメラを回しながら覆面パトカーに近づくと、中から、「くそ喰らえ!」とわめく声がして、したたかに酔っぱらった男がドアから姿を現した。現行犯逮捕されたその男はなんと、モスクワ市警察の組織犯罪対策局の中佐だった。

「こりゃあ、いいものが撮れたな。間違いなくスクープだ」。カーネフはほくほくしながら、翌日、編集長に事件のあらましを説明した。ところが、編集長の反応は意外なものだった。

「そんなテーマはいらない」

一言、そっけない調子で言い捨てると席を立ってしまった。

「なぜですか？」

カーネフは追いすがった。

「いいかね、もうじき、その組織犯罪対策局のルシャイロ局長が内務大臣になる可能性が高いんだ。よりによって、彼を敵に回すバカがいるか」（著者註：確かに、ウラジーミル・ルシャイロはその後、内務大臣に就任した）

編集長は声を潜めて、言い聞かせるように言った。

「これがボツになるようなら僕は辞めますよ」

カーネフがそう詰め寄ると、編集長はもう何も言わなかった。

後日、このテーマはかろうじて放送されたが、編集長権限によって肝心な部分がズタズタにカットされ、この中佐の素性についても明かされないままだった。警察から待ったがかかったに違いなかった。

この頃から、警察と、警察を管轄する内務省、ＦＳＢなど治安機関の不祥事を取り上げることも、事実上不可能になった。エリツィン時代末期、政権による報道統制は本格化し、政権との軋轢《あつれき》を避けたい番組責任者は自主規制に走るようになったのである。

「アンタッチャブルな領域がどんどん増えていく。面白そうなネタが転がっていても指をくわえて眺めているだけだ。俺はただ面白いものを作りたいだけなのに、どうしてこうも邪魔が入るのか」。カーネフは大いにくさった。だからといって、たった1人抵抗しようにも、マスコミ界を席巻《せっけん》しつつあるこの大きなうねりの前には無力だった。

結局彼は、2000年の秋に「ブレーメチカ」のレポーターを辞めた。ただ、直接の退職理由はもっと身近で切実なことだった。

「制作プロダクションのATVからもらう給料がどんどん下がったんだ。それに、取材費も削られて、夜中に取材で会社の車を使う時、ガソリン代は自腹で支払うしかなかった」

金に困ったカーネフは窮余の策で、仕事の合間に、会社の車を地下鉄駅の前に止め客待ちをした。白タクだ。ロシア人は、路上で車を拾う時、パトカーだろうが救急車だろうがどんな車にも手を挙げる。そして、止まった車のドライバーと行き先と料金について交渉し、話がまとまれば乗るのである。

白タクと言えば聞こえは悪いが、あの国では一番手っ取り早いアルバイトだ。彼も、これで稼いだ金で取材費を捻出《ねんしゅつ》し、また金が足りなくなると、地下鉄駅の前で客待ちをした。

「ATVが給料や取材費をケチるようになったのは、その頃ちょうど、自社ビルの建設を始めたからなんだ。社の幹部は僕たちにこう言った。『しばらく我慢してくれ。5年後にはぜいたくな生活ができるようになる』と。しかし、そんな約束を当てにしたって、いつになるかわからない。報道の自主規制で作りたいものも作れない状況になった。この際やめてやれ、という気持ちになった」

幸いなことに、転職先はすぐに見つかった。94年から97年まで「ブレーメチカ」を放送していた民放テレビ局NTVが、彼に声をかけたのだ。

NTVは、「ブレーメチカ」と類似のドキュメンタリー番組、その名も「クリミナル（刑事事件）」を自主制作して放映を開始したばかりだった。「ブレーメチカ」でスクープを連発したカーネフの力をぜひとも必要としていたのだ。

しかも、「ブレーメチカ」では制作プロダクション所属だったが、今度はNTVのれっきとした正社員になったのだ。ただ、入社当時の待遇はそれほど良くはなかった。「記者待遇ではなくて、事務職待遇だったから、他の記者連中が、ドルで換算すると月に2000ドルもらっていたところ、800ドル程度だった。でも、入社当時のN

ＴＶにはまだまだ報道の自由があった。警察批判がある程度可能だったんだ。『プレーメチカ』では、警察そのものの批判ができなくなっていたけど、『クリミナル』では、たとえば、モスクワの各地区の警察署の署長までは自由に批判できた。その上からはだめだったがね。仕事はハードだったけど、まあ面白かったよ」

第7章

断末魔のテレビジャーナリズム

編集長のドミートリー・ムラートフは現実的な理想家だ

カーネフがNTVに入社した2000年の秋はちょうど、同社のオーナー、ウラジーミル・グシンスキーが同年の6月に逮捕され、ロシアのマスコミ界に激震が走ってまもなくのことである。しかし、NTV内には、その後しばらく、設立当初の経営陣やジャーナリストが残っており、報道姿勢に急激な変化はなかった。

それにしても、ロシア初の民放テレビ局のオーナーがなぜ逮捕される事態に至ったのか。

これを語るにはまず、エリツィンが再選を決めた96年の大統領選挙まで遡《さかのぼ》らねばならない。

当時、エリツィン大統領の支持率が急激に落ち込んでいたことはすでに書いた。それと反比例して、共産党の人気が復活し、95年暮れの下院議員選挙で共産党が第一党に躍進した。このため、96年の大統領選挙では、エリツィンに代わってジュガーノフ共産党委員長が当選する公算が大きくなった。

　これに大きな脅威を感じたのが、エリツィンの盟友の改革派政治家と、エリツィンの下で巨万の富を蓄積した「オリガルヒ（寡占《かせん》資本家）」だった。オリガルヒが短期間に莫大《ばくだい》な富を手にすることができたのは、彼らが、資本主義化による急速な民営化の過程で、それまでの国有財産を不法あるいは不正に略取したからである。それを容易にしたのが、時の政権との結託だ。

　したがって、万一、エリツィンが敗北し、政敵である共産党政権が復活すれば、自由な経済活動が制限される可能性があると同時に、そうした不正が暴《あば》かれる恐れもあったのだ。

　このオリガルヒの代表格が、ロシア最大の自動車販売会社「ロゴバス」グループのオーナー、ボリス・ベレゾフスキーである。彼は、ロシア公共テレビ（ORT）、日刊紙「独立新聞」、週刊誌「アガニョーク」など、いくつものマスメディアをその傘《さん》下《か》に置き、メディア王、あるいはメディア・オリガルヒと呼ばれた。また彼は、エリツィン政権と強く癒着《ゆちゃく》したことから、「政商」とも言われた。

　このベレゾフスキーと並び称されるメディア・オリガルヒが、ウラジーミル・グシンスキーであった。彼は、モスト銀行とその系列企業から成るモストグループの総帥《そうすい》であるとともに、民間の独立テレビＮＴＶ、ラジオ局「エホ・モスクブイ」、日刊紙「セボードニア」、雑誌「イトーギ」などのオーナーでもあった。

当時、ロシアの新聞や雑誌が、財政難から、次々にこうした大資本の系列下に入っていったことは第5章で述べた。

放映のために巨額の資金を必要とするテレビ界も事情は同じである。

ソ連時代、国内のテレビ局は、国営オスタンキノテレビ、いわゆる第1チャンネルしかなかった。しかし、当時のゴルバチョフ・ソ連大統領と鋭く対立したエリツィンと改革派は、91年5月、第2のチャンネル、国営ロシアテレビ（ＲＴＲ）を誕生させていた。

ソ連崩壊後、オスタンキノテレビは、株の51％を政府が、残りの49％を民間企業が所有する半官半民のロシア公共テレビに生まれ変わった。この民間割り当て分49％を独占し、大株主としてエリツィン政権に絶大な影響力を行使したのが、オリガルヒの代表格で、「ロゴバス」グループを率いるベレゾフスキーである。

かたや、ロシア初の民間テレビ局ＮＴＶは、創立当初から、グシンスキー率いるモストバンクグループの一員だった。同テレビ局は、第1次チェチェン戦争において激しい政権批判を展開し、独立テレビの面目躍如たるものがあった。しかし、オーナーであるグシンスキーは、この96年の大統領選挙においては、共産党政権の復活を阻止し、エリツィン再選を是が非でも実現するために、ベレゾフスキーら他のオリガルヒ、改革派政治家とともに大同団結したのである。

この結果、もともと国営の第2チャンネル、つまりロシアテレビはもちろんのこと、ベレゾフスキーが大株主のORTやグシンスキー傘下のNTVに至るまで、3大テレビネットワークは揃《そろ》ってエリツィン支持に回り、同陣営の露骨な宣伝マシーンと化した。

ロシア南部の都市、ロストフ・ナ・ドヌーで、ロックコンサートに飛び入り参加したエリツィンが、ステージ上で若い女性歌手といっしょに、威勢よく四肢を振り上げて踊る光景がニュース映像になって世界中に配信された。これなども、重い心臓病を患《わずら》っていたエリツィンの健康不安説を打ち消そうと躍起になっていた陣営側の宣伝工作である。

一方、エリツィンのライバル、ジュガーノフ共産党委員長は、「我々の選挙運動がマスコミに無視されている」と記者会見で再三抗議した。しかし、オリガルヒの潤沢な資金に支えられたテレビ局の怒濤《どとう》のエリツィンキャンペーンに対抗する術《すべ》はなかった。

自ら報道の中立性を放棄したに等しいこの偏向報道は、民主主義社会のメディアでは考えられないことである。

完全にマスメディア頼みの選挙戦を戦い抜いたエリツィンは、6月16日の第1回投票で1位になったものの過半数の票を得られず、7月3日の決選投票でようやく54%を獲得して再選に漕《こ》ぎつけた。

再選後、エリツィン政権は、選挙協力の見返りとしてNTVの放送枠を増やすなど、露骨な便宜供与を行った。当時、NTVのある幹部は、「96年の大統領選挙以来、テレビ界にエリツィン政権翼賛体制ができ、批判的な報道はできなくなった。ソ連崩壊後のマスコミの自由な時代は終わった」と嘆いた。

しかし、次に訪れるプーチン時代の報道統制のすさまじさに比べれば、当時の状況はまだ序の口だった。

2000年3月の大統領選挙で当選し、晴れて第2代ロシア連邦大統領に就任したプーチンの初仕事は、メディアを支配する新興財閥を排除することだった。その最初の標的になったのが、他でもないNTVオーナーのグシンスキーである。

グシンスキー傘下のメディアは、前述した通り、チェチェン戦争を批判し、政府高官の汚職追及の急先鋒《きゅうせんぽう》でもあった。エリツィンの再選には全面的に協力したものの、政権末期には次第にエリツィンと距離を置くようになり、さらに、新大統領のプーチンに対しても批判的な立場をとったため、真っ先に目をつけられたのである。

プーチン大統領就任（2000年5月）の約1か月後、グシンスキーは逮捕された。ロシア最高検察庁は、この逮捕に先立ち、NTV、ラジオ局の「エホ・モスクブイ」、日刊紙「セボードニア」などのメディアが所属する持ち株会社「メディアモスト」の家宅捜索を行っていた。覆面をして武装した、FSB職員や税務警察官ら100人以上が乗り込むという物々しさは明らかに、威圧を意識した作戦だった。

逮捕容疑は、国営ビデオ会社の民営化に伴って、1000万ドル以上の国家財産を横領したというものだった。「メディアモスト」側はこれを全面否認し、「言論弾圧だ」「プーチン政権初の政治犯が誕生した」と反発した。国内外からも「不当逮捕だ」として、激しい批判が寄せられた。この反応に驚いたプーチンの指示により、グシンスキーは拘留後4日目で保釈される。ところが、7月に再逮捕されてしまう。この時、保釈の条件として、メディアモスト社の株を手放すよう迫られた。

仕方なく彼は、天然ガス世界最大手で政府系の独占企業であるガスプロムの子会社、ガスプロムメディアにモスト社の株46％を譲渡する契約に調印する。その後スペインに出国し亡命した。

これによって、グシンスキー帝国と呼ばれた「メディアモスト」は崩壊し、リベラル派高級紙として評価の高かった「セボードニア」は廃刊となった。

「自分がロシアの大統領を作った」と豪語していたもう一人のメディア王、ベレゾフスキーに対しても、プーチンは容赦しなかった。エリツィン再選に重要な役割を演じ同政権に一目置かれていた彼は、プーチンの当選にも一役買い、プーチン支持を明確にしていた。しかし、当のプーチンはすでに彼の追放を決意していた。

政権は、ベレゾフスキーに対し、彼が保有しているロシア公共テレビの株式を売却するよう圧力をかけた。従わなければ、逮捕されたグシンスキーと同じ運命になると脅したのだ。これに屈したベレゾフスキーは49％の株式の放出を決めた。そもそも残りの51％は政府が所有していたので、これにより、ロシア公共テレビは１００％、政府管理となった。

さらに、プーチン政権の意を受けたロシア最高検察庁は、同じくベレゾフスキーが大株主である航空会社アエロフロートの資金横領容疑で彼を追及し、逮捕を恐れたベレゾフスキーは国外に脱出した。02年、本人不在のまま、最高検察庁は詐欺《さぎ》の容疑でベレゾフスキーを起訴した。現在彼は、イギリスで亡命生活を送っている。

話をＮＴＶに戻そう。オーナーのグシンスキーが追われた後も、社長のキセリョフを始め、報道の自由を守ろうとする幹部や記者たちが社内に残っていた。

ところが、01年4月、グシンスキーから強引に大量の株を譲渡させたガスプロムの子会社、ガスプロムメディアがNTVの臨時株主総会を強行開催し、経営陣を総入れ替えした。これによって、キセリョフ社長ら、旧経営陣は株主総会から締め出され、役員の座を追われた。

これに対して、キセリョフや、女性キャスターとして著名だったタチアナ・ミトコーワら旧幹部、記者たち数百人は前代未聞《みもん》の抗議を行った。

〈NTVテレビは翌日から画面に「抗議」マークを表示し、報道番組と広告以外の番組放送をボイコットした。三十分ごとにニュースを流すだけで、あとは「不法な指導部交代に抗議してニュースのみ放送します」というテロップをかぶせた、音声なしの映像を流し続けた〉（『ロシアのマスメディアと権力』飯島一孝著　東洋書店）

しかし、そうした抵抗も虚《むな》しく、新しい経営陣が乗り込んできた。

すると、それまで、報道の自由を守ろうと一丸となっていた社員数百人の間に亀裂《きれつ》が生じた。新経営陣の下で働くことをあくまで拒否した40人余りは、社長を解任されたキセリョフとともにNTVを去ったのである。

ところが、女性キャスターのミトコーワを始めとした残りの社員は新経営陣に巧みに懐柔されてすっかり牙《きば》を抜かれ、結局、会社に残る道を選んだ。彼らは「言論弾圧を許すな!」と声高に叫んだ舌の根も乾かないうちに、プーチン政権の忠実な宣伝サービス要員に早変わりしたのだ。

ミトコーワについては、部下の社員ができるだけ今まで通りの仕事ができるよう、新経営陣に対してある種の緩衝帯になるために残ったとする見方もある。カーネフもそう見ていた1人である。

だが、どういう理由でミトコーワがNTVに残ったにせよ、人気キャスターだった彼女が新経営陣の下でとんとん拍子に出世したことは事実である。まもなく編集局長に抜擢《ばってき》され、08年にメドベージェフ政権が誕生した際には、大統領主催の晩餐会《ばんさんかい》に招待される栄誉に浴した。得意の絶頂にある彼女は、日本のマスコミの取材に対し、「マスメディアが国家から独立して存在することなどできない」と言いきった。

そもそも、プーチンは、なぜこれほど思い切った報道統制へと舵《かじ》を切ったのだろうか。

あるロシア問題専門家はこう語る。

「エリツィン時代の行き過ぎた自由化を是正するためです。エリツィン政権は、欧米の協力を得て自由で民主主義的な国造りを目指したものの、マフィアの跋扈《ばっこ》を許し、国有財産払い下げの際にも大きな不正が生じた。結果として、弱肉強食の無秩序な社会を作り、国力も地に落ちてしまった。プーチン政権はこの反省に立って、ソ連時代のような閉鎖的、硬直的な体制でもなく、エリツィン時代の無制限な自由化でもない、〝制御可能な社会〟〝制御可能な言論の自由〟〝制御可能な自由経済〟を目指したのです」

つまりプーチン政権は、エリツィン時代に失われた社会の秩序と安定を取り戻し、強いロシアを再興するための挙国一致体制を作ろうとしていたのである。この目的遂行のためには、メディアを支配して政治に容喙《ようかい》し、政権批判を行うメディア・オリガルヒは最も邪魔な存在だったのだ。

元毎日新聞モスクワ支局長の飯島一孝は、前掲書『ロシアのマスメディアと権力』（東洋書店）の中で、プーチンがメディア・オリガルヒ排除を決意するに至った直接の動機をこう述べている。

〈一九九六年にエリツィン大統領が再選された時は、新興財閥はそろってエリツィン支持に回ったが、その後、グシンスキー氏は次期大統領選に意欲を見せたルシコフ・モスクワ市長らのグループに接近した。これを受けてグシンスキー氏傘下のＮＴＶテレビがクレムリンの疑惑報道を流したのに対し、ベレゾフスキー氏が影響力を持つ

「ロシア公共テレビ」はルシコフ市長の疑惑を報道、両グループの代理戦争の様相を呈していた。とくに問題となったのは、NTVテレビがニュースショーで放映した「大統領一家の相関図」である。大統領の娘、娘婿《むすめむこ》、大統領府長官らエリツィン・ファミリー全員が賄賂《わいろ》を受け取り、スイス銀行に蓄財し、欧州で別荘を購入しているという内容だった。エリツィン自身、この映像を見て激しいショックを受けたという。プーチンはこうした泥仕合を政権内部で見ていて「こういうことを繰り返してはいけない」と覚悟を決めたとみられる〉

ところで、一般の国民は、一連のNTVの騒動をどう見ていたのだろうか。

言論の自由が侵された由々しき問題と考えていた者はむしろ少ない。大方は、マスメディアの支配を巡る、政権と新興財閥の権力闘争に過ぎないと冷ややかな見方をしていたのである。

なぜなら、国民の間には、急速にのし上がった新興財閥に対する根強い反感や、これまでのNTVの報道姿勢に対する懐疑の目があった。確かに、第1次チェチェン戦争におけるNTVの記者たちの報道は、身の危険を顧みず真実を伝えようとする優れたものであった。

しかし、96年の大統領選挙でNTVは、報道の中立性や公平性をかなぐり捨て、エリツィン陣営の応援団と化した。あまつさえ、エリツィン再選後、協力の見返りに政権から便宜供与を受けた。さらに、先の飯島一孝の指摘にもあるように、テレビが財閥同士の代理戦争に使われる始末である。要するに、NTVは、総帥であるグシンスキーの思惑一つで報道の方針が右へ左へとぶれる上に、報道の内容を政権との取引材料に使ったのである。

そのボスが新政権によって弾圧される事態に至って、「報道の自由を守れ」と声高に叫んだところで、視聴者には白々しく映るばかりだ。むしろ、庶民の怨嗟《えんさ》の的である新興財閥を逮捕、追放した新大統領に快哉《かいさい》を叫ぶ者の方が多かったのである。国民がこの騒動を冷めた目で見ていたのには、こうした理由があったのだ。

もっとも、あまたいる新興財閥の中でプーチンが標的にしたのは、メディアを支配して国家社会に強い影響力を行使しようとする者や、明らかに政権に敵対する者だけである。それ以外の新興財閥に対しては、「政権を支え、協力するならば平穏な経営を保証しよう」というスタンスである。

ところで、経営陣が刷新された後、NTVの実際の制作現場はどう変わったのか。

カーネフはこう証言する。

「確かに会社は岐路に立っていたよ。ただ、NTVを立ち上げた時のメンバーだったキャスターのミトコーワが経営陣の1人としてNTVに残ったことが僕の安心材料になっていた。彼女がいるからには、まだまだ自由に仕事ができるんじゃないかと思っていた。実際、僕が担当した番組『クリミナル』の編集長だったゾロトニツキーは僕にこう言ったんだ。『今までNTVの看板番組はニュースだったが、これからは、私たちのこの番組が看板になる。きみは心おきなくレポーター業に専念してくれ。なにがあっても僕は君を守るから』。この言葉通り、僕はほとんどなんの制限もなく自由に取材し、そうやって作った番組についてはそのまま放映されたんだ」

〝ミスタースクープ〟。彼は局内でそう呼ばれるようになっていた。給料も、事務職待遇から記者待遇にアップして、ドルで換算すれば2000ドル以上もらえるようになった。

だが、順風満帆な日々は長く続かなかった。

02年10月、モスクワで、チェチェン武装勢力が劇場を占拠し、人質120人以上が死亡するという事件が起きた。この事件をきっかけに政府のメディアへの締め付けが強化され、NTV内のカーネフの立場も危うくなるのである。

この劇場占拠事件を巡って、各テレビ局は激しい報道合戦を繰り広げた。長時間の現場中継を行い、警察の動きを逐一報じた。中でもNTVは、劇場内の武装勢力の動静や、人質がインタビューに答えている映像を映し出した。

これが当局の怒りを買った。こうした報道は武装勢力側を利するだけだとして、大統領府は、主要メディアの代表を招集し、犯人や人質の肉声を報道しないよう圧力をかけたのである。

さらに新聞放送省は、事件解決後、マスコミのテロ事件報道に関する16項目の勧告書をまとめた。その内容は、テロリストにインタビューをしない、生中継は共犯者に合図を送るのに利用されるので控える、特殊部隊の秘密情報を入手しようとしない、過度のセンセーショナリズムを避ける、（政府とテロリスト間の）仲介役にならない、などで、テロ事件に関するメディアの独自取材と報道を著しく制限するものであった。

当時すでに、新興財閥をメディアから排除することに成功していたプーチン政権は、虎視眈々《こしたんたん》と、次の段階、つまり、すべてのメディアを政権の管理下に置くことに狙《ねら》いを定めていた。その矢先に起こった劇場占拠事件を、政権は利用したのである。

こうして、当局の厳しい締め付けの前に手も足も出なくなったテレビ局は、権力との摩擦を事前に回避するために、社内に自主検閲体制を敷くようになった。

次章で詳述するが、04年、北オセチア共和国のベスランで、やはりチェチェン武装勢力による学校占拠事件が起きた時、視聴者は、この劇場占拠事件からわずか2年の間に、テレビ報道が政権によっていかに骨抜きにされたかを目の当《ま》たりにすることになる。

「当時、僕は、権力者がらみのちょっとしたスキャンダルをいくつも握っていたんだ。例えば、ルシコフ・モスクワ市長のボディーガードが酔っぱらって売春婦に、『おればルシコフのボディーガードだからただにしろ！』と迫った話や、内務省の幹部がバーニャ（公衆浴場）で、これも売春婦を殴った事件とかね。こんな他愛ない事件でさえ、劇場占拠事件の後では放映できなくなった。『クリミナル』の編集長のゾロトニツキーも、もう僕を守ってはくれなくなったんだ」

カーネフのフラストレーションは溜《た》まる一方である。彼がＮＴＶで仕事らしい仕事をしたのは、04年の夏、「警察幹部と売春組織はどのようにつながっているか」というスキャンダラスなルポを放映したのが最後だ。

これはもともとは警察官のタレ込みだった。

「タレ込みをする人間に特別、良心があるとか、不正を糺《ただ》したいとかいうたいそうな理由があるわけじゃない。たいていは、警察官同士の縄張り争いや出世競争に絡《から》んで、ライバルを出し抜きたい、復讐《ふくしゅう》したいというのが本音だ。この時も、クビになりかけた警察官が、それを恨んで、自分が握っていた秘密を漏らしたんだ」

この放映は、警察、内務省、そして、当のNTVに甚大《じんだい》なショックをもたらした。

「ちょうど、幹部連中が夏の休暇に入っていて、チェックが甘かったのが幸いした。これが、もっと早くてももっと遅くても、放映は無理だっただろうと思う」

放映直後、彼は、キャスターから会社幹部となっていたあのタチアナ・ミトコーワに呼ばれた。

「番組はよくできています。しかし、こうしたテーマを今後取り上げる必要はありません」

いきなり命令口調で切り出した彼女は、愚痴ともつかないことをこぼした。

「車を運転していると、交通警察に何度も止められる。そして、私がミトコーワだとわかると、いつもこう言われるので困っている。『あのカーネフって男は、いつNTVを辞めるんだ?』って」

「交通規則を守っていれば、何度も止められるわけがないでしょう」

カーネフはこんな減らず口をたたくのが精いっぱいだった（モスクワでは実際は、交通規則を守っていても、さまざまな理由をつけられて一時停止を命じられることはしょっちゅうだ）。

ミトコーワさえ社内に残っていれば、なんとかなると思っていた自分が甘かった。

その昔、独立テレビの花形キャスターとして、報道の自由のシンボル的存在だった彼女の華々しい印象がいまだに拭《ぬぐ》えなかったのだ。

そのミトコーワはいまや、政権の忠実なスポークスマンへと変貌《へんぼう》した。生き馬の目を抜くテレビ界で勝ち組として君臨し続けるためには、そうした変節は致し方ないことなのか。怒りや腹立たしさよりもむしろ一抹の哀れみを、カーネフはミトコーワに感じた。

04年の秋、NTVに、国営のロシアテレビから、ユーリー・シャリモフという新しい取締役が乗り込んできた。彼は、記者を一堂に集めるとこう宣言したという。

「NTVにソビエト権力が戻ってきたことを承知してほしい。私のこれからのNTVでの課題は、NTVと内務省幹部とのよりよい関係を築くことだ」

この一言は、これまで社内にわずかながらあった報道の自由の残滓《ざんし》までも一掃されることを意味していた。記者たちは数十秒間沈黙した。カーネフだけが、やけくそ気味に声を張り上げた。

「これは精神病院か何かの話か？　ジャーナリストがどうして黙っているのか？」

数人が振り返り、無表情な顔でカーネフを見た。

彼らが数十秒間沈黙したのは、別に、報道の自由の危機について思いを巡らしていたわけではないとカーネフは言う。

「シャリモフの話を聞いて、みんなが内心考えたことは、へまなことをしてクビにでもなったら、アパートのローンの支払いをどうしようってことぐらいだ。テレビジャーナリストに言論の自由なんて必要ないってことだ。実際、同僚が僕にこう言ったよ。『言論の自由？　そんなものより、僕の小さな娘の方が大切だ』ってね。まあ、人情としては理解できるよ。テレビジャーナリストは高給だから、政権にへつらってさえいれば、暖かい寝床、チョコレートの中にいるような甘くてとろけるような生活が保障されるからね」

その後、カーネフは、新取締役のシャリモフに呼ばれた。

「セリョージャ（カーネフの名前、セルゲイの愛称）、これから、警察に批判的な番組を作ろうとすれば、あんたはクビだ」

カーネフが憮然《ぶぜん》としていると、シャリモフは、若干、機嫌を取るようにこう言った。

「あんたが記者として有能なことはわかっている。私の古巣のＲＴＲでも、あんたの仕事を手本にしていたくらいだ。でもこれからあんたのせいで、警察との関係を台無しにするつもりはない。警察は、あんたを番組からつまみ出せと私に言っている」

カーネフがなおも黙っていると、

「セリョージャ、あんたはモスクワ生まれだ。アパートもある。しかしね、私は極東のマガダンの生まれで、アパートを買うのにも苦労したんだ」

そして、シャリモフはカーネフに言い渡した。

「セリョージャ、悪いことは言わない。2か月待つから別の会社に行きなさい」

「僕は、NTV以外、どこへも行きませんよ」

カーネフはそれだけを言った。

記者たちを前にしてのシャリモフの威圧的な言葉に、1人だけ声を挙げたカーネフだが、彼だとて、そうそう勇ましく振る舞ってもいられない。実際、他のテレビ局に移ったとして、今までやってきたような仕事が続けられるあてはどこにもないのだ。

カーネフはある時、今のロシアで台頭著しいネオナチ（民族主義団体）の取材で、ロシアテレビの記者と一緒になったことがある。彼は、その記者の顔を見て驚いた。どす黒いあざができているのだ。聞けば、売春婦が住んでいるアパートに取材に行ったところ、その売春婦の用心棒をしている警察官にしたたかに殴られたと言う。

「そりゃあ、いい番組ができるね」

カーネフが慰めついでに声をかけると、記者は、痛む顔をさらにゆがめて、吐き捨てるように言った。

「まさか、放送できる見通しなどありゃしないよ」

こんなかっこうのネタも取り上げることができないのか。カーネフはショックを受けた。これでは、警察の不祥事を暴《あば》くことで飯を食ってきた自分の出る幕などどこにもない。犯罪や警察がらみのテーマを断念してでも、NTVにしがみつくより他ないのか。

いやしかし、自分の天職を取り上げられたら、俺はまったくの死に体だ。そもそもNTVにいる意味がない。カーネフの心は千々に乱れた。さんざん思い悩んだ末、彼は腹を決めた。それは、いつも通り仕事をすることだ。たった1人のささやかな抵抗だ。

当時も、警察官による不愉快な事件が相次いでいた。たとえば、04年の11月、ある若い女性が恋人との別れをはかなんで、自宅アパートのベランダから飛び降りようとした。隣の住民が気がついて警察に通報した。

ところが、やって来た警察官は傷心のこの女性を「あんたには自殺をするような勇気はないね」と侮辱し、せせら笑った。すると女性は、スカーフを窓のカーテンレールにかけて首をつってしまったのである。これを隣人たちが目撃していた。彼らは警察官のひどい態度に憤《いきどお》った。カーネフは、住民からの通報を受けすべてをカメラに収めた。女性の死体、笑う警察官、怒る住民。

だが、この事件は、取締役のシャリモフの命令で他の記者が編集し直し、まったく別のストーリーに作りかえられてしまった。いわく、この警察官は、必死に女性の命を救おうとしたが、女性は完全に正気を失っており、警察官の説得も虚《むな》しく命を絶った、と。

番組を見たカーネフは、あまりの改竄《かいざん》に開いた口がふさがらなかった。そうこうする間にも、彼を追い出そうとするシャリモフの包囲網はどんどん狭まっていった。

夜中にカーネフが会社に出かけると、ガードマンに止められた。

「あなたは入れない」

「なんでだ？　僕はNTVの正社員だ」

「いや、社内に立ち入り禁止のリストの中にあなたの名前がある」

2時間あまりの押し問答の末、カーネフはようやく社内に入ることができたが、しばらく怒りが収まらなかった。

それだけではない。月末になって会計課に給料をもらいに行くと、会計課の女性がすまなそうな顔をしてこう言ったものだ。

「あなたは正社員から、エキストラスタッフになりました」

そのうち、取材に出るのもままならなくなった。車を手配しておいてほしいと頼んでも無視されるのだ。

「取材に行く必要はない。家でしばらくのんびりしてほしい」

シャリモフの言葉に、カーネフは半ば自棄になって本当に1週間会社を休んだ。1週間後に出社すると、シャリモフはついに最後通牒《つうちょう》を突きつけた。

「君に頼む仕事はない」

さすがのカーネフも、これ以上抵抗してもどうしようもないと悟った。それから2日後、彼は依願退職を申し出、残りの給料をもらうと早々に退職した。04年の師走《しわす》の頃だった。

実は、彼にはこの退職直前、会社側から提案された仕事があった。ミハイル・ホドルコフスキーを痛烈に批判するドキュメンタリーを作らないかというものだった。これは、カーネフに〝踏み絵〟を迫るものだった。

ホドルコフスキーは、ベレゾフスキーやグシンスキーと同様、ソ連崩壊後に富を築いた新興財閥で、オリガルヒの1人である。彼もまた、グシンスキーと同じく、プーチンへの批判を公然と行うようになり、野党や人権団体に莫大《ばくだい》な献金を行った。この行為がプーチンの怒りに触れ、03年10月、脱税、詐欺《さぎ》、横領の容疑で逮捕された。裁判で禁固8年の有罪を宣告され、現在、シベリヤのチタの刑務所に服役中である。

世論は圧倒的に、グシンスキーやベレゾフスキーが亡命を余儀なくされた時と同様、このホドルコフスキーの逮捕を歓迎した。またしても、我らがプーチンが、強欲なオリガルヒを勇ましく退治してくれたというわけだ。

一方、リベラル派は、この逮捕は政権の不当な人権弾圧であり冤罪《えんざい》であると抗議の声を上げた。

カーネフも、リベラル派の考えに近かった。

オリガルヒである以上、ホドルコフスキーも、会社を起こし、巨額の財産を築く過程で不正に手を染めた可能性はある。100%清廉潔白《せいれんけっぱく》ということはありえないだろう。しかし、叩《たた》けばほこりが出るのは、すべてのオリガルヒに共通したことである。

その一方でホドルコフスキーは、彼が作り上げた「ユーコス」というロシア第2の石油会社に、透明な西欧式のビジネス手法を導入しようとし、民主派の諸野党を支持した。そのホドルコフスキーをプーチンは力でねじ伏せた。そのやり方はあまりにも強権的だ。同じオリガルヒでも、メディアの覇権を握ろうなどと考えず、政治に口出しもせず、何より政権に従順なら、過去にどんな汚い手を使って成りあがった人物でもお咎《とが》めはない。これはあまりに不公平でご都合主義ではないのか。

さらに、逮捕後の彼が、劣悪なシベリヤの刑務所でひどい待遇に甘んじながらも、「自分は罪を犯していないのだから、恩赦を求めることはしない」と毅然《きぜん》とした態度を貫いていることも、カーネフに感銘を与えていた。

だから彼は、この仕事を断った。会社の言いなりになってこんなものを作るくらいなら死んだ方がましだ。卑《いや》しくもジャーナリストを名乗る人間の面汚《つらよご》しだ。

すると、カーネフと同様シャリモフににらまれてクビになりかけていた編集記者が、その番組制作を買って出た。露骨なまでにホドルコフスキーをこき下ろしたその内容はカーネフには見るに堪えなかったが、幹部には気に入られ、その記者は会社に止《とど》まることができたのである。

いや、解雇を免れただけでなく、番組の出来栄《できば》えが大変に政権のお気に召して、彼はクレムリンに招待され、プーチン大統領直々に勲章を賜わったという。

一方のカーネフは、無職になった上に、私生活でも不運が重なった。以前からぎくしゃくしていた妻との仲が完全に破綻《はたん》してしまったのだ。

「あんたが真実とやらを捜している間に、給料がどんどん下がったじゃない！」

ＮＴＶでシャリモフと衝突を繰り返していた最中、妻がこうなじった。

「別に真実を追求しているわけじゃない。プロとしての仕事をやりたいだけだ」

カーネフが言い返すと、妻はますます逆上した。

「それまでの僕は、まあまあ出世のうまい男だった。花形のテレビ局に就職して、最初は安月給だったけど、仕事が評価されてとんとん拍子に給料が上がった。妻にしてみれば、世間体が良くて、稼ぎもいい亭主を捕まえたと思ったんじゃないかな。ところが、その亭主が、つまらないことで上司とケンカして会社からおっぽり出された。何もかも失った亭主に用はないってわけだ」

大ゲンカの末、カーネフは、掃除機が入っていた段ボール箱にわずかな身の回りの物だけを詰めて家を出てしまった。

10年以上、無我夢中でテレビジャーナリストの道を突っ走ってきた結果がこれだ。職も妻もなくした。おまけに、失業して半年近くたった頃、交通事故を起こして自家用車をスクラップにしてしまった。「ブレーメチカ」をやめた時と同様、白タクをやって小遣い稼ぎをしていたのだが、その仕事中に、前方不注意で前の車に追突してしまったのだ。

他のテレビ局に、自分を雇ってもらえないかと電話をしてみたこともあるが、反応は散々だった。

「いや、あなたはNTVと関係が悪化して辞めさせられたんでしょう。警察との仲も良くないようだし、ちょっとね……」

「ああ、警察批判で有名になった人ね。うちのテレビ局で仕事をしたいなら、そのテーマはあきらめてくださいよ。別のテーマじゃないと」

いったい、俺のキャリアを生かす道はもうないのか。万事休すなのか。頭を抱えながらも、カーネフはふと、今の自分の窮状を妙に冷静に見ているもう1人の自分に気づく。

ひょんなことから、インテリにしかなれないと思っていたジャーナリストになった。ところが、これも自分には縁がないと思っていた報道の自由などという面倒臭い問題に巻き込まれて、テレビ局を辞めてしまった。この俺が、まるでソ連時代の伝説的なデシデント（異論派＝反体制派）みたいに、政権による弾圧にノーを突きつけているではないか。

人生とは、なんと不思議な巡り合わせであることか。カーネフは、ジャーナリストになりたての頃と同様の感慨に浸る。

「俺はただ、事件ルポを、これからもやりたかっただけなんだ」

しかしそれだけだろうか。

私は、彼に何度か尋ねたことがある。

「セリョージャ、あなたはどうしてこれほど反骨精神が旺盛《おうせい》なのか」と。

彼はそのたびに、

「自分にもわからない。もしかしたら、生まれつきの性格かもしれないな」

などと、多少格好をつけてまぜっかえす。

しかし、ある時、彼のこんな独白を聞いたことがある。

「もう、びくびくするのはたくさんだ。俺のおふくろも親父《おやじ》も、いや、俺の親の世代はみんな、KGBだの内務省を死ぬほど怖がっていた。ソ連がなくなって、ようやく彼らを怖がらなくてすむようになったと思ったら、また逆戻りか。おれはいやだ。あいつらを怖がって何にも言えないのは、もうまっぴらごめんだ」

ソ連という警察国家は、国民の少なくない部分に否応《いやおう》なく、祖国へのこうした怨念《おんねん》と意地を植えつけてしまった。カーネフが警察批判に執着したのも、この警察批判を封じ込めようとするNTVに反発したのも、こうした感情が根っこのところにあったからだ。

ところがカーネフは、この1年後、あれだけ苦汁を嘗《な》めたテレビの世界に復帰する。NTVの同僚だった友人の強力なコネで、モスクワ市が経営するテレビ局、テレビツエントルに転職したのだ。しかし、事件報道を取り巻く状況は相変わらずだ。このテレビ局も、自主検閲の厳しさではNTVと大差はない。

これでは早晩、NTVに在籍していた時と同様のゴタゴタを、彼はこのテレビ局でも起こすのではないか。一体カーネフは何を考えて、テレビ界に舞い戻ったのだろう。

実は彼は、この閉塞《へいそく》状況に風穴をあけるささやかな抵抗の手段を考えついたのである。いや、溜《た》まる一方のフラストレーションのガス抜き、と言った方がいいかもしれない。この際、テレビ局の仕事は食うための手段としてある程度割り切り、他のメディア――主に新聞――に活路を見出《みいだ》そうとしたのだ。

どういうことかといえば、テレビで放映できなかったネタを新聞に売り込もうと考えたのである。もちろん新聞も、あからさまな権力批判は難しい。しかし、テレビより影響力が少ない分、その基準は若干緩やかだ。

カーネフは、メドベージェフ大統領が第１副首相の地位にあった時、彼を乗せた公用車が衝突事故を起こしていた事実をつかんだ。公用車の側に非があったにもかかわらず、怪我《けが》をした相手の運転手の治療費も車の修理代も払わず、責任のすべてを相手方に押しつけて幕引きをしてしまったのだ。しかし、大統領になる前とはいえ、第１副首相のスキャンダルをテレビが取り上げるはずはなかった。

カーネフは考えた末、このネタを、「モスコーフスキー・コムソモーレッツ（略称

MK」」という若者向けの大衆紙に持ち込んだ。この新聞は、ゴシップもあれば、たまに権力批判もする。日本で言えば、スポーツ新聞のようなノリだ。編集者は、カーネフの持ち込んだネタを記事にすることを約束した。

ところが、MKに掲載されたその記事を読みカーネフは呆《あき》れてしまった。公用車が何度も事故に遭っているが、メドベージェフはそれにめげずに頑張っているというような、毒にも薬にもならない内容に歪曲《わいきょく》されてしまったのだ。

「MKでも無理か」、カーネフはため息をついた。

彼が、契約スタッフとして長く仕事をすることになる「ノーバヤガゼータ」と初めて接触を持ったのは、NTVを依願退職して1か月ほどが過ぎた05年2月のことである。この時は、彼がネタを売り込んだのではなく、逆に、「ノーバヤガゼータ」の女性記者が彼にインタビューを申し込んできたのである。NTVを退職に追い込まれたのは事実なのか、そうだとしたらその理由を聞きたいと言うのだ。

彼はこれを快諾した。同紙がリベラルで公正中立な新聞であることはよくわかっていた。それに、他のメディア、とりわけ、テレビから報道の自由が失われたことに対し、同紙が手厳しく批判していることも知っていた。だから、この新聞なら自分の主張を正しく掲載してくれるだろうと思ったのだ。

なんといっても、彼の胸の内にはまだ、ＮＴＶに対する怒りや不愉快な感情が煮えたぎっていた。ＮＴＶの内部事情や、自分に対する上司の理不尽な仕打ちを、ここぞとばかり暴露するチャンスを与えてくれたことに、彼はむしろ感謝したい気持だった。

〈セルゲイ・カーネフ「ジャーナリストは奴隷《どれい》になり下がった」〉

こう題した記事が、その女性記者の聞き書きという形で、「ノーバヤガゼータ」に掲載された。

彼は、この記事の中で、自分はＮＴＶ内で〝ミスタースクープ〟と異名をとるほど数々の特ダネを飛ばしてきたのに、警察官の犯罪を暴《あば》いてきたことで上司の不興を買い、事実上、ＮＴＶを辞めざるを得ない状況に追い込まれたことを明らかにした。そして、取締役のユーリー・シャリモフの名前を挙げ、彼が記者たちを集めて、「ＮＴＶにソビエト権力が戻ってきた」と発言したことや、シャリモフが自分を追い出そうとして、数々の嫌がらせをしたこともつまびらかにした。

さらに、ＮＴＶ社内の閉塞的な状況についても、遠慮なく曝《さら》け出した。

〈たとえば以前は、テレビのキャスターは、渡された原稿を自分でチェックし文章を直すなどしていたが、今では、カンマをいじることさえこわがって原稿を棒読みするだけだ。社内の監視体制は強まるばかりで、末端の記者やディレクターが逸脱した行動をとらないよう、彼らを監督するための社員がわざわざいる。また、社内の至る所に監視カメラが据え付けられている。

ＮＴＶの番組「異常な犯罪」は、モスクワ内務省の宣伝部と化しており、マスコミに対する国家の統制は拡大するばかりだ。もし社員が、上級機関からの命令に従わなければ、それはすなわち、クビを意味する。みな、ある日突然、クビになることを恐れている。私の場合は、あの男を辞めさせろという警察からの要請があったからだと説明を受けたが、依願退職するという書類にサインをさせられた。

現在のＮＴＶは、さながら国営のロシアテレビだ。社員は、職業意識よりも、ローンのために働いている。社内の喫煙所での話題はいつも、いつまでにローンを払い終えるかというものばかりだ。

ほんの数年前まで、私たち社員はとてもまとまりのある集団だった。ミトコーワ（タチアナ・ミトコーワ）はまだ、ことあるごとに記者たちの弁護をしてくれていた。ところが、今ではみな、お互いの肩を叩きあって、「仕方がないさ、経営陣が総入れ替えしたのだから」と慰め合っている始末だ〉

そしてこの記事は、カーネフの次のような呼びかけで締めくくられた。

〈みなさん、経営陣が変わっても、ジャーナリストとしての職業規範は変わらないは

ずだ〉

この記事を、NTVの現役記者たちがどんな思いで読んだのかはわからない。しかし、彼らの中にも、報道の自由と引き換えに高給取りの生活を続けることに、居心地の悪さを感じている者たちがいないわけではない。

カーネフが言う。

「社内の喫煙所で、『〇年までにはローンを払い終えるけど、その後にテレビ局を辞めようと思うんだ』と打ち明けるやつも中にはいたんだ」

「ノーバヤガゼータ」と、こうした形で関係ができてからしばらくして、カーネフははたとひらめいた。そうだ、テレビでは放映できないネタをこの新聞に持ち込んでみよう。

彼はその頃、面白いネタをつかんでいた。モスクワのオーディオ専門の市場で、大物政治家や官僚たちの住所や電話番号などの個人情報や、さまざまな犯罪の捜査資料がCD—ROMに収められて販売されているのだ。

おそらく警察関係者が、VIPの警備関係の情報や、極秘のはずの捜査資料のデータベースを横流ししているのであろう。なんと、プーチンや内務大臣のヌルガリエフ、ロシア共産党委員長のジュガーノフなどの自宅住所や電話番号まである。犯罪の捜査資料に至っては、最近数か月間で起きたほとんどの刑事事件の取り調べの詳細、被害者の名前や住所、家族のプロフィールまで明記されている。売春婦がからんだ事件なら、その客の名前までわかる。

実は、彼自身、この捜査資料がおさめられたCD―ROMを頻繁に購入しては情報源として活用している。

「僕が情報収集する方法は3つある。1つは、仕事柄、治安関係者にたくさんの知り合いがいるから、彼らから情報をもらう。2つめは、これは僕が新聞で仕事をし始めてからだけど、自分が書いた記事の最後に必ずメールアドレスを載せて、情報提供を募っている。そして3つめが、オーディオ専門市場でこのCD―ROMを買うことだ。1枚たった500ルーブル（約1350円）だ。その中に14ギガバイトの情報が詰まっている。僕のような犯罪専門ジャーナリストにはまさにネタの宝庫だ。しかし、違法なことには変わりない。そこで、この捜査資料の流出についてどこかに書きたいと思った。『MK』も期待はずれだったし、そうすると、他に自由に書かせてくれそうな新聞は『ノーバヤガゼータ』しか思い当らなかった」

カーネフからの電話に対応したのは副編集長のソコローフである。彼は、「面白いネタなので、あなた自身でさっそく書いてほしい」と言った。

あらかじめ察しはついていたが、それでも実際にこの新聞で仕事をしてみて、彼はその自由な雰囲気に驚いた。きちんと裏が取れているか、事実関係はしっかりしているかといったチェックはする。しかし、それ以外のことは何も言われないのだ。文章もカンマを直された程度である。

こうして、カーネフが自分自身で書いた初めての記事が、06年11月中旬の「ノーバヤガゼータ」に掲載された。タイトルは、

〈私は大統領の住所をどうやって買ったか？〉

彼は、この記事中、ＣＤ−ＲＯＭに記載されていた共産党委員長ジュガーノフの自宅電話番号に実際に電話をして、この情報が正しかったことも付け加えている。

それにしても、内務省はいったい、個人情報のこの野放し状態を何と思っているのだろうか。

そこで、カーネフと「ノーバヤガゼータ」は、同じく、ＣＤ−ＲＯＭに自宅住所と電話番号が記されていた内務大臣のヌルガリエフ宛《あ》てに公開質問状を送った。するとほどなく、内務大臣から返事があり、「耳よりの情報を教えていただきありがとう。善処します」と認《したた》められていた。

しかし、内務省と警察がこの件について、何らかの取り締まりを行った形跡は一切

ない。むしろ、その後、こうしたCD—ROMをコピーしたものが大量に出回るようになった。

「どうなっているのかさっぱりわからないよ」

カーネフは苦笑する。

「ロシアでは何でもありだ。僕も、あいかわらず、市場でこのCD—ROMを買っているけどね。なにしろ、この手の市場は、個人情報や犯罪に関する情報なら何でも入手できるんだ。たとえば、市場の人間に、アンナ・ポリトコフスカヤ殺害事件で逮捕された容疑者（殺害を幇助《ほうじょ》した容疑）の、事件直前の携帯電話の発信記録を入手したいと頼めば、1週間後にはちゃんとその情報が手に入る。間違いなく本物だ。しかも1万2000ルーブル（約3万2400円）ぽっちで。普通の人間の個人情報だって手に入る。たとえば、自分のアパートの隣人について調べてほしいと依頼すれば、2、3日で、その人間の過去が洗いざらいわかる。実は刑務所に入っていたとか、レイプの被害にあっていたとか、ホモセクシュアルだとかね」

にわかには信じ難かったが、カーネフはうそではないと言う。確かに、「ロシアでは何でもあり」なのだ。

カーネフが犯罪ジャーナリストとして得難い存在であることに着目した「ノーバヤ

ガゼータ」は、彼を契約スタッフとして雇うことにした。以後カーネフは、テレビツエントルで放映できないネタをすかさず、「ノーバヤガゼータ」で公表した。

大統領候補当時のメドベージェフが資産隠しをしている実態を暴いた記事も、彼によるものだった。大統領候補者は、法律によって、自己の資産の全《すべ》てを公開しなければならないのだが、カーネフが調査に乗り出してみると、メドベージェフは、彼が所有する不動産の一部を申告していないことが判明した。

モスクワ中心部のミンスカヤ通りにある、ドル換算で700万ドルもする豪壮なアパートについては資産のリストに記載があるが、同じく中心部のノボスロボツカヤ通りに所有している150平方メートルのアパート、さらに、それぞれ20万ドルで購入した2つの広大なガレージについては黙したままなのだ。

しかも、ノボスロボツカヤ通りのアパートは、そもそもチェチェン人マフィアの所有だったものだ。メドベージェフは、チェチェン人マフィアからこのアパートを購入した疑いが強い。

彼がこの記事を発表するや、メドベージェフに対する非難が少なからず起こった。すると、中央選挙管理委員会の委員長があわてて、メドベージェフの資産のリストをもう一度発表し直した。リストには、2か所のガレージについては追加してあったが、ノボスロボツカヤ通りのアパートについては記載がない。

「これはつまり選挙民をだましていることだ。すべての資産を公開する法律に違反しているのだから、大統領候補の資格を剝奪《はくだつ》されるべきなのに」

そしてカーネフは冗談交じりに言うのである。

「メドベージェフは、09年4月に『ノーバヤガゼータ』のムラートフ編集長の単独インタビューに応じて、彼をクレムリンに招いた。よりによって、政権に批判的な『ノーバヤガゼータ』のインタビューに応《こた》えたことはロシア国中を驚かせたけれど、きっと僕のあの記事のせいで、ムラートフを招待したんだろうよ(笑)」

カーネフが勤めるテレビツェントルの幹部たちは、彼が「ノーバヤガゼータ」の契約社員になり、〝好ましからざる〟アルバイトに手を染めていることを知っている。なぜなら、これまで彼が同紙に書いた記事のほとんどが署名入りだからだ。

「まあ、それでまたいろいろにらまれているけどね。最近じゃあ、テレビツェントルの幹部は僕に向かって、『取材先では「ノーバヤガゼータ」の記者だと名乗れ。うちの名前を出すな!』と口うるさく言っている。反対に、『ノーバヤ』では、給料を普通の記者の倍出すから、うちの正社員になってくれと言われているんだ」

だがカーネフはそれを断っている。

「新聞の仕事を始めてみてわかったけど、僕はやっぱり、やせても枯れてもテレビジャーナリストだ。僕に言わせれば、新聞記事は無機質なテキストだ。ところが映像媒体は、生身の人間のちょっとした表情の変化まで捉《とら》えられる。人々に訴えかける力が全く違うんだ」

そうは言っても、今のテレビの仕事が八方ふさがりであることは認める。

「ここもいつクビになるかわからないけど、僕はなんとか、テレビジャーナリズムの世界に、〝デシデント（異論派＝反体制派）の島〟を残したいと努力している。僕は、これからの若い人に期待しているんだ。たとえば、テレビ局に入りたいと志す若者が50人いるとして、そのうちの2、3人は、自由で面白い番組を作りたいと強く願っているはずだ。少なくとも、政権の奴隷《どれい》にはなりたくないはずだ」

「それに……」、カーネフはいたずらっぽく付け加えた。

「『ノーバヤ』の正社員になりたくない理由がもうひとつあるんだよ。もし正社員になったら、他の記者から金を貸してくれと言われるんじゃないかと思うんだ。だって、『ノーバヤ』の普通の記者の月給はドルにしたら1000ドルぐらいだけど、僕には、その倍くれると言うんだからね。僕は、人から頼まれると、いやと言えない性分なんだよ」

第8章

ベスラン学校占拠事件の地獄絵図

エレーナ・ミラシナは何度も大
事件の現場を踏んできた

紆余曲折《うよきよくせつ》を経て「ノーバヤガゼータ」にたどりついた変わり種のカーネフとは対照的に、エレーナ・ミラシナは、同紙はえぬきのジャーナリストである。彼女が、イングーシ共和国のウェブサイト主宰者エブローエフの殺害事件を報じたことは、プロローグで述べた。

1978年生まれの彼女は、名門モスクワ大学ジャーナリズム学部在学中の96年に見習い社員として同社に入社し、その後正社員となった。ロシアにおいて、ジャーナリストをめざす学生がたどる正統的なコースである。

彼女が「ノーバヤガゼータ」を志望したのは、政府の言論弾圧に怒りを感じたわけでも、報道の自由を貫こうとするそのポリシーに共感したわけでもない。同紙の文章の美しさ、巧みさ、格調の高さに魅了されたからだ。

「私が入社した96年当時はまだ、NTVなどでも比較的自由な報道を行っていて、報道統制に抗してがんばっていたのは、『ノーバヤガゼータ』だけではなかったのです。だから、当時、『ノーバヤ』で働くことは、特に危険でもなく、勇気を必要としたわけでもなかった。後年、記者たちが次々に殺害される事態になることも想像できなかったのです。

今のような（身辺を脅《おびや》かされる）状況になることがわかっていたら、もしかしたら、この仕事につかなかったかもしれませんが……」

彼女にしてみれば、リベラルではあるがごく普通の新聞社に入ったつもりだった。だが、権力とメディアを巡る情勢の変化で、気がつけば、「ノーバヤガゼータ」は周囲から突出した存在になってしまっていたのである。そこに彼女は、いささかの戸惑いを感じているようだった。

当初は、文学的な格調の高い文章に憧《あこが》れていたミラシナも、事件や裁判などのルポを数多く担当するうちに、新聞記事にふさわしい簡潔で客観的な筆致を会得《えとく》していく。

彼女が、いわゆる大事件、事故を取材したのは、２０００年の原子力潜水艦クールスクの沈没事故が最初である。演習中に謎《なぞ》の爆発を起こして沈没し乗員１１８名全員が死亡したこの事故は、政府による救助の遅れが大きな批判を浴びた。以来、02年のモスクワの劇場占拠事件、04年の北オセチア共和国ベスランで起きた学校占拠事件など、次々に大事件の現場を踏むことで、ジャーナリストとしての経験を積み、次第に、頭角を現していった。

とりわけ彼女が深く関わったのが、子供を含む300人以上もの犠牲者を出したベスランの学校占拠事件である。この事件がきっかけで、彼女は、チェチェン共和国やイングーシ共和国など、政府と武装独立派が対峙《たいじ》し、テロが頻発する北カフカスをカバーする専門記者となる。それは、大の男のジャーナリストでさえ尻込《しりご》みする危険な領域である。そのため彼女は、あのアンナ・ポリトコフスカヤの後継者に擬せられるようになる。

ミラシナが、学校占拠事件の第一報に接したのはラジオだった。04年9月1日の確か午前11時か12時だったと彼女は記憶する。

ロシア連邦を構成する北オセチア共和国のベスランで、チェチェンの武装勢力が、新学期の始業式が行われている学校に乱入して、子供たちや親、教師を人質にして立てこもったというのだ。その一報だけでは、人質が一体どのくらいいるのか、そもそも事件の規模がどれほどのものなのかよくわからなかった。

ミラシナはその時、リサーチに1年を費やしたある事件の執筆の追い込みに入っていた。だが、その手を止めて思わずラジオに聞き入った。そして、その2年前に起こったモスクワの劇場占拠事件の時と同様の思いに捉《とら》われた。テロリストは少人数であっても、人々の命を盾に強大な国家をいとも簡単に手玉に取ることができる。一般の市民はもちろん、自分のようなジャーナリストも、そうした企ての前には全く無力だ。その時、彼女はふと、予感のようなものを感じたという。といって、その予感に何の根拠もなかったが、自分はこの先、この事件に深く関わるようになるのではないかと思ったのだ。

劇場占拠事件の際、アンナ・ポリトコフスカヤがテロリストとの仲介役を担《にな》ったことから、同じチェチェンのテロリストによる今回の事件も、ポリトコフスカヤが真っ先にベスランに赴くだろうと、ミラシナは考えていた（ポリトコフスカヤが殺害されたのはこの2年後である）。

彼女が予想した通り、ポリトコフスカヤは事件発生直後に、ロシア南部の都市ロストフ・ナ・ドヌー行きの飛行機に飛び乗った。事件現場のベスランに行くには、北オセチア共和国の首都ウラジカフカス行きの飛行機に乗るのが最短距離だが、事件が発生した9月1日の午後には、ウラジカフカス行きの便はすべて運休になってしまった。ロストフ・ナ・ドヌーからベスランへ向かうにはかなりの距離があるが、他に方法がなかったのである。

ところが思いがけないことが起きた。ポリトコフスカヤは、機内で出された紅茶を飲んだ直後、意識不明に陥ってロストフ・ナ・ドヌーの病院に担《かつ》ぎ込まれてしまったのだ。紅茶の中に何らかの毒物が入れられた可能性が高いが、真相は不明だ。

後にポリトコフスカヤ自身が、日本のフリージャーナリスト林克明に事件のいきさつを語っている。

それによれば、彼女は空港に駆けつけたものの、ウラジカフカス行きの便や近隣の町への便も次々に取り消され、途方に暮れていた。そこへ空港職員が近づいてきて、「自分が乗せてやろう」と言ったので、その職員の後についていき、ロストフ・ナ・ドヌー行きの便に乗った。しかしその飛行機にはほとんど乗客が乗っておらず、さすがに彼女は不審に思った。そのうち、機内にFSBの職員が3人乗っていることに気づいた。

万一を考え、機内食は一切取らず紅茶だけを頼んだが、飲んで10分もしないうちに失神してしまった。意識が戻ったのは翌朝だった。手当てをしてくれた医師によれば、「不明の外因性化学物質が体内に入り、それによってさまざまな器官が障害を起こした」ということだった(『プーチン政権の闇《やみ》』高文研より)。

故意か偶然か、こうしてポリトコフスカヤの現地入りが阻《はば》まれた事態を受けて、「ノーバヤガゼータ」では緊急の編集会議が開かれた。その席上、ミラシナが名乗りを上げた。「（ベスランへは）私が行きます」。ミラシナは、自分が漠然と感じた予感を、自ら引き寄せたのだ。

すでに、1日の事件発生から丸一日たっている。問題はベスランにどうやってたどりつくかだ。ところが、ミラシナが空港に電話を入れると、1日には全面運休していたウラジカフカス行きの飛行機が、2日のこの日は2便か3便飛ぶと言う。人質の家族や関係者のための臨時便が仕立てられたのだ。彼女はあわてて空港に駆けつけた。

幸運なことに、間もなく飛び立つ1本の便に空席がある。彼女は搭乗手続きのためにカウンターに並んだ。するとそこでまた事件が起きた。彼女の前に並んでいた「ラジオリバティ」の著名なジャーナリスト、アンドレイ・バビーツキーが、空港職員に記者証を示した途端、拘束されてしまったのだ。

それを見た彼女はとっさに、提示しようとしていた「ノーバヤガゼータ」の記者証を引っ込め、一般の乗客を装《よそお》った。これが幸いして、かろうじて、飛行機に乗り込むことができたのである。

モスクワからウラジカフカスまで約2時間20分である。ウラジカフカスの空港に着くと彼女は、現地の警察官にベスランの現場まで案内してもらった。地図も見ずにあわてて飛びだしたから、現地の地理には全く不案内である。

彼女が、ウラジカフカスから北へ22キロあまりのベスランの現場に到着したのは9月2日の午後2時だった。

武装勢力が占拠しているベスラン第1学校の周りには、5階建てのアパート群、一戸建ての平屋の住宅が点在し、それらの住宅を隔てて、警察署、文化会館、市役所などの公共の建物がある。学校から1キロに満たない距離にある市役所には、人質解放のための作戦本部が置かれ、一般人の立ち入りは禁止されていた。一方、学校からやはり300メートルの近距離にある文化会館内には、国内外のジャーナリストたちの報道拠点が置かれ、彼らはそこから映像を配信する準備をしていた。

その文化会館の前の広場にはおびただしい人々が集まっていた。まるで、人口3万5000人を数えるベスラン中の住民が繰り出したかのような騒ぎだ。天を仰いで泣き叫ぶ女たち、手に手に銃を持ち、右往左往する男たち。住民たちの武装は、紛争が絶えないここ北カフカスでは珍しいことではない。

彼らのそばに特殊部隊の兵士たちが部隊ごとにかたまって並び、不測の事態に備えている。さらにその外側に、この光景をカメラに映そうと、多くのジャーナリストたちが群がって盛んにシャッターを切っている。混乱の極みである。

通常、この種の事件が起こると、学校の周りには、一般の住民の立ち入りを禁止するために厳重なピケットラインが張られるはずだが、不思議なことに、ここにはそれらしいものがなかった。

もちろん、特殊部隊の兵士たちが警戒して目を光らせているから、学校に近づくことは難しい。しかし、第２章でも触れたように、カフカスの男たちは〝ガリヤチイ(熱い、興奮しやすい)〟だ。人質にとられた我が子を救うためなら、特殊部隊から殴られようが銃を突きつけられようが、強行突破しかねないぎりぎりの精神状態にある。しかし万一、そんなことにでもなったら、最悪の事態を覚悟しなければならない。だからこそ、ピケットラインは必要不可欠なはずだった。

「いや、まさに特殊部隊は、住民のそのガリヤチイな性格を知っているからこそ、厳重なピケットラインを張らなかったのです。ピケットラインを張れば、いよいよ特殊部隊の突入が近いと感じて、住民はそれを阻止しようと必死になる。最悪の場合、住民と特殊部隊の間で撃ち合いが起きる可能性すらあったのです」

ミラシナはそう説明する。

彼女が現地に入ってまず感じたのは、特殊部隊の突入が近いのではないかという雰囲気だった。住民はみな、「それはありえない」と否定した。しかしミラシナは、モスクワの劇場占拠事件を取材した経験がある。突入直前のなんともいえない緊迫した雰囲気を身を以《もっ》て知っている。その雰囲気に似ていたのだ。

そして驚いたのは、人質の人数を巡る報道だった。テレビのニュースでは当初、人質は120人と報じられ、その後、354人に変わった。ところが、人質の家族はジャーナリストをつかまえて口々に叫ぶのである。

「学校の中には、1000人以上いる！」

彼らは、学校から戻らない者をカウントしてリストを作っていた。それによると、学校内には少なく見積もっても800人から1000人はいると言う。

そもそも、ロシアの公立学校には、学齢期を迎えた小学生から高校生までが在籍している。つまり、日本の小中高を合わせた規模である。そこへ、教師や保護者も加わるからかなりの人数になる。その人質の人数を、実際よりはるかに少なく報道しているテレビに、家族たちは不信感を露《あら》わにしていた。

そのため、彼らの多くが、「学校内には1000人を上回る人質がいるから突入は絶対やってはいけない。交渉すべきだ」と大書したプラカードを作り、手に手に携えて、テレビ関係者と思われる人たちを片っ端からつかまえては怒鳴っていた。

「これを映してくれ！　放送してくれ！」

だが、国営のロシアテレビを始め、すべての国内のテレビ局のスタッフはこれを無視した。なぜか外国のジャーナリストも取り上げようとはしなかった。

ミラシナは、人質の家族が必死の形相で助けを求める様子を見るに忍びなかった。もちろん、「ノーバヤガゼータ」に正しい人数を書こうと決意はしていた。しかし、同紙は事件当時、週2日、月曜、木曜のみの発行だった。今日9月2日は木曜日だから、ベスランのこの事件が掲載されるのは、次の月曜日、つまり9月6日まで待たねばならない。それでは遅すぎる。

彼女は、知り合いのロシアテレビの記者や独立テレビNTVの記者を彼らに紹介し、何とか事実を放送してくれるよう頼み込んだ。だが、その願いは聞き入れられなかった。

他に手立てはないのか。彼女は「ノーバヤガゼータ」の編集部に電話をして、同紙のホームページ上に、正しい人質の人数を発表するように主張した。ところが、「ノーバヤガゼータ」の編集部でさえも、それほど多くの人質がいるとは信じていなかった。そして、もう一度、人質の人数を確認するように彼女に指示した。

「モスクワの人間は、ベスランのような小さな町にそんな大きな学校があるとは想像できなかったのです。でもあの第1学校は、その前の年に創立百周年を祝った、北オセチアで最も古い学校の1つです。そして、あの地方にとって学校の新学期は、盛大に祝われる大きなお祭りなんです。生徒の両親は必ず出席するし、小学校に上がらない子供たちも親が連れてきます。だから、たくさんの人々が学校に集まっていたのです」

人質の人数の過小報道が何を意図していたのか、それは明白である。クレムリンは当初から、テロリストとの交渉を断固拒否していた。だが、こうした姿勢は何もロシア政府に限ったことではない。国際的なテロ組織の暗躍を前に、「テロリストとは一切交渉しない」という原則で、先進各国の政府は共同歩調をとっている。一度でも譲歩すれば、テロリストは味をしめて何度でも同種の事件を繰り返すからだ。

だが、表向きはそのように発表しても、各国政府は実は水面下でさまざまな方法を駆使して、人質の命を救おうと努力する。ところが、ロシア政府の場合は、この水面下の交渉さえも行った形跡がなかった。文字通りの交渉拒否である。事件発生時から、強行突入だけを念頭に置いていたとしか考えられないのだ。人質の救出より、テロリストの殲滅《せんめつ》を優先したといっていいだろう。

そうした中で、人質の実際の人数が明らかになってしまったらどうなるか。国内外から強行突入に反対する声が上がることは必至だ。だから、クレムリンは最初から正しい人数を把握していたにもかかわらず、それよりはるかに少ない数を報道するよう、主要報道機関に圧力をかけていたのである。

この報道は、大勢の子どもたちを含む、何の罪もない人質にさらなる苦しみを強いる結果になった。学校の体育館に立てこもっていたテロリストたちは、この人質の人数を意図的に少なく見せかけた報道内容に激怒した。それまで少なくとも、人質に水を飲むことやトイレに行くことは許していたのを、やがてそれさえも禁じてしまったのだ。

ミラシナは、危険を覚悟で学校にできるだけ近づこうとした。警備の兵士はいたが、現地のオセチア人の手引きで兵士の目の届かない抜け道を通り、学校からわずか20メートルの距離の5階建てのアパートに近づくことができた。そのアパートの屋根に、特殊部隊の隊員たちの姿が見えた。彼らはそこを拠点にさまざまな武器を備えつけていたのである。その中に、後に大きな問題になった「シメーリ」と呼ばれる特殊な火炎放射器もあったが、その時のミラシナには知る由《よし》もなかった。

また、戦車が通り過ぎるのも見えた。それらは、人質を救うための武器にしては物々しすぎる。まるで、正規の戦争を始めるような重装備だ。やはり、突入が近いのではないか。ミラシナはその印象を強くしたが、さすがにそれ以上、このアパートに接近することはできなかった。

彼女は、ジャーナリストが拠点にしている文化会館に戻った。この会館には人質の家族も大勢詰めかけていて、政府からの情報を必死の思いで待ち受けていた。しかし、彼女がベスランに到着してから確認した限りでは、作戦本部の責任者で北オセチア共和国FSBの長官ワレリー・アンドレーエフ将軍が、「テロリストたちが何を要求しているのかわからない。こちらが交渉したくても、テロリストは協力しない」と、何とも心もとない話をし、同共和国のアレクサンドル・ザソーホフ大統領の報道官が、例の354人という虚偽の人質の人数について、いまさらながら発表したのみだった。その他の北オセチアの政治家や役人、さらに、モスクワから派遣された内務省の責任者たちのだれも、それ以上の情報を提供しようとはしなかった。

実際には、学校に立てこもったテロリストは当初から明確に、チェチェン共和国からのロシア軍の撤退を要求していた。ところが、この2年前のモスクワの劇場占拠事件の際、政権が、犯人の声明を放送してはならないと主要マスコミに釘《くぎ》を刺したことから、政権に忠実な北オセチア共和国FSB長官のアンドレーエフは、テロリストの要求は不明だとしらを切り、テレビ局も口を閉ざしたのである。

しかし、テレビに比べれば、まだ報道統制の度合いが比較的緩やかな新聞の場合は、経済紙「コメルサント」など複数の新聞がすでに9月2日付の紙面に、テロリストのこの要求を明記していた。

政権側の人間はだれもかれも、プーチンの不興を被《こうむ》って自分の首が飛ばされることばかりを恐れている。本気で子供たちを救おうとする者など1人もいないのではないか。そうでなければ、人質の数といい、テロリストの要求といい、どうしてこんな見え透いた嘘《うそ》をつくのか。腹にすえかねたミラシナは思わず、報道官が配った資料をその報道官の顔めがけて投げつけた。

ロシア中から集まったジャーナリストの中で、その名に値する仕事をしようとする者はほとんどいなかった。特にひどかったのがテレビだ。ロシア公共テレビ（ORT）やロシアテレビの記者はほとんど何も取材せず、カメラマンたちも何も映さなかった。本社からそういう指示を受けていたのだ。

例えば、国営のロシアテレビのニュース番組「ベスチ」は、この事件をどのように報じたのだろうか。基本的にアナウンサーの読み上げたコメントのみ記すが、ミラシナが目《ま》の当たりにした現実とのあまりの落差に驚くしかない。

〈人質のおおよその数が初めて発表されました。当初、120人前後と見られていま

したが、300人から400人いる模様です。作戦本部は人質解放のための準備をしています〉(9月1日午後5時45分)

〈犯人たちは子供たちに対して、それほどひどい取り扱いはしていません。犯人とはコンタクトがあり、体育館の内部の情報が伝わっていますが、それによると、子供たちは、トイレに行くことや水を飲むこと、食事をすることは許されています。内部の情報は、人質の家族に逐一伝えられており、彼らを励ますため、町の文化会館には聖職者など、専門家が集まりあらゆる援助を与えています。小児科医のレオニード・ロシャーリ(モスクワ劇場占拠事件の際、交渉役を務めた)がベスランに到着しました〉(9月1日午後9時)

〈作戦本部の報道官は、犯人たちとコンタクトを取っていると発表しています。人質の家族への援助はすべて与えられています〉(9月2日午前8時30分)

〈人質の正確な数が明らかになりました。354人です(キャスターはこの数字を繰り返す)。作戦本部は、人質のために水と食料を用意しましたが、今のところ、それを学校内に運ぶ可能性はありません。しかし、子供たちの状況はそれほど悪くない模様です。

犯人の要求が判明しました。政権の代表者であるジャジコフ(イングーシ共和国大統領）、アスラハーノフ（ロシア大統領顧問）、ザソーホフ（北オセチア共和国大統領）の3人を交渉役に立てることです。

学校の前に集まった人質の家族は平静を保っています。なぜなら、文化会館の中には、医者や非常事態省の専門家らが24時間待機して家族を励ましているからです。

作戦本部は、全力で犯人たちと交渉し、人質救出のためにあらゆる提案をしています。人質を無事に解放するなら、犯人たちの罪を問わずにチェチェンに無事帰還できるようにする、尊敬されているイスラム教の聖職者を仲介に立てる、あるいは、そうした聖職者たちが子供たちの身代わりになる、などです。作戦本部の報道官は、定期的に、人質の家族に情報提供を行っています〉（9月2日午後11時45分）

見事な大本営発表である。いったいアナウンサーは、どんな思いでこの「作文」を読み上げたのだろうか。

一方で、報道統制の対象外である外国のメディアは自由に精力的に取材を進めていた。人質の家族、現地の住民に話を聞き、事実の把握に努めたのである。しかしその外国のメディアにしても、人質の人数については慎重だった。1000人以上というのはいくらなんでも多すぎると思っていたからだった。

ミラシナは、事件が発生してから2日目の夜、つまり、彼女にとってベスランでの最初の夜を、文化会館の前の広場で現地の人たちと一緒に過ごした。眠ったのは、広場に置かれていたベンチだった。

住民たちはかろうじてパニックに陥ってはいなかったが、極度の緊張状態の中にいたため、些細《ささい》なことにも神経をとがらせていた。

文化会館の中に、所有者不明の大きなバッグが長時間放置されていた。見とがめた誰かが警察官に通報した。駆けつけた警察官がこわごわそのバッグを検分し、中にあったものをつまみ出した。それは、白い大きな男ものの下着のパンツだった。警察官は、そのパンツを頭の上に掲げて、だれのものかと大声で聞いた。だれも返事をする者はいなかった。

後になって、そのバッグは、ロシアテレビの有名なジャーナリスト、アルカージー・マモントフのものであることがわかった。マモントフはその場におらず、あとになって事の次第を聞かされてひどくおかんむりだったという。

「確かにそれは俺のパンツだ。でも、俺のバッグを捜索してどうしようというんだ?」

事件から6年たった今でも、ミラシナは、警察官の頭上に掲げられた白いパンツをまざまざと思い出す。それは、緊張と恐怖、そして解放への期待が極限まで膨らんださなかの、奇妙に脱力した瞬間だった。

「人質の家族はみな、がんばっていました。その時にはもう泣いている人はいなかった。人質が無事に解放されることを強く期待していたからこそ、歯を食い縛っていたのです。ほんとうにみんな、期待していたのです」

彼女は、3日の午前3時、仮眠をとるために首都のウラジカフカスまで戻り、ホテルに泊まった。ベスランにはホテルが少なく、そのわずかなホテルもジャーナリストで満杯だったからだ。ベスランに戻ったのは、3日の朝10時である。彼女は、北オセチアの政府関係者や役人たちに話を聞こうとしたが誰一人つかまらなかった。

ロシアテレビのニュース番組「ベスチ」は、依然、大本営発表を流し続けた。

〈ベスランの住民の間に焦《あせ》りやヒステリックな行動は起きていません。小児科医のレオニード・ロシャーリは1日に20回も犯人に電話をして、人質に水や食料を与えるよう説得していますが、犯人は今のところ、これに応じていません。人質は2日間水を飲んでいませんが、『命に別条はない』とロシャーリは話しています〉（9月3日午前11時）

同時刻、現地では、北オセチア大統領ザソーホフが、文化会館で、事件についての報告をするというので、人質の家族やジャーナリストたちは大挙して会館に集まった。

ザソーホフは、「5時までにモスクワから新しい役人がやって来て解放交渉をテロリストと行い、人質を救うことができるだろう」と言明した。

ミラシナは、彼の言葉に大いに懐疑的だったが、一方で、自分のそうした印象がまちがいであることを願った。ザソーホフの報告は12時まで続いた。

ミラシナはその後、文化会館のそばにあるカフェに入って昼食をとり、レモネードの大きなボトルを買った。その日はとりわけ暑くやたらにのどが渇いた。この暑さでは、人質が閉じ込められている学校の体育館は、摂氏50度近くに上るのではないか。それなのに、幼い子供たちは一滴の水も与えられていないのだ。人質の過酷な状況が思いやられて、ミラシナはやりきれない気持ちになった。

彼女はレモネードのボトルに少しだけ口をつけ、あとはふたをして自分のバッグに入れた。しかし、大きなバッグの底にしまわれたボトルは歩くたびに彼女の膝《ひざ》に当たった。「早く飲んでしまおう」。そう思いながら、文化会館に戻ったその時である。

体育館の方角から続けざまに2回、大きな爆発音が聞こえた。午後1時過ぎだった。彼女は文化会館を飛び出した。その場にいたたくさんの住民やジャーナリストたちも学校に向けていっせいに走り出した。

目の前の老女が、必死だったのだろう、1メートル以上ある障害物をなんなく飛び越えた。それをみてびっくりした彼女もまた、バッグを抱えてその障害物を飛び越し、後に続いた。

学校の建物と平行に走るオクチャーブリ通りまで行ったところで、ミラシナは、砲身のない戦車のような装甲車の隊列に行く手を阻《はば》まれた。その隊列の向こう側では、学校に立てこもったテロリストと、隣接した５階建てのアパートの屋根に陣取った特殊部隊との間で激しい銃撃戦が展開され、銃弾が飛び交っていた。

仕方なく彼女は、オクチャーブリ通りの手前に、非常事態省が設営した医療テントの前の菜園に待機した。学校の校舎がかろうじて見え隠れする位置である。彼女だけでなく、ほとんどのジャーナリストは、特殊部隊が突入した瞬間や、テロリストが応戦している様子を直接目撃することはできなかった。後にテレビなどで流された映像は、特殊部隊と行動を共にした政府公認のカメラマンが撮影したものである。

耳を聾《ろう》するばかりの激しい銃撃音や、何かの炸裂音《さくれつおん》が断続的に続く。

15分ぐらいした頃、学校から文化会館の方角目がけて、女性たちや半裸の子供たちが走り出して来るのが見えた。子供たちは、蒸し風呂《ぶろ》のような体育館の中でほとんどパンツ１枚になっていたのだ。

「生きてる！　生きてるよ！」

住民たちが叫ぶ。しかしその後、男たちの手に抱かれて次々に救出されてくるのは、体中に傷を負った血まみれの子供たちばかりだった。すでにシートに覆《おお》われている死体もあった。

負傷者たちは住民の手で病院に運ばれていく。学校の周りには、あらかじめ待機していた救急車は1台もなく、医者も見当たらず、非常事態省の救助隊員の姿もどこにもなかった。住民たちが自分たちの車を救急車代わりにして、病院に担《かつ》ぎ込むしかなかったのだ。

しかしその病院も設備は劣悪だった。飲料水も満足になく手術台さえなかった。外科医は負傷者を、手術台代わりの粗末な板の上に横たえて手術を行った。一人一人の医者たちは負傷者を救おうと懸命な努力をするのだが、彼らにも、人質の数は354人としか伝えられていなかったため、それをはるかに上回る負傷者に対処しきれなかったのである。

ミラシナは生き残りの人質に話を聞こうとするが、住民たちの怒号がそれを遮った。人々の、ジャーナリストに対する感情は最悪だった。彼らは、ジャーナリストと見ると、胸ぐらをつかんでつばを吐きかけたり大声で怒鳴りつけたりした。彼らがいくら訴えても、人質の正しい数を報道しなかったことに激昂《げっこう》していたのだ。

ミラシナの目の前で、フランス人の女性ジャーナリストが男に殴られた。彼女は、瀕死《ひんし》の重傷者の隣でビールをラッパ飲みしていたのだ。これが事実なら殴られても仕方がないが、彼女が飲んでいたのはビールではなかった。ビールの空き瓶に水を入れて飲んでいただけだったのだ。それを住民が誤解したために起きた暴力沙汰《ざた》だった。

午後5時頃には戦闘はほぼ終了した。学校の周囲にはピケットラインが張られた。現場保全のため、住民やジャーナリストたちの立ち入りを禁じたのだ。

ミラシナは、ピケットラインに立っていた警察官に食ってかかった。

「あなた方は、自分たちに都合の悪い証拠をそうして隠しているのか」

この時点で、特殊部隊の突入がなぜ起こったか、その真相を知る者は、住民やジャーナリストの間にはだれもいなかった。テロリストが体育館内にあらかじめ設置していた爆弾が破裂したからなのか、それとも、彼女が危惧《きぐ》したように、テロリストの殲滅を目的に特殊部隊が強行突入を図ったのか。だが、どちらにしても、体育館内部の立ち入りを一切禁止することは何らかの痕跡《こんせき》を隠すためではないのか。彼女はそう疑ったのだ。

「体育館の中を見せろ！　証拠隠滅をするな！」

彼女が警察官に何度もそう叫び立てたため、何事かと人が集まって来た。

血だらけの子供たちをいやと言うほど見せられたミラシナは、正常な判断力を半ば失っていた。彼女自身、「自分はあの時、ヒステリー寸前だった」と振り返る。叫び声を上げる彼女に手こずった警察官は、大きな騒ぎになるのはまずいと判断したのだろう。彼女に対し、「身柄を拘束し、警察署に連行する」と言い渡した。彼女は従うしかなかった。ところが警察官は、警察署への道すがら、何を思ったのか、彼女をある店の前の階段に座らせた。そして、「しばらくしたら戻ってくる、待っていなさい」と言い残して立ち去ってしまった。

ミラシナが茫然《ぼうぜん》とその場に座って待つこと1時間、その警察官は約束通り戻って来て、彼女を体育館に案内してくれた。彼がなぜそうしたのかはわからない。しかし彼女は、惨劇の跡も生々しい体育館の内部を、ほんの3分間ほどだがのぞくことができた。

体育館の屋根は火災のためほぼ崩れ落ち、床は50センチから70センチの高さまで、人の体と残骸《ざんがい》で覆い尽くされていた。ある死体には頭がなく、ある死体には腕や足がなかった。どれも半焼けの状態で、その死体の上に、焼け焦《こ》げた板切れや崩れた天井の一部がうずたかく積っていた。すみに大きな耐火金庫が転がっていたことを覚えている。ひどい悪臭が漂っていた。人肉の焼ける臭《にお》いである。

特殊部隊の兵士はまだ残っていて、死亡したテロリストの死体を1つの教室に集めていた。そして、次々に彼らの首を切り落としていた。この突入の際、特殊部隊にも多くの犠牲者が出た。彼らは、死んだ戦友の「かたき討ち」をしていたのだ。

ミラシナは、案内してくれた警察官に礼を言い、１人で体育館を出た。そして、「体育館の中を見せろ」と騒いだ自分が間違っていたことを悟った。誰にも見せてはいけない。誰も見たくはない、想像を絶する惨状だったからだ。

現場を離れた彼女がふと見ると、血糊《ちのり》で赤黒く染まった地面に突っ伏し、顔を覆って泣く男性がいる。モスクワ大学ジャーナリズム学部の同級生で「ロシア版ニューズウィーク」の記者だった。彼は、あまりの衝撃に打ちのめされ、その後しばらく記事を書くことができなくなった。

彼女自身は、凄惨《せいさん》な現場を目の当たりにしたことで、むしろ落ち着きを取り戻していた。仕事をしなければならない。我に返った彼女は、感情のスイッチをオフにして、脳裏に焼きついた光景を一時的に封印した。できるだけ冷静に、ジャーナリストとしての仕事に専念しようとしたのである。

その夜、宿に戻って服を脱いだ彼女は、何気なく自分の足を見て驚いた。膝のところに大きな青あざができている。バッグの中に入れっぱなしにしていたあのレモネードのボトルが原因だとわかるまでにしばしの時間が要った。

例のロシアテレビの「ベスチ」は、特殊部隊の突入をどう報じたのだろうか。

〈目撃者によると、テロリストたちの内の数人が学校から逃走を試みました。特殊部隊は目下逃走路を封鎖していますが、このため、学校のいくつかの場所で銃撃音が聞こえています。救急車が現場に急行して、負傷した人質を病院に運んでいます。搬送には、現地の住民の車も使われている模様です。1時50分までに数人の子供たちが救出されました。負傷者の大部分は女性と子供で、怪我《けが》は、銃撃とやけどによるものです〉（9月3日午後2時5分）

突入直後で情報が混乱しているとはいえ、これでは何が起こったのか視聴者には皆目わからない。政権は、報道に際して、極力、「特殊部隊による突入」という言葉を使いたくなかったものと思われる。

〈北オセチアの内務省の発表によれば、人質解放の結果、負傷者は200人以上に上ることがわかりました。負傷者の一部はウラジカフカスの病院に運ばれています。北オセチアの保健省によると、200人の負傷者の大部分は子供のようです。人質の中には死亡者もいますが、今のところ、その人数を明らかにすることは困難です〉（9月3日午後3時2分）

〈北オセチアの内務省がインタファックス通信に伝えたところによると、人質解放は、計画されたものではありませんでした。テロリストたちが学校を占拠以来、強行突入は全く想定されていませんでした。なぜなら、大勢の子供たちが人質になっていたからです。しかし、やむを得ない事態が起こったために、そのような行動になったということです。

学校で爆発が起きたのは1時15分です。テロリストたちは、学校占拠の前後に殺害した10人から15人の遺体を収容することに合意したため、非常事態省の職員が学校に入った時に、テロリストたちが、爆弾を破裂させました。それによって体育館の屋根の一部が崩落し、人質の一部が脱走を試みました。テロリストたちは彼らに銃撃を始めました。ある情報によれば、おそらくテロリストたちの間で内輪揉《も》めが起こり、それによって爆発が起きたようです。

北オセチアの内務省によれば、現在、脱走しているテロリストたちを捕えるため、ベスランの中心部に厳戒態勢を敷いています。同じく北オセチア内務省によれば、人質の中に死亡者も出ていますが人数は不明です。死体は現場にそのままになっているということです〉（9月3日午後3時5分）

このニュースで、視聴者はようやく、人質解放がどのようなきっかけで起こったか、その状況を知ることになる。しかし、政権のスポークスマンと化している同番組の報道をうのみにすることはできない。

〈銃撃はしばらく前に終了したようです。人質の家族は情報を待っています。人質の救出と体育館の火事を消すために、救急車と消防車が現場に急いでいます。(「娘と孫も助かった」と安堵《あんど》する家族のコメントを紹介)。人質は3日間、学校の体育館に集められて、その間、トイレにも行けませんでした。犯人たちは28人おり、その中に女性が何人かいたようです。犯人は体育館の天井に爆弾を吊《つ》るしていました〉(9月3日午後5時半)

この段階でもまだ、死亡者の数については触れていない。

9月3日午後6時半の「ベスチ」は、「強制された解放」というタイトルで、3時5分に伝えた内容を繰り返し報道し、あくまで、突入がやむをえず起こったことを強調し続けた。

〈北オセチア内務省の高官がリア・ノーボスチ通信に発表したところによると、学校襲撃を計画したのは、シャミーリ・バサーエフ(チェチェン共和国首相代行)と、マスハードフ(チェチェン共和国第3代大統領)であり、テロリストたちは、チェチェン人、イングーシ人から構成され、アラブ人やトルコ人の傭兵《ようへい》もいたとのことです〉(9月3日午後7時35分)

その後、バサーエフは犯行声明を出したが、マスハードフは強く否定した。

結局、「ベスチ」が犠牲者の数を報道したのは翌4日の午前8時2分である。

〈北オセチア保健省がインタファックス通信に伝えたところによると、ベスランの第1学校をテロリストが占拠した事件による犠牲者は250人に上ることが判明しました。保健省はまた、学校の建物の残骸を取り除いた後に、さらに犠牲者が増える可能性があると伝えました〉

アンナ・ポリトコフスカヤは、『ロシアン・ダイアリー　暗殺された女性記者の取材手帳』（NHK出版）の中で、このベスランの事件を巡る報道に言及している。

〈マスメディアの統制と自己検閲は留まるところを知らない。（中略）テレビの司会者はたえず嘘《うそ》をつき、国家当局のお気に召さないことは口にしない。毎月何千ドルという給料を失いたくないからだ〉

〈その結果どうなったか。NTVの放送内容のおよそ七〇パーセントはでまかせだ。RTR（著者註：ロシアテレビ）とオスタンキノ（著者註：ORT＝ロシア公共テレビ）の国営二局に到《いた》っては、この数字は優に九〇パーセントに跳ね上がる。国営ラジオ局も事情は同じだ。

ノルド・オスト（著者註：モスクワ劇場占拠事件）の人質事件報道でテレビが中途半《はん》

端《ぱ》な事実を言ったとすれば、ベスランでは公認の嘘しか報道していない〉

そして彼女は、これらの歪曲《わいきょく》された報道が直接、女性や子供たちの命を脅《おびや》かす事態に至ったことを厳しく批判している。

この事件が起きた時、まだNTVに在籍していたセルゲイ・カーネフもこう証言する。

「あの時はみな職場にいた。そして、人質の正確な数字を知っていた。それなのに、目の前に映し出されたNTVの画面は嘘をついていた。内心、良心の呵責《かしやく》を覚えなかった者はいなかったと思う」

突入から一夜明けた4日、文化会館の中は新たな阿鼻叫喚《あびきようかん》に包まれた。その時点で判明した死亡者と負傷者の名簿が貼《は》り出されたからだった。遺体は、ミラシナが体育館の中で見たように損傷が激しく、身元確認は困難を極めた。中には遺体を取り違えるケースもあり、遺体安置所を駆け回っても、病院をいくつ巡っても、人質となっていたはずの肉親を見つけ出すことができない家族もいた。

ミラシナは、現地の友人に案内してもらって、生き残りの人質や死亡した人質の家族の取材を始めた。しかしそれは、想像以上につらく困難な仕事だった。犠牲となった教師のアパートを訪ねると、階段を上がった玄関先に棺《ひつぎ》が3つ安置してあった。そのうちの1つはふたが開いており、中に子供の遺体が横たわっていた。

彼女は恐る恐る家人に、「自分はジャーナリストです」と説明し、「いくつか質問をしてよろしいでしょうか」と切り出した。とたんに〝マート（卑猥《ひわい》な罵《のの》り言葉）〟を浴びせかけられ、「ここを出ていけ！」とつばを吐かれた。彼女は生まれて初めて、ジャーナリストだと名乗ることが怖くなった。

ミラシナはその日の午後3時、半ば逃げだすように、車で20分あまりのウラジカフカスに向かった。悲しみに包まれた町にいることに耐えられなくなったのだ。ウラジカフカスでインターネットカフェを見つけ、夜遅くまで記事を書き「ノーバヤガゼータ」の編集部に送った。

この仕事を終えて彼女は気を失ってしまった。精も根も尽き果てたのだ。我に返った時、彼女はカフェの店員に抱きかかえられ、紅茶を口に含ませてもらっていた。

その後、彼女は再度ベスランに戻り取材を続けた。来る日も来る日も数え切れないほどの葬式が行われ、野辺送りの人々の葬列が続く。あまりに埋葬される人々の数が多く、棺が足りなくなったほどだった。いつ終わるともしれない人々の悲嘆と慟哭《どうこく》が町全体を覆《おお》っていた。

ミラシナがモスクワに帰ったのは、惨劇から3日たった9月6日のことである。彼女はその後しばらく、誰とも口をききたくなかった。ふだんなら、出張から帰った後、自分の見たこと感じたことを友人に話すのに、ベスランでの体験は誰にも話す気にならなかった。

あの地獄のような出来事が起きたベスランと、表向きは平和なこの首都とではあまりに違いがありすぎる。このモスクワで暮らす人間にあの出来事を話してもわかってもらえるはずがない。たった4日間、モスクワを離れていただけなのに、彼女はなんともいえない孤独感と疎外感《そがいかん》を味わっていた。

ミラシナは、「ノーバヤガゼータ」の仲間たちには「私は大丈夫。心配しないで」と気丈に振舞ったが、編集部は彼女の精神状態に配慮して、当面、他のスタッフをベスランに派遣することにした。

「あの時の気持ちをどう表現したらいいか……、まず第一に、罪の意識です。あの場にいて大勢の子供たちが亡《な》くなったのに何もできなかった。それに、テロリストに対する怒りよりも、あのような悲惨な結末を招いた突入作戦を指令した政権や、それを実行した特殊部隊に対して憎悪《ぞうお》に近い気持ちを抱いたことも確かです」

9月6日付の「ノーバヤガゼータ」に、事件についての彼女の最初の記事が掲載された。他のほとんどのマスコミが、クレムリンからにらまれることを恐れて、政権に都合の悪い報道を差し控える中、ミラシナは、この時点で彼女が現地で見たこと、聞いたことすべてをあますところなくレポートした。

〈嘘はテロリストたちの攻撃を挑発した〉

本文は長文のため、主要な部分を抜粋して紹介したい。

〈ベスランの第1学校に1200人の人質がいることは、政府（クレムリン）は最初から知っていた。9月3日の夕方、すでに突入が終わった後で、このことについて、ロシア大統領顧問のアスランベック・アスラハーノフはうっかりしゃべってしまったのだ。彼は、記者から、「どうしてテロリストが最初に話し合いを要求した時に応じなかったのか」と聞かれて、「いや、私はテロリストに電話をしてこう言った。『いったい、あなたたちと何について交渉するのか。話す必要があるのか？』と。すると、テロリストはこう返事をした。『交渉の必要はある。なぜならこちらには1200人の人質がいる。その多くは子供だ』と」

解放された子供たちの1人はこう証言する。テロリストは、ニュースで、人質の数は354人だと伝えられたことに激怒していた。このため、子供たちは水を飲むことが禁じられた。仕方なく、大人たちは子供たちにコップを配り、その中におしっこをしてそれを飲むように言った。

突入は、北オセチア大統領ザソーホフが、事件が起きてから初めて人々の前に姿を現して、「突入はありえない」と約束してから2時間後に始まった。人々はこの言葉を信じた。なぜなら突入は、最悪のシナリオだったからだ。

木曜日には、ただ1人、学校の中に入ったルスラン・アウシェフ（イングーシ共和国前大統領）が、乳飲み子を持つ3人の母親を連れ出すことに成功し、その後も、20人の女性と生後数か月から1歳半までの子供たちの解放に成功した。そこで希望が生まれた。もしかしたら明日3日には、テロリストは説得に応じて、人質のために食料と水を受け取るかもしれない、いや、子供たちを学校から連れ出すことができるかもしれない。

もちろん、こうした人質を取った事件の場合、犯人との交渉と並行して突入の準備をすることは当然だ。しかし、突入後、北オセチアの警察官はこう認めた。事件を解決する最も可能なシナリオは突入しかなかった。そのための訓練を着々と行っていた。

9月2日、私たちは、突入に向けての準備や訓練の実態を観察することができた。学校に近いたくさんの家の住民たちが、そこから退去させられた。それらの屋根の上を、特殊部隊の隊員たちが走り回っていた。

第1学校に近い場所にある第48専門学校は、特殊部隊と陸軍第58部隊の司令部に変

わった。内務省所属特殊部隊の「オモン」、ＦＳＢ所属特殊部隊の「アルファ」や「ビンペール」なども続々現地入りしていた〉

〈テロリストは最初から、北オセチア大統領ザソーホフ、イングーシ大統領ジャジコフ、小児科医ロシャーリ、ロシアの国会議員ムハルベク・アウシェフを、交渉のために学校に入るよう要求した（著者註：ムハルベク・アウシェフではなく、ロシア大統領顧問アスランベック・アスラハーノフの間違い）。ザソーホフは自身が気が進まなかったのか、それとも、クレムリンから行くなと命令されていたのか、学校に入らなかった。ロシャーリはベスランに飛んでは来たが、やはり同様だった。イングーシ大統領ジャジコフも現場にやって来たが、それは突入の後だった。国会議員のムハルベク・アウシェフは、９月１日と２日はインフルエンザにかかっていた。3日に彼は交渉役を引き受けると発表した。しかしそれは、突入の20分前のことだった。

突入の後、ウラジーミル・プーチンが突然ベスランにやって来て２時間の滞在をしたが、それとて、ベスランの住民の怒りと悲しみを鎮《しず》めることはできなかった。

イングーシ共和国前大統領ルスラン・アウシェフは、テロリストに指名されたわけでもないのに自発的にベスランにやって来て学校に入り、人質を連れて出てきたが、なにもコメントしなかった。ただ、アウシェフの車の近くに立っていた警察官が、彼のつぶやきを聞いた。「政府はみなを裏切った」とアウシェフは言った〉

〈突入ははたして計画的だったのか偶発的だったのか。

専門家はこう分析する。ザソーホフ大統領の突入2時間前の声明は、人質に食べ物と水を与え、子供たちの一部のグループを解放する交渉を5時までに行うというものだったが、これは突入をカモフラージュするためだったのではないか。外国のジャーナリストは、突入が偶然起きたとする、ロシア政府の公式発表は信じられないという点で一致している。

一方で、この偶発説に説得力を持たせる事実もある。すなわち、周到に準備されたとは到底いえないお粗末な作戦の結末が示すのは、突入が不意に起こったからではないか、というものである〉

〈いまやベスランの人々は3つのグループに分かれてしまった。1つは身内が生きて戻って来た幸運なグループ、もう1つは遺体安置所から身内を引き取らざるを得なかったグループ、そして3つめは、負傷者が収容されている病院をすべて巡り、生存者リストを何度も確認し、それでも身内が戻ってこないグループである。

9月4日土曜日の12時、文化会館の前に集まった住民は抗議の集会を行うことを決めた。そこで話し合われたのは、子供たちの遺体をウラジカフカスまで運び、政府の建物の前に遺体を並べ、ザソーホフ大統領が出てくるのを待つということだった。

政府は住民の暴動を恐れ、ベスランは非常事態宣言の下で包囲された。

人質となった人々が１０００人を下らないことは明白である。その中で、病院にも遺体安置所にも見当たらない人がいる。土曜日の朝までに、身元が確認された犠牲者の数は２５０人に上った。土曜日の夕方には３２０人になった。その他に、いまだに誰のものか確認できない１００の遺体がある（著者註：最終的に確認された犠牲者の数は３３０人前後。いまだ確定された数字はない）。女性たちは泣きながら、子供たちの何人かは首がなく、足がなく腕がなく、多くの遺体が焼け焦《こ》げていると言った。しかし、これらの遺体の致命傷のほとんどは銃撃によるものである。

特殊部隊員は進んで証言することはなかったが、インタビューを拒否していたわけではない。彼らは、「ビンペール」部隊のうち7人が死亡したと言った。他の部隊も犠牲者が多かったが、これは、突入が予期せずに始まり、彼ら特殊部隊員たちが、逃げようとする子供たちを身をもってかばったためだという。

突入の直後の金曜日の夕方には、ノルド・オスト（モスクワ劇場占拠事件）の時と同様の事実が明らかになった。テロリストが大量に所持していた武器は、夏に学校の改装工事が行われた際に密《ひそ》かに運び込まれ、学校の壁面部分に保管されていた。

集会には、政府の代表はだれ一人参加しなかった〉

先に私は、このベスランの事件を巡っては、ほとんどのマスコミが政権にとって都合の悪い報道を差し控えたと書いた。しかし実は、「ノーバヤガゼータ」の他にただ1紙、政権に痛烈なカウンターパンチを浴びせた新聞がある。かつての高級紙「イズベスチア」だ。

当時の編集長ラフ・シャキロフは語る。

「私たちの新聞は、あの事件に関しては運が良かったのです。ちょうど、特派員としてチェチェンに常駐していた記者が事件発生と同時にベスランに向かったため、ほぼ一番乗りで現地に着き、特殊部隊と共に学校のすぐそばまで近づくことができた。人質の人数についても、常識的に考えて、テレビが報じた354人という数字は少なすぎると思った。9月1日は学校の始業式なので、全《すべ》ての生徒とたくさんの保護者が集まるはずです。それで、現地の記者に、『この数字はおかしいからよく調べろ』と命じた。彼は、2日目にルスラン・アウシェフが解放した人質の1人と接触することができ、実際の人数は1200人前後であることがわかりました。それで2日付の新聞で、正しい人数を報じたのです」

シャキロフは、こうした重大事件が起きた時、主要なメディアにクレムリンから必ず電話がかかって来ることを明かす。

「この時は、大統領府の官僚アレクセイ・グロモフからでした。彼は、『あまり細かいことは書かずにもっと柔らかくぼかしてください。一般の国民を刺激しないように』と言った。彼らは具体的にこう書けとは言わない。ヒントを与えるだけです。でも、ソ連時代からジャーナリストは検閲に慣れているので、それが何を意味するかわかっている。言葉は柔らかいが口調は命令的です。私たちはそれを黙って聞くしかないのです」

「ノーバヤガゼータ」にクレムリンからこの種の電話はない。同紙がいわゆる主要メディアではないこと、さらに、いくら圧力をかけても、同紙だけは一筋縄ではいかないことを大統領府は心得ているので無駄な電話はしないということらしい。

「イズベスチア」に話を戻す。

シャキロフはこの時、クレムリンからの電話を確かに黙って聞いていた。しかし、3日目に事件が悲惨な幕切れを迎えると、彼と部下たちはショックと怒りのあまり、真実を伝えようと決心する。

「政権は、人質の解放よりテロリストの全滅を狙《ねら》っていたのです。一般の人の命など政権は何とも思っていない。それに特殊部隊は、人質解放のためのテクニックをなんら持っていなかった。後になってわかったことですが、彼らは、戦車や特殊な火炎放射器など、正規の戦争に用いられる武器を使った。これでよけいに犠牲者が増えてしまった」

彼の見解は、ミラシナと同じだ。

そして、テレビ報道、特にロシアテレビの報道のひどさに憤《いきどお》りを覚えたことも、真実を伝えようと決めた理由のひとつだと言う。

「国営テレビが政権べったりであることは百も承知でしたが、それにしても、『人質になった子供たちは2日間水を飲んでいないが、命に別条はない』などと平然と報じる神経に呆《あき》れました。まったく恥ずべき報道です。だから私たちは、テレビが報じなかったことを報じようとしたのです。とにかくあの最中は、政権に逆らったらどうなるかなんてことを考えもしなかった」

3日の夕方、突入が終わった直後に行われた緊急の編集会議で、シャキロフは提案した。目玉は写真だ。写真で事実を語らせよう。すでに現像されて集まっている写真の中から、シャキロフは、全裸に近い少女が男性に抱きかかえられて、現場から救出される衝撃的な1枚を選び出した。これを1面全部を使って掲載しよう。それも、一切のキャプション抜きで。

「新聞なのだからやはり文章がメインになるべきだ」という意見もあったが、写真をして語らしめるという彼のねらいは、最終的に部下たちの同意を得た。

2面以下にも、思わず目をそむけたくなるような子供たちの血まみれの遺体写真をあえて大きく掲載した。

もちろん、全面にわたって写真だけというわけではなく、1面以外の他の面には、現場からのルポ記事と、突入についての内外の専門家の批評や意見を掲載した。「イズベスチア」自らの見解を示さず、他の識者のコメントに依拠したのは、政権による言論弾圧を避ける方便ではないかとも思われるが、シャキロフは、より客観的で冷静な意見を求めた結果だと言う。

こうして、9月4日付の「イズベスチア」は、生々しい写真とルポで他紙を圧倒し、約20万部の発行部数のすべてを売り切った。

しかし、この記事をクレムリンが見逃すはずはなかった。シャキロフは翌5日の日曜日の朝、当時の「イズベスチア」の大株主であるオネクシム銀行の役員に電話で呼び出された。「これはクビになる」。シャキロフは観念した。

案の定、役員はこう言い渡した。

「詳しい説明はいらないでしょう。彼らはあなたの血を欲しがっている」

彼らとは言うまでもなくクレムリンだ。「血を欲しがっている」という言葉は、「辞職を迫る」とか「更迭《こうてつ》する」「解任する」といった場合にしばしば使われる表現である。

「わかりました。私は辞めます」

シャキロフはこう返事をする以外になかった。

後日、彼は、大統領府に出入りしている知り合いから、この事件に対するプーチンの反応を耳打ちされた。

それによると、プーチンの逆鱗《げきりん》に触れたのは子供の遺体写真ではなく、むしろ、「子供が逃げようとした時、特殊部隊から発砲があった」という記事であった。暗に、特殊部隊が子供たちを撃ったと受け取れるからだ。プーチンは、「裏切り者だ！」と叫んで、「イズベスチア」を床に叩《たた》きつけたという。

「私たちは、その後も遺体写真を掲載し続ける予定だったのです。ところが私が早々にクビになり、おじゃんになってしまった」

シャキロフが編集長を解任されたニュースは、マスコミ界を瞬《また》く間に駆け巡った。

「恐怖に駆られたマスメディアは、以来ますます、自主検閲に走るようになった」

と彼は言う。

「イズベスチア」は、ソ連時代、「プラウダ」と並んで１０００万部以上の発行部数を誇る新聞だった。

「『プラウダ（真実）』に真実なく、『イズベスチア（報道）』に報道なし」

これは、ロシア人が自国のマスコミ報道を揶揄《やゆ》するソ連時代のアネクドート（政治小話）だが、「イズベスチア」はしかし、ペレストロイカ以降、まさに本物の報道を始め、真実を語り出した。

そして、ソ連崩壊後も、改革派の牙城《がじょう》として活発な言論活動を展開したが、97年、当時の首相チェルノムイルジンの巨額蓄財疑惑を報じたために内紛が勃発《ぼっぱつ》した。「イズベスチア」の大株主だった大手石油会社ルクオイルは、チェルノムイルジン首相と関係が深かったため、編集権に介入し、同社は当時の編集長を解任しようとした。これに対し編集長は、チェルノムイルジン首相と対立する他の政治家に助けを求めた。

この結果、オリガルヒ（寡占《かせん》資本家）の１人であるウラジーミル・ポターニンが頭取を務めるオネクシム銀行が「イズベスチア」の株の49％を所有するようになり、ルクオイルの独占が崩れた。報道の自由という観点から見れば、ルクオイルなどの政府系巨大企業に買収されるより、オリガルヒ率いる新興企業が株主になった方がいくらかましである。新興企業は比較的、報道の自由に理解があるからだ。「イズベスチア」の場合も、オネクシム銀行が有力な株主となったおかげで報道の自由がある程度保障され、編集権を巡って親会社が露骨に圧力をかけるといった事態はなくなった。

事実、シャキロフが「イズベスチア」の編集長に就任した03年10月、エリツィン時代に第1副首相も務めたオネクシム銀行頭取のポターニンが彼に強調したのは次の点だけだったという。

「プーチンについて批判的な記事を書く場合、その根拠を明確にしてほしい。ただし、プーチンの私生活について触れることは厳禁である」

他には一切の制限がなかった。そのためシャキロフは、編集長としてかなり自由に采配《さいはい》を振るうことができたのである。しかし、今回の報道についてはさすがにこのままでは済まないだろうと、新聞が刷り上がった時点で覚悟はしていた。

そもそもシャキロフは、数々のメディアを立ち上げ成功させた辣腕《らつわん》編集長として知られ、前述した内紛劇で部数の落ちた「イズベスチア」のテコ入れのために抜擢《ばってき》されたのだが、結局、就任から1年も経《た》たずに同紙を去ったのである。

シャキロフ解任後の05年6月、同紙はオネクシム銀行の手を離れ、かつてNTVを手中に収めたガスプロムメディアに買収された。ガスプロムメディアが、天然ガスの政府系独占企業ガスプロムの子会社であることはすでに書いた。これによって、オネクシム銀行時代にある程度存在した報道の自由は消え失《う》せ、「イズベスチア」の論調は再び、ソ連時代に回帰したも同然になった。歴史は繰り返すのである。

一方、編集長を解任されたために、既存のメディアにおいて〝ペルソナ・ノン・グラータ（好ましからざる人物）〟になってしまったシャキロフは、現在、ビジネスマン向けにさまざまな情報を発信するウェブサイトの編集長である。

ロシアにおいてインターネットは、イングーシ共和国のウェブサイト主宰者エブローエフ殺害事件のような例も中にはあるが、政権による厳しい報道統制を免れているほとんど唯一《ゆいいつ》のメディアといっていい。

ロシアでも、大都市圏や若者の間でインターネット利用は一般的になりつつある。しかし、国全体の普及率となると、08年の統計で32％にとどまり、軒並み70％を超える欧米や日本に大きく差をつけられている。このため、国民への影響力は限定的と見なされて、政権による表立った規制の対象にはなっていないのだ。

編集長をクビになり、活字メディアから締め出されたシャキロフは、この最後に残された聖域に大きな活路とビジネスチャンスを見出《みいだ》しているようである。

さて、彼もそのひどさを口にしたロシアテレビのニュース番組「ベスチ」である。同番組の続報は以下のようだった。

〈プーチン大統領は、大統領専用機で朝の3時に北オセチアに到着しました。現地で、非常事態省の大臣セルゲイ・ショイグーや厚生省の大臣に対し、被害者に援助を与えるよう直接指示するためです。大統領は入院患者を驚かさないよう静かに病室を巡って、負傷者を一人一人見舞い、その後、患者の容態について医師から説明を聞きました。

病院を出ると、北オセチア大統領ザソーホフに迎えられ、作戦本部に向かいました。作戦本部のスタッフの1人はこう語っています。

「本部は、他の解放作戦を準備していたが、やむなく突入が始まってしまった」

ザソーホフ大統領は、「市民は勇気を示した。負傷者の手当てをした医師たち、人質となった子供たちと共にいた教師たちに感謝したい。マスコミは、テロリストたちがどれほどひどいことをしたか、国民に真実を報道しなくてはならない」

そしてプーチン大統領は、苦しい3日間を耐え抜いた人質の苦労をねぎらった後、こう話しました。

「残念だがたくさんの犠牲者が出た。我々はこのような解放作戦を計画していなかった。事態が突然変わったため、こういう結果になった」

プーチン大統領はベスランに3時間滞在し、このうち2時間を作戦本部での会議に費やしました。会議が終了すると、大統領はただちに専用機でモスクワに発《た》ちました〉（9月4日午前11時11分）

〈ロシア大統領顧問アスランベック・アスラハーノフはこう語っています。

「私は3日間ずっと学校のそばに待機し、テロリストと交渉をしたが、テロリストはこちらの要求を飲まなかった。たくさんの犠牲者が出たのはもちろん、テロリストのそのような態度が原因だ。人質は１２００人ほどおり、そのうちの９００人は子供たちだった」

突入した特殊部隊員は自分の体で子供たちを守ろうとしたため、20名以上の犠牲者が出ました。これほどの犠牲は特殊部隊の歴史の中で初めてです〉（9月6日午後9時20分）

１００人以上に上る子供たちの犠牲よりも、20名以上の特殊部隊員の死亡に焦点を当てた報道である。

これだけの事件にもかかわらず、事件終結後、真相解明のための検証報道に取り組んだメディアは「ノーバヤガゼータ」を除いて皆無だった。ほとんどのメディアが好んで取り上げたのは、犠牲者の家族や負傷者に対し政府が手厚い援助を与えているとか、テロリストがいかに残酷だったかといったニュースばかりである。

はあくまで、真相究明のための調査委員会を発足させた。しかし、独立の委員会ならいざ知らず、政権与党である「統一ロシア」の議員が絶対多数を占める議会の調査委員会の結論など、推して知るべしである。内外の批判をかわすために、形だけアリバイ的に組織したとしか考えられないからだ。

政権政権はあくまで、真実を隠ぺいしたいのである。

しかし、「ノーバヤガゼータ」編集部と、特派記者のエレーナ・ミラシナは決意していた。そう簡単に政権の意のままにはさせない。この事件の取材と調査はむしろこれからが始まりだと。

ミラシナはなにより、罪の意識に苛《さいな》まれていた。あの現場にいた1人として、多くの幼い子供たちを死に追いやった責任の一端を、自分も負っているのではないかという気持ちを拭《ぬぐ》い去ることができなかった。だから真実を知りたかった。自分の手で真相を究明したかった。そして、この国ではもはや夢想でしかないかもしれないが、責任者が公開の裁判にかけられ、厳正に処罰されるまでを見届けたかった。

謎《なぞ》は多い。

突入は何をきっかけに始まったのか。学校を占拠したテロリストたちはいったい何人いたのか。テロリストと思《おぼ》しき死体は31体あり、生きて逮捕されたのはヌルパシ・クライエフという男ただ1人だが、これですべてなのか。逃げたテロリストはいなかったのか。そもそも、これだけの犠牲を出しておきながら、クレムリンや作戦本部の長はなぜ責任を取らないのか。

これまでに明らかになったことは氷山の一角にすぎない。表に現れたできごとの背後には、その何倍もの膨大な事実の束が互いに関連性を持って潜んでいる。その事実を追究するために再びベスランに戻らなくてはならない。ミラシナは強くそう思っていた。

現場となったベスランに戻ることは正直怖かった。ジャーナリストだと名乗り罵倒《ばとう》され、つばを吐きかけられた時のショックは今も生々しい。ベスランの住民たちにとってジャーナリストとは、真実を伝えない恥ずべき人間たちの代名詞になっている。「ノーバヤガゼータ」が現地でまったく知られていないことも残念だった。自己紹介をすると、「新しい新聞（ロシア語で「ノーバヤガゼータ」）のジャーナリストであることはわかりましたが、新聞の名前は？」と何度も聞かれた。

このままこの事件から離れてしまえば、私は、恥ずべきジャーナリストの1人として現地の人々に記憶されてしまう。「ノーバヤガゼータ」の知名度もゼロのままだ。それは悔しい。ジャーナリストの中にも真摯《しんし》に事実を追究する人間もいること、とりわけ「ノーバヤガゼータ」が良心的な新聞であることを人々に知ってもらいたい、彼女は切にそう願った。

正確で徹底した調査報道は大きな武器になる。反論の余地のない証拠を突きつけることで、権力の犯罪を暴《あば》くことができる。ジャーナリズムというのは両刃の刀だ。権力の手先となって絶大な力を振るうこともできれば、その逆もまたありうる。ロシアにおいて、真に自由で独立したジャーナリズムは影を潜めているが、私は、ジャーナリズム本来の力を信じたい。これはミラシナの信念でもある。

「ノーバヤガゼータ」の編集部は、事件後まもなくベスラン市内にアパートを借りた。ミラシナを始めとした記者たちが、じっくり現地に腰を据えて取材ができるようにしたのである。

第9章

だれが子供たちを殺したか

「恐れてはいない」。身内の死を報じた「ノーバヤガゼータ」の1面

事件が終結して2週間ほどたった9月中旬のことである。

モスクワの劇場占拠事件の被害者団体「ノルド・オスト」の代表の男性がベスランに見舞いに出かけた。その男性がモスクワに戻ってミラシナにこう告げたのである。

「突入の際、シメーリと呼ばれるひどい武器が使われたことを知っていますか?」

住民から詳しく話を聞いた男性は彼女に、その武器について手短に説明した。しかし、それはかなり特殊な武器らしく、そのメカニズムや破壊力の大きさについて説明されても、軍事知識がまったくない彼女にはよく飲み込めなかった。

そこでミラシナは、その話をそのまま編集長のムラートフに伝えた。するとムラートフは絶句したのである。

「そんな恐ろしい武器を人質救出の時に使ったって? 信じられない」

徴兵経験のある壮年の男性であるムラートフには、ある程度、その武器がどのようなものか見当がついたのだ。そして、「この事件は徹底的に調べる必要がある」と改めてミラシナに指示したのである。

取材の目的は絞られた。人質を救出するのにふさわしくない武器が使われたのかどうかも含めて、突入の際に何が起こったのかを、あらゆる角度から徹底的に洗い出すことだ。

政権は、国営ロシアテレビ（ＲＴＲ）のニュース番組「ベスチ」が報じた通り、テロリストが爆弾を破裂させたため人質が脱走を始め、それを阻止しようとしてテロリストが人質に銃撃し始めたので、特殊部隊がやむを得ず突入したと主張している。

しかし、すでにこの公式見解は、ベスランの住民の強い怒りと反発を呼び起こしていた。特殊部隊の突入によって大混乱に陥った学校内で、人質たちが体験したこととはあまりにもかけ離れていたからだ。

事件後、現地には、ロシア検察庁の検事が捜査に訪れ、ロシア議会付属調査委員会の委員長アレクサンドル・トルシンらも調査にやって来た。住民たちは当初、彼らが真相を究明してくれるものと期待して、自分たちが見たこと、聞いたことを彼らに詳細に伝えた。しかし、検事やトルシンらが、その証言にまともに耳を傾けた様子はなかった。住民たちの間に失望が広がった。

一方、住民のジャーナリストに対する悪感情は、時を経るにつれ次第に薄らいでいった。事件が終息すると、大取材陣は潮が引くようにベスランから引き揚げた。残っていたのは、ミラシナと同じく真実を明らかにしたいと考える、ほんの一握りの外国のジャーナリストたちだけだった。彼らは、心身に深い傷を負った被害者や遺族に寄り添い、物心両面からの援助を惜しまなかった。

そのため、ミラシナが9月の終わりに再び現地に赴いた時、住民たちのジャーナリストに対する感情は、ずいぶん和らいでいたのである。

彼女はその日から地道に辛抱強く、元人質やその家族、遺族らの話を聞いて回った。取材に当たっては、ムラート・カボーエフという60歳の現地紙のジャーナリストが協力を申し出てくれた。彼は、今回の事件についてミラシナが書いた「ノーバヤガゼータ」の記事をすでに読んでおり、また、過去に潜水艦の乗組員だったため、2000年のクールスク沈没事故を巡る彼女の記事にもよく目を通していた。彼はミラシナのことを、確固たる信念で真実を報道する優秀なジャーナリストであると認めていた。

だから彼はミラシナのために、事件解明の鍵《かぎ》を握る有力な目撃者を多数紹介してくれたのである。おかげで彼女は、その後の2年間に50人以上もの証言を得ることができたのだ。

「何かが爆発したような最初の音は、体育館の中ではなく、外から聞こえた」

「破裂音は体育館の東の屋根の方からした。そこにはテロリストの爆弾は仕掛けられていなかった」

「体育館の中に、燃えている玉のようなものが飛び込んできた」

「最初の爆発は、テロリストの仕掛けた爆弾が破裂したのではない。爆弾は私の真上にあった。これが最初に爆発していたら、私の頭は吹っ飛んでいた」

人質たちは3日間というもの、死の恐怖に怯《おび》えながら、ほとんど飲まず食わずで、蒸し風呂《ぶろ》のような体育館に閉じ込められていた。極限の精神状態の中での目撃談は、人質によって矛盾したものもあったが、最初の2回の爆発音と、その直後に起きたことについての証言は見事に一致した。爆発は体育館の外で起きたらしく、体育館の中の爆弾が破裂したものではない——。

また、政権は沈黙しているが、やはり戦車が使われたことが、元人質の住民たちの証言で明らかになった。

ザリーナという元人質の女性は、体育館で爆発が起きた直後に、他の大勢の人質たちとともに体育館から逃げだした。学校の右のウイングに工作室があり、そこは暗くて、彼女は逃げ込むのを躊躇《ちゅうちょ》したが、他の人質はその工作室に飛び込んだ。するとその時、窓の外に巨大な戦車が近づくのが見え、工作室に向けて砲撃を始めた。その衝撃で彼女がいた場所の天井も崩れ落ち、彼女は残骸《ざんがい》と床の間に挟まれてしまった。

一方、学校の外から突入を目撃した住民たちも、最初の爆発からしばらくして、学校の工作室付近に戦車が近づき砲撃を加えたのを直接目撃していた。人質がまだたくさん残っている学校の建物に戦車から攻撃を行うなど言語道断だ。人質救出を最優先にしていたなら、こんな兵器を使うはずがない。ミラシナは怒りが込みあげた。しかも、戦車よりももっと恐ろしい武器が使われていた事実も濃厚になった。劇場占拠事件の被害者団体の男性がミラシナに告げ、編集長のムラートフも絶句したあの「シメーリ」という武器である。

ミラシナが、軍隊経験のある現地の男性数人に話を聞いたところ、彼らも、特殊部隊がシメーリを使った可能性が高いと言い、この武器がどんなものであるか詳しく説明してくれた。彼女自身もさまざまな文献を調べ、武器の専門家にも取材した。

それによれば、このシメーリは秘密保持上、火炎放射器とされているが、実際は、ロケット推進の砲弾を発射する燃料気化爆弾である。重量12キロ、砲身の長さ920ミリ、口径93ミリ、その射程は600メートル。

発射すると、砲身から、揮発性の液体を充塡《じゅうてん》したカプセル型の砲弾が飛び出す。目標に命中しカプセルが割れると火球が生まれ、それが真空爆発と同様の爆発を起こして、周囲を激しく焼きつくす。しかもこの武器は、特定通常兵器使用禁止制限条約（CCW）によって使用が禁止されている。

最初の2つの爆発音は、まさにこのシメーリによるものらしかった。

ミラシナは、マリーナ・カルクザシビリという女性から話を聞いた。マリーナは、自分の3人の子供たちと、姉妹のローラと、ローラの2人の子供たちとともに人質になっていた。マリーナはこう言うのだ。

「外から何かが体育館の屋根に命中したようでした。次の瞬間にそれが爆発した。そしてまもなく屋根に火が燃え広がり、プラスチックパネルの天井も燃え始めて、火が人質たちを襲い始めた。猛火はまるでたいまつが燃えるように人々の体を焼いたのです。

テロリストたちは、無事だった私たちを2階の食堂に追い立てた。何人かの女性と子供たちは窓際《まどぎわ》に立って、学校の制服の白いエプロンやブラウスを振り回すように命令された。そして叫びました。『私たちを撃たないで！』と。窓のそばには、ローラと私の娘のジアーナが立ちました。でも、外でこの声を聞いた人は1人もいなかったでしょう。ローラはとっさに私の娘を床に突き倒し、1人の女性は失神して倒れました。それ以外のローラを含めて窓際に立っていた人々はすべて撃たれてしまった。医師の検死によると、亡《な》くなった人たちの傷は背中ではなく、胸に集中していました」

ミラシナが、「もしかすると、流れ弾によるものでは？」と質問すると、マリーナは強く否定した。

「それは普通の弾丸による傷ではありません。弾丸なら小さな穴が開くでしょう。ローラの遺体にはとても大きな漏斗状《ろうとじよう》の穴があり、太ももの一部はなくなっていたのです」

ローラを始め、窓際に立っていた人たちをなぎ倒したのは、シメーリではなくまた別の武器のようである。しかしこの証言は、人質を救出するはずの特殊部隊によって、まさに人質が死傷した事実を物語っている。

もう1人、ベスランの地元紙のジャーナリストであるイエルブルス・チェドトフも次のように証言する。彼は、10歳の息子チムールを亡くした。

チムールは、体育館での爆発の後、他の子供たちと一緒に学校の中庭に飛び降りたが、そこは、特殊部隊とテロリストたちによる十字砲火が浴びせられている場所だった。

少年の１人が耳を負傷しその場に倒れた。チムールはその時逃げようとしていたが、戻ってきて耳を負傷した少年に手を貸し、「逃げよう！」と叫んで２人で走った。ところがしばらく走ったところで、チムールは後頭部に銃弾を受けてその場に倒れてしまった。耳を負傷した少年は逃げて助かった。チムールが受けた銃弾は、テロリストによって発射されたものと思われる。

チムールの遺体が確認された時、その体はかなり激しく焼けていた。火災で炎上した体育館にはいなかったにもかかわらず、なぜそれほど遺体が焼けていたのだろうか？

父親のチェドトフは以前、戦車部隊で勤務した経験があり、隣国のイングーシ共和国との紛争の時には、北オセチア警察の特別中隊を率いていた。そのため武器には精通しており、突入を目撃した際、特殊部隊が使った武器の名前を全部挙げることができた。

そして彼は、息子の体のやけど跡から、使われた武器はどうやらシメーリであるらしいと見当をつけた。ミラシナが取材に訪れた時、彼はそう言ったのである。

ミラシナは、彼らの証言をそのまま記事にした。

実は、このシメーリについて最初に報じたのは「ノーバヤガゼータ」ではなかった。

突入から2日後の9月5日、皮肉にも、あの国営ロシアテレビが日曜日に1週間のニュースをまとめて報じる「1週間のベスチ」という番組の中ですでに触れていたのである。

その内容は、「特殊部隊は学校の建物の中でシメーリという特殊な火炎放射器を使用した。しかしそれは人質を救出するため、テロリストに対してのみピンポイントで使った」というものだった。

ミラシナが説明する。

「このレポートを行った記者は、おそらく、特殊部隊員にインタビューをする機会を与えられ、特殊部隊員がうっかりしゃべったことを、想像を交えて報道したのでしょう。この記者は、シメーリがどのような武器なのか理解していなかったようです。建物の中でこの武器を使うことは自殺行為です。発射すると、砲身の排気口からものすごい量の排気ガスが噴出するからです。

さらに、命中した瞬間、辺り一面を激しく焼きつくす恐ろしい破壊力があり、狙《ねら》った対象だけをピンポイントで倒す性質のものではまったくないのです。ですからこの武器は、屋内で使用することは厳禁されています」

ところが、このシメーリを巡ってのロシアテレビの報道は直後に一転する。9月10

日の「ベスチ」は、ロシア連邦最高検察庁副長官ウラジーミル・コレスニコフの言葉として、この火炎放射器（シメーリとは言っていないが、これを指すのは明白である）を使用したのは、特殊部隊ではなく、憎むべきテロリストたちだと報じたのである。彼らは、この事件に先立つ6月、隣国のイングーシ共和国内務省の倉庫の中からこれらの武器を盗み出したのだという。

しかし、このコレスニコフの発表はまったく非現実的である。ミラシナの先の説明で明らかなように、この武器を屋内で発射しようものなら、発射した者もろとも、周辺にいる人間は無傷ではいられない。

そもそも、元人質たちはだれも、テロリストがそのような武器を発射したところを見ていないのだ。外部から発射された何らかの武器が体育館の屋根に命中して爆発し、あっというまに火が燃え広がったとするマリーナ・カルクザシビリの話がもっとも具体的だが、他の証言も、彼女の話を補完するものがほとんどだ。つまりは、コレスニコフ最高検察庁副長官の発表とは反対の事実を指し示しているのである。

しかし政権側は、コレスニコフのこの発表以来、シメーリはテロリスト側が使ったと頑強に主張し続けた。

ミラシナは、シメーリが据え付けられていたと思われる5階建てのアパートの屋根に登ったり、学校周辺や近くのゴミ捨て場を見て回った。すると、薬きょうなどさまざまな武器の残骸が、至る所に無造作に捨てられているのを発見した。シメーリは1回発射するともう2度とは使えない。いわば、使い捨ての武器である。するとその残骸が、5階建てアパートの周辺に残っている可能性は大いにある。

だが、いかんせん武器の専門家ではないため、自分の目でそうした残骸の中からシメーリを見つけ出すことは難しかった。

当時、ミラシナと共にこのシメーリの証拠捜しに奔走したのは、当時22歳のオリガ・バブローバ記者である。彼女は、「ノーバヤガゼータ」のジャーナリストとしてはミラシナに次いで足繁《しげ》くベスランに通った。

「シメーリについて最初に耳にした時には驚きました。それほど恐ろしい武器を、まさか突入の時に使ったとは信じられなかった。作り話かもしれないとさえ思ったんです。ところが、検証のために私もシメーリが設置されていたとされる5階建てのアパートの屋根に上がってみて納得しました。あたり一面、手で触ると真っ黒になるほど煤《すす》が付着していたんです。それに、その屋根自体、かなり激しく燃えた跡があった。それらは明らかにシメーリが使われた痕跡《こんせき》でした。

ただそれだけでは、政権に、シメーリが使われたことを認めさせる有力な証拠にはならない。そこで私たちは、シメーリの残骸を見つけ出すために住民たちに協力を頼んだのです」

「ノーバヤガゼータ」は、現地の住民たち、すなわち、真実の究明と正義の実現を望む人たちとの間に、ある〝契約〟を結んだ。実際に契約書を取り交わしたわけではない。真実が明らかになるまでともに闘い、励まし合い、協力し合おうという合意である。

具体的には、住民たちが何か新しい事実を発見したり、検察当局やロシア議会付属調査委員会に何らかの訴えを行う場合は必ず「ノーバヤガゼータ」にその旨《むね》を一報する。「ノーバヤガゼータ」はそうしたニュースを、できるだけ紙面に取り上げ便宜を図る。その代わり、「ノーバヤガゼータ」の方で何か住民に協力を頼む場合は、できるだけ便宜を図ってほしいというものだ。

この契約のほんとうの狙いは、対権力であった。今後、ロシア当局が、住民や「ノーバヤガゼータ」にさまざまな圧力をかけて、真相究明を妨害するであろうことは十分予想できた。特に住民に対してどういう策を弄《ろう》するか、ミラシナにはその手口がよくわかっていた。

「ロシアの当局は、こうした悲劇的な事件が起きた場合、真相究明を求める当事者の声を封じるための方法をよく知っています。被害者やその遺族に、金や車やアパートなどさまざまな特権を与えて懐柔するのです。このやり方は、原子力潜水艦クールスクの沈没事故やモスクワの劇場占拠事件などにも使われました。一種の取引です。当初は、あのイングーシ共和国のウェブサイト主宰者エブローエフ殺害事件の時も、当初は、彼の親族や知人が、強く真相究明と犯人の処罰を求めていたのですが、イングーシ共和国の政府は、彼らに金や高い公的な地位を与えることで黙らせてしまったのです」

この地ベスランでも、そうしたことが起こる可能性は十分にあった。だからこそ、権力に対して一致団結しよう。真実が解明されるまで「ノーバヤガゼータ」も頑張るからあなたたちも初心を貫いてほしい。そんな願いを込めて〝契約〟が取り交わされたのだ。

ミラシナやバブローバが住民に頼んだのは、シメーリの残骸を探してほしいということだった。すると、年が明けた05年1月、すでに何度目かのベスラン滞在をしていたバブローバの前に、ルスラン・チェビーエフという人物が現れ、「シメーリの残骸を手渡したい」と言った。

バブローバが受け取ったのはシメーリの砲身部分だった。920ミリの長さのパイプ状のもので両端が開口している。一方から、揮発性の液体を充塡したカプセルが発射され、もう一方から排気ガスが噴出する仕組みである。

それは、彼の知人が現場となった学校の路地で見つけたものだった。ちょうどその場所は、特殊部隊の狙撃手《そげきしゅ》が屋根に上り、学校の体育館に向けて砲撃を行っていた建物のそばであった。先にも述べた通り、シメーリは１回限りしか使用できないので、特殊部隊員は、シメーリを発射した後、それを屋根から下に投げ落としたのだろうと推測できた。

バブローバは、その砲身の残骸を手に取り、その表面に刻印された番号を確認した。９３６２、３４―０２、４３４３とあった。この番号を照会することによって、このシメーリがどの特殊部隊の所有のものか、つまり、この残酷な武器を使ったのがどこの部隊なのか突き止めることができるのである。

バブローバは、この番号を何度も口の中でつぶやきながら、すぐさまモスクワのミラシナに電話を入れた。

「シメーリの残骸が手に入った。今、私の手元にある。どうしたらいい？」

「ほんとう？」

ミラシナは大声を上げた。そして、

「シメーリをとうとう手に入れた。これをどうしたらいいの！」

と叫びながら、ムラートフ編集長の部屋に走った。

ムラートフは言った。

「検察官に渡せ！」

しかし、ことはそう簡単ではなかった。

通常、こうした証拠が見つかった場合、仮に我が国なら、事件を捜査している警察官に渡せばそれでまず間違いはないだろう。警察官は、この重要な証拠を厳重に保管して検証を行い、捜査に役立てるはずだ。ところが、ロシアではこうはいかない。とりわけ政治的な思惑が交錯する国家的な事件の場合、政権にとって都合の悪い証拠はすべて握りつぶされるのが常だからだ。

事実、このシメーリの残骸《ざんがい》については、すでに別の住民が他の部位の残骸を拾って、ロシア議会付属調査委員会に提出していたのである。この住民も、残骸に記された番号を照会すれば、どの特殊部隊の所有であるか突き止められることを知っていたのだ。

ところが、これを受け取った担当議員は、この番号を書き写す時に間違った数字を記してしまったと釈明をし、あげくのはてに、証拠の現物をどこかに紛失したと言った。

このような当局側の逃げ口上を許さないためには、まず公式の場を設けることが必要だ。そして、「ノーバヤガゼータ」の記者や他の住民たちが立ち会う中で、シメーリの残骸の発見者自身が、検察官やロシア議会付属調査委員会の担当者に直接、現物を手渡すことである。ミラシナは、この〝公式セレモニー〟を実現させるために奔走した。

多くの住民に立ち会いを求め、北オセチア議会にも声をかけた。同議会はこの事件に関して独自に調査委員会を立ち上げていたので、その担当者に出席を要請したのだ。一方、受け取る側の検察当局は、住民が証拠を提出したいと申し出れば拒む理由はないので、不承不承同意した。

説得が難航したのは例のロシア議会付属調査委員会だった。同調査委員会はさまざまな理由をつけて、担当者をベスランに派遣することを渋った。この調査委員会の議員は大事な証拠を紛失してしまった前歴がある。彼らにとって、政権が発表した事件の公式見解を覆《くつがえ》す証拠が挙がるのは具合が悪いのだ。それゆえ、こうした場に立ち会うことは極力避けたいのである。

だが、ミラシナの再三の説得に根負けしたのか、ようやく1人の議員が名乗りを上げた。立ち会うだけでなく、今回は間違いなく砲身の番号を正確に記録して、調査委員会の委員長であるトルシン議員に報告することをも、ミラシナはその議員に約束させた。

05年4月4日、ベスランの検察庁出張所で、武器の残骸の引き渡しが行われた。まず、証拠のシメーリを保管していた住民ルスラン・チェビーエフに対する尋問が行われたが、その直後、住民たちと検察官の間に激しい口論が勃発《ぼっぱつ》した。ミラシナはこの一部始終を、05年4月7日付の記事に書いた。

〈「検察の捜査は、火炎放射器が突入の時に使われたことを、今に至るまで否定していますね」

住民グループの代表で、地元新聞のジャーナリストのムラート・カボーエフが口を開いた。

これに対して、捜査官のトップのコンスタンチン・クリボロートフ（著者註：ベスラン事件捜査グループ長）が答えた。

「特殊部隊への尋問を行って、どこにだれがいて何をしたか、詳細を図に描いている」

「特殊部隊は、発砲を否定しているんですか？」

息子のチムールを亡《な》くしたイエルブルス・チェドトフが聞いた。

「いや」

「事件から7か月たって、だれが火炎放射器を発射したのか、もう明らかになっているはずだ」

　再び、ムラート・カボーエフが声を上げた。

「わかっている」

　捜査官のクリボロートフが言う。

「戦車も擲弾筒《てきだんとう》も火炎放射器も、突入の際に使用したことは確かだ」

　プロコポフ（著者註：北カフカス検察庁広報官）は断言した。彼のこの言葉はスクープと言っていい。ようやく検察官は、目撃証言を認めたのだ。しかし、このプロコポフの言葉は、ルスラン・チェビーエフ（著者註：シメーリの発見者）の心に大きな動揺を与えた。

「火炎放射器は私たちに向けて発射されたのか？　それはやはり本当なのか？」

「そうだ」

　クリボロートフが答えた。

「戦車からの砲撃も事実なのか？」

「そうだ」

検察官が同意した。

「なぜ、そんなひどい武器を使うことを命じた人間を告発しないんだ？」

チェビーエフは叫んだ。

「今、指導者たちの命令が適切だったかどうか、検証を進めている。私たちは法律に照らして、事件の時の行動が合法的だったかどうかを判断する」

「国際条約で禁止されている武器を使ったんじゃないか！」

チェビーエフが激昂《げっこう》して言った。

「私たちが使ったシメーリは、禁止されていない。禁止されているのは古いタイプの火炎放射器だ。新しいタイプは禁止されていないはずだ」

「じゃあ、反テロ作戦の時には使ってもいいのか？」

イエルブルス・チェドトフが詰め寄った。

「人質解放の時に使ってもいいのか？」

我慢できずにジャーナリストが問いただす。

「いや、いや、ちょっと待って、聞いてください！」

プロコポフが叫んだ〉

子供たちを殺された親の怒りは収まらなかった。

記事はこう続く。

〈ムラート・カボーエフが質問した。

「あなたは以前、こうした武器は、テロリストが持っていたと言っていたが、なぜそんなことを言ったのか？」

「彼らもこのような武器を持っていて、それを使ったということは大いにありうる」

「いいや、こっちには目撃者がいるんだ。37番の家の屋根に、特殊部隊の連中が火炎放射器を運び上げるのを見ている」

するとクリボロートフが怒り出した。

「誰も、突入の時に火炎放射器を使ったことを隠してなどいない。極秘でも何でもない。人質を解放するためにそれを使ったんだ。戦車は、地下室に逃げ込んだテロリストたちを排除するために使用した」

「あなたは、テロリストだけを撃ったと言っているが」

ルスラン・チェビーエフがたたみかける。

「最初から、我々はこう説明されてきたんだ。テロリストたちは人質を人間の盾にし

ているど。つまり、テロリストに向けて撃つってことは、人質を巻き添えにすること
じゃないか」
「これについて、私は何とも言えないが」
検察官のプロコポフは人々を説得しようとした。
「そうした重火器を使用したのは、学校に人質がいなくなってからだ」
これに、住民のサーシャ・グメツェフが驚きの声を上げた。
「突入の最中、戦車や火炎放射器で攻撃している時に、学校の中に人質がいなかった
って?」
「戦車で攻撃した時、そこには、テロリストの死体以外はなかった」〉
住民たちと検察官の対決はこのあとも延々と続く。
このやりとりで明らかなように、検察官は、戦車や火炎放射器の使用を不承不承、
認めはしたが、テロリスト側も同じような武器を持っていたかもしれないとか、戦車
や火炎放射器による攻撃はテロリストだけをねらって行ったなどの屁理屈《へりくつ》に終始した。
そして、住民たちに矛盾を突かれると、いや、人質がいないところに攻撃したなどと、
およそ非現実的な言い訳を持ち出す始末である。

しかし、特殊部隊による戦車や火炎放射器などの使用を当の検察官に認めさせたことは、住民と「ノーバヤガゼータ」の大きな手柄といってよかった。記事中にもある通りこれはスクープである。

だが、ミラシナはこう言うのである。

「政権が隠ぺいしていた真実の証拠を見つけるたびに私は興奮して、この上ない充実感を感じたことは確かです。でも、今回のスクープは実はスクープとはいえません。なぜなら、この事件をまともに報道しようとするマスコミは他にほとんどなく、各社間の競争といったものが事実上なかったからです。これではスクープとしての価値はありません。ロシアには『戦場では1人で戦えない』ということわざがありますが、私は、自分自身を、戦場でたった1人戦っている孤立無援の兵士のように感じていました」

彼女の言葉は強烈なアイロニーに満ちている。他のマスコミが、強大な敵（権力）を前に怖気《おじけ》づき、戦わずして戦場を撤退する中、「ノーバヤガゼータ」とミラシナはまさに、孤独な戦いを闘っていたのである。

05年5月17日、ただ1人の生き残りのテロリスト、ヌルパシ・クライエフに対する裁判が始まった。ミラシナは、その後1年間続くこの法廷をすべて傍聴し、その詳細を逐一、レポートした。

公判は紛糾した。政権の公式発表通りに事件の全貌《ぜんぼう》を描き、それと矛盾する元人質の証言を黙殺しようとする司法当局に対して、公正中立な審理を要求する住民たちが強く抵抗したからである。この中核となったのは、元人質や犠牲者の遺族らで結成した社会団体「ベスランの母」や「ベスランの声」である。

彼らはこう主張した。

「司法当局は、事件のすべての責任をクライエフと他のテロリストたちに負わせ、犠牲者全員が、彼らに殺されたとしている。しかし、実際は、ほとんどの犠牲者が特殊部隊による攻撃で死亡している。したがって、北オセチア共和国FSB長官のアンドレーエフ、内務大臣のヌルガリエフ、FSB長官のパトルシェフ、同じくFSB副長官のプロニチェフ、チーホノフらを起訴すべきである」

抵抗を続ける住民たちに対して、当局はアメとムチを使い分けた。

まず、「ベスランの母」や「ベスランの声」の活動家たちに、ウラジカフカスやモスクワのアパートの無償提供を持ちかけたのである。先にミラシナが説明した、政権を批判する者を懐柔するための〝取引〟である。すると、それらを受け入れて要求を取り下げてしまう者が少なからず出た。

そもそも、被害者に一律に支払われる被害者給付金や全国からの見舞金を受け取った時点で、沈黙してしまう住民もいたのである。被害者給付金は、犠牲者遺族に10万ルーブル（約37万円）、負傷者に5万ルーブル（約18万5000円）である。決して豊かとはいえないこの地域の住民にとっては大金だ。

こうした事態を想定して「ノーバヤガゼータ」が〝契約〟を結んだ住民たちも、一人また一人と脱落していった。結局、過去の事件と同じことが繰り返されたのだ。これはミラシナにとってはやはりショックだった。

「あんたの肉親が死んだわけじゃないだろ。死んだのは私たちの子供たちだ。余計なお世話だよ。ほっといてくれ」

こんな言葉をミラシナに投げつける者もいた。そんな時、彼女はこう反論した。

「あなたたちの亡くなった子供は、私たちの国の子供たちでもあった。だから、私たち国民一人一人の悲劇なんです」

もちろん、政権側からの誘惑を敢然とはねのけて闘い続ける住民たちもいた。すると現地の治安当局は、今度は打って変わって、嫌がらせや脅迫など強権的な態度に出た。

狭い法廷に当局が買収した人間を多数動員して傍聴席を占拠させ、「裁判をもう終わらせろ！」などと叫ばせて、抵抗を続ける住民たちの裁判の傍聴すら妨害したのである。

まもなく、ミラシナの取材活動にもさまざまな妨害が入るようになった。

「現地のFSBから目をつけられて、ベスランを出る時に持ち物検査が頻繁に行われるようになったのです。重要な書類を入手してもそれを没収される危険性があったので、いろいろ知恵を絞りました。ある時は、バッグの底に重要書類をしのばせて一番上にわざと汚れたパンティを詰めたんです。バッグを開けた若い男性の検査官は赤面して、検査はそれでおしまいになりました（笑）」

しかし、FSBの監視と妨害はまもなく、こんな笑い話ではすまされないほど執拗《しつよう》に強硬になっていく。彼女の取材に応じた住民たちはFSBに出頭させられ、「ジャーナリストの取材に応じるな」と脅しをかけられた。彼女の携帯に、「ベスランの取材をやめろ。さもなければ、かわいそうだがおまえを殺すことになる」という脅迫電話がかかってきたのもこの頃である。携帯電話が盗聴されていたのだ。

ミラシナとともにこの事件の取材をした同僚記者のオリガ・バブローバもこう証言する。

「現地のFSBはおそらく、私たちがどこに行き、だれと会い、どんな話をしたかをすべて把握していたはずです。実際、私がベスランに出かけた時、1人の若い男がずっと私を尾行しているのに気づいたのです。それで誰何《すいか》したら、正直に、『自分はFSBのスタッフだ』と名乗った。ところが、私を尾行する理由をこう説明したんです。『私はあなたのジャーナリストとしての活動を妨げるつもりはない。ただ、モスクワからわざわざやって来たあなたが、当地で不測の事態に巻き込まれないように護衛しているのです』と」

ミラシナの身に危険が迫っていた。

FSBの関係者を法廷に召喚させるまでハンガーストライキを行うと住民たちが宣言し、彼女がそのいきさつを、「ノーバヤガゼータ」のウェブサイトに掲載した直後のことである。

当時ベスランに滞在していた彼女は、夜遅く住民の車で送ってもらい、「ノーバヤガゼータ」が借り受けていたアパートに帰宅した。階段を上りかけた時、下から、「エレーナ!」と呼ぶ声がした。彼女はてっきり、自分がなにか忘れ物をして、車で送ってくれた男性が声をかけたのだと思った。

「なに?」そう返事をして戻りかけると、階段をものすごい勢いで駆けのぼる複数の足音が響いた。「車で送ってくれた彼じゃない」。ミラシナは死に物狂いで自分の部屋までたどり着き、鍵穴《かぎあな》に鍵を差し込んだ。すると、いつもは解錠にひどく手間取るドアがこの時はうそのように簡単に開いた。部屋に飛び込んで素早くロックする。助かった！　胸を撫《な》でおろす彼女の耳に、ドアの向こうで男たちが怒鳴るのが聞こえた。

「おまえはベスランから出ていけ！」

「おまえはここであくどいことをしている。二度と来るな！」

ミラシナも負けてはいなかった。

「あんたたちはだれだ？　なんのためにこんなことをしている？」

怒鳴り返したが返事はなく、男たちはあきらめたのか下に降りていった。次の日の朝、アパートの住人たちに聞くと、前日の朝、怪しい男たちがミラシナのことを聞き回っていたと言う。

彼女はこの時、間一髪で助かったが、彼女と協力して事件の真相を解明しようと奔走していた「テロ行為犠牲者援護財団」という社会団体の代表を務める女性、マリーナ・リトビーノビッチは、ミラシナのこの事件の２週間後に、モスクワで何者かに頭を殴打《おうだ》され重傷を負った。

ミラシナも彼女も被害届を警察に提出したが、捜査が行われた形跡はなかった。それどころか、ミラシナの場合は実害がなかったため、警察官から「自作自演のように思われるのがおちだ」とまで言われたのである。

彼女はしかし、こうした卑劣な行為に屈することはなかった。

「私を襲撃しようとした人間は殺すつもりはなかったと思います。単に、私がベスランで調査、取材活動を行うことを妨害しようとしただけです。北カフカスの国の中でチェチェンは本当に危険なところですが、北オセチアは比較的安全な地域です。特にベスランは、確かに悲劇的な事件が起こったところですが、取材に関してはこれまで特に身の危険を感じたことはなかった。とにかく、襲われかけたからといって、取材を途中で投げ出すわけにはいきません」

後に、ミラシナに対するこの襲撃未遂事件は、ＦＳＢに協力した地元住民のしわざであることがわかったが、どうすることもできなかった。

脅迫や暴力行為だけではない。彼女は、ロシア議会付属調査委員会の委員長アレクサンドル・トルシン議員から、悪意に満ちた中傷と嫌がらせを再三受けた。政権の公式発表に沿った調査結果を公表しようとしていたトルシンにとって、政権の捏造《ねつぞう》と欺瞞《ぎまん》を次から次へと暴《あば》く「ノーバヤガゼータ」の調査報道はまさに、喉元《のどもと》に突き刺さった骨であった。

彼は、大衆紙「モスコーフスキー・コムソモーレッツ」（略称MK）のインタビュー、さらに調査委員会のウェブサイト上ではっきりエレーナ・ミラシナの名前を挙げ、彼女の記事は悪質な挑発であり、ロシアの名誉を棄損すると口をきわめて罵《ののし》った。しかもミラシナは、ベレゾフスキーから多額の金を受け取って記事を書いていると言い放ったのだ。

ベレゾフスキーとは、再三触れているが、「オリガルヒ（寡占《かせん》資本家）」の代名詞とも言われた実業家で、プーチン政権に追われ国外逃亡した人物である。ユダヤ系ということもあって国民に蛇蝎《だかつ》のごとく嫌われているこのベレゾフスキーから、こともあろうに大金を受け取って記事を書いていると、まことしやかに報じられたのである。

この爆弾発言の波紋は大きく、彼女は一時、自身のジャーナリスト生命が脅《おびや》かされる事態に追い込まれた。

「ところで、ベレゾフスキーからもらった金はどうしたんだ？」

ミラシナが、事件の目撃者として検察庁から呼び出しを受け事情聴取に応じた時、検察官は好奇心丸出しでこう聞いた。「ノーバヤガゼータ」の著名なジャーナリスト、ユリア・ラティニナがラジオ局「エホ・モスクブイ」に出演した際は、聴取者から、ミラシナのあの件は事実なのかと質問が飛んだ。

当のミラシナにとって最も耐え難かったのは、ベスランでも、この悪質なデマを信じる者が少なくなかったことである。それまで彼女の取材活動に温かい支援を惜しまなかった人々が、突然手のひらを返したように、冷たい視線を送ってよこすようになった。彼女はそのたびに、トルシンの発言は謂《い》われのない中傷だと懸命に釈明しなければならなかった。

現地で2年間にわたって協力しあい、互いを理解し合っていたと信じていた女性に、「ねえエレーナ、正直に言って。いったいいくらもらったの?」と聞かれた時は絶句するしかなかった。この女性にとっては、なんらの金銭的な見返りもなしに、こうした困難な仕事を長期間続ける理由がわからなかったのだろう。

「事件によって自分が感じた罪の意識、社会的責任、再び、こうした事件を繰り返さないために、微力ながらがんばりたいという私の気持ちをまったく理解してもらえなかったのです」

ジャーナリストとしての名誉を甚だしく傷つけたトルシン議員に対し、彼女は名誉棄損の訴えを起こすつもりだった。だが、自分が暴漢に襲われかけても、いや、「テロ行為犠牲者援護財団」のマリーナ・リトビーノビッチが実際に重傷を負ったのにもかかわらず、全く動こうとしなかった警察である。たかが名誉棄損ごときでは一顧だにしないに違いない。彼女は結局、訴えを断念した。

きっとトルシン議員は、私のレポートに反論できない腹いせをしているのだろう。こんなことに時間を割くよりも本来の職務に精励しよう。この事件の調査を全うし全貌を解明することこそ、私の使命ではないか。彼女は、悔しさと怒りを、仕事に没頭することで紛らわそうとした。

しかし、その後思いがけず、ミラシナは公の場でこのトルシンと対決することになる。

彼が記者会見を開き、調査委員会の中間報告を行った時のことである。席上、彼は突然ミラシナの名前を挙げて、「彼女は私たちのまとめた報告の内容を盗んだ」などと脈絡もなく批判を始めた。ところが、その記者会見にミラシナも出席していたのである。

突然、名指しで批判を受けた彼女はその場に立ち上がった。

「私はエレーナ・ミラシナです。私に対する批判の根拠を示してください」

するとトルシンは驚いて声を上げた。

「えっ、あなたがエレーナ・ミラシナ？」

ミラシナは以前、トルシンにインタビューをしたことがあるのだが、彼はすっかりミラシナの顔を忘れていたのだ。うろたえた彼は、そのままコソコソと記者会見の場から逃げ出してしまった。彼女は大いに溜飲《りゅういん》を下げた。

ただ1人生き残ったテロリスト、クライエフに対する裁判は06年5月に判決が下り、彼は終身刑を言い渡された。法廷でずっと沈黙を守り通してきた彼が最後の瞬間、「それはみんなでたらめだ!」と叫ぶのをミラシナは聞いた。被告側は控訴し、同年12月に最高裁の判決が下ったが、それは1審の判決を支持したもので、クライエフの終身刑が確定した。

クライエフは、「兄と共に無理やり武装集団に参加させられ、学校を襲撃することさえ知らなかった。自分はだれも殺していない」と主張したが、判決ではその主張はまったく入れられなかった。戦車や火炎放射器を特殊部隊が使ったことは事実と認定されたが、それは法律に照らして妥当であり、多数の死傷者が出た原因ではないとされた。突入した側の責任はまったく不問にされたのである。

「確かに判決は、真実を求める住民の声に応《こた》えたものではありませんでした。でも、こうした裁判がロシアで実現したこと自体は奇跡でした」

公判をすべて傍聴したミラシナが、裁判を総括して言う。

「少なくとも、元人質たちは法廷で自分の体験をありのままに述べることができた。司法当局は、彼らの証言は当てにならないと一蹴《いっしゅう》しましたが、傍聴した者にはなにが真実かは明らかでした。権力の横暴に対して、法律を武器に市民が一致団結すれば多くのことが成し遂げられる。そのことに、住民も私自身も気づいたことは大きな収穫でした。私にとってそれは、スクープを飛ばすことよりもはるかに大きな喜びだったのです」

だが、ミラシナの仕事はまだ終わっていなかった。彼女は、クライエフの裁判を傍聴するかたわら、ある人物へのインタビューに集中していた。

ユーリー・サベリーエフ。ミラシナに度重なる中傷を行った、あのトルシン議員を委員長に戴《いただ》くロシア議会付属調査委員会のメンバーの1人で、「ロージナ（祖国）」という政党に属する国会議員である。同時に、物理学の博士号を持つ科学者で銃火器の専門家であり、自ら、武器製作も手がける。

ミラシナは、彼が同調査委員会の中で唯一《ゆいいつ》の科学者であり、ベスランに赴いて詳しい現場検証を始めたと聞き、彼に接触してみようと思い立った。なにより、自分がこれまで行った調査や取材に対する科学的な裏付けがほしかった。

「彼に初めて面会したのは05年の春か夏だったと思います。最初のうち私たちの関係はあまり良くなかった。彼は愛国者ですし、自分で調査を始める前は政権の公式発表を信じていたようです。だから私のことを、変なことを言うつまらない若い女の子程度にしか見ていなかった(笑)。ところが私が書いた『ノーバヤガゼータ』の記事、特に元人質の証言を読んで顔色を変えたのです」

彼が実際に現地で検証を行ってみると、その結果は、元人質の証言とほぼ一致するものだった。たとえば、体育館の窓の下にできた大きな穴である。これは、テロリストが出窓に置いた自家製のペットボトルの爆弾が破裂してできた痕跡《こんせき》だと政権は主張した。だが、元人質らは口を揃《そろ》えて、テロリストが仕掛けた爆弾は、特殊部隊の突入時に爆発していないと断言した。

サベリーエフはこの穴を詳細に調べて政権の嘘《うそ》を見抜いた。内部からの爆発ならこの穴の周辺すべてが吹き飛んでいなければならないのに、実際は、穴のすぐ上の窓枠がそっくり残り、壁や床板も傷《いた》んでいないからだ。そして、穴の形状などから、これは外からの攻撃によってできたものであると断定した。

サベリーエフの、あくまで科学的な検証に基づいて真実に迫ろうとするこうした姿勢は、以後、トルシン率いる調査委員会の主流派と真っ向から対立することになる。

ミラシナは、06年8月28日付の「ノーバヤガゼータ」に、2年間の調査と取材の集大成とも言うべき長大なレポートを発表した。

全文を紹介することは難しいため、主要部分を追っていくことにする。

〈「ノーバヤガゼータ」は、裁判の速記録、警察の報告書、1人生き残ったテロリストに対する裁判の傍聴、ロシア議会付属調査委員会の記録、そして、同調査委員会のメンバーの1人、ユーリー・サベリーエフの調査結果、突入の目撃者、反テロ作戦の参加者など、私たちが握っているすべてのデータを比較、分析、検討して以下の結論に達した。

まず、学校を襲撃したテロリストたちは5つか6つのグループに分かれ、その人数は相当多く50〜60人に上っていた。その中の数人はスラブ系でロシア語をしゃべっていた。15〜16人は狂信的な信条を持つテロリストであった。女性も5人ほどいた。

ロシア議会付属調査委員会の報告によれば、人質解放作戦本部の混乱や意見の食い違いが、人質の待遇に直接悪い影響を与えたとはいえないとしているが、事実は異なっていた。まず、人質の数が354人と報道されたために、人質の状況は決定的に悪化した。1日目はトイレに行くこともできたし水も飲めたが、2日目からはトイレも水も許されなくなった。

本部の中では、人質解放を第一に考える者と、テロリストを殲滅《せんめつ》することを全《すべ》てに優先させようとする者とに二分し、対立していた。

北オセチア大統領ザソーホフは、現地での最高責任者として、テロと闘うべく最も積極的に行動した。彼は、9月1日午前11時20分頃、モスクワのプーチンと電話で話し合った。この時プーチンは、人質解放に全力を尽くすように言った。しかし、テロリスト側が、イングーシ共和国大統領ジャジコフ、北オセチア大統領ザソーホフ、小児科医ロシャーリ、追加で、大統領顧問アスラハーノフを交渉役に指名した時、モスクワは、彼らが交渉役となることに難色を示した。

ザソーホフに対してはモスクワから禁止命令が出され、もし命令に従わなければ逮捕すると脅した。ジャジコフも事件の最中はベスランに姿を見せず、アスラハーノフがベスランに到着したのは3日の午後、特殊部隊による突入が行われた後のことだった。その他、モスクワ劇場占拠事件の際に交渉役を務めた政治家たちにも禁止命令が出た。

結局、テロリストとの交渉を妨げていたのはモスクワだった。

それでも、ザソーホフと北オセチア共和国の指導者たちは全力を尽くそうとした。ザソーホフは、テロリストたちと直接交渉はしなかったものの、人質解放と引き換えに、イングーシ共和国のナズランで起きた襲撃事件に参加し拘束されている武装独立派のイングーシ人を釈放することを検討したり、北オセチア議会の議員たちを、人質になった800人の子供たちの身代わりにすることなどあらゆる方法を考えた。

さらに、ロンドンに長期滞在しているチェチェン独立派のアフメド・ザカーエフを通して、ロシア政府に追われてチェチェン領内に潜伏中の、独立派第3代大統領マスハードフにも連絡を取った。マスハードフに交渉役を頼むねらいからである（著者註：ザカーエフは、マスハードフの国外での代理人を務めた人物）。

1日午後1時、プーチン大統領はベスランに、FSB副長官のプロニチェフ、チーホノフ、アニシモフの3人を派遣した。このうちプロニチェフとチーホノフは、02年10月のモスクワ劇場占拠事件で、特殊部隊の突入時にガスを使ったことで一躍有名になった。

しかし彼らは当初、ベスランに入らずウラジカフカスに非公式の本部を作った。彼らに特殊部隊幹部、連邦政府の職員も加わって突入の準備を始めたが、ザソーホフら北オセチア政府はこの非公式本部に参加することはできなかった。非公式本部のねらいは突入までの時間稼ぎであった。

1日から2日にかけて、内務省所属特殊部隊の「オモン」、FSB所属特殊部隊の

「アルファ」や「ビンペール」などにそれぞれの任務が割り当てられた。学校に隣接した5階建てのアパートにたくさんの武器が運び込まれ、現場の第1学校と似た建物で突入を想定した訓練が始まった。

脱走した人質から学校内部の情報を詳しく聞き取り、テロリストが立てこもっている場所、出入り口、爆弾が設置されている場所などを特定した。さらに、体育館の窓ガラスの材質が詳しく検討され、さまざまな突入方法が検討された。

しかし、非公式本部が出した結論は悲観的なものだった。テロリストを挑発して体育館の中で爆発を起こさない限り、学校に突入することは不可能だった。しかしそれは、人質の大半が死亡することを意味する。どのような突入方法によっても、最初に発表された人質の数をはるかに上回る犠牲者が出る。

その場合、突入を指揮したFSBや特殊部隊の責任が問われることになる。これを回避するため、テロリストの方から攻撃を仕掛けたように見せかけて突入するというシナリオが出来上がった。

だが、このシナリオを綿密に練り上げる時間的余裕はなかった。なぜなら、チェチェン共和国第3代大統領のマスハードフが交渉役として乗り出してくる公算が高まったからだ。

2日の午後10時15分、マスハードフはAFP通信に対し、「この危機を、何の条件もつけずに平和的に解決するための準備ができている」と語った。3日の正午、ザソーホフはザカーエフと連絡を取り、マスハードフのこの発言を確認した。その際、ザカーエフは、「第1学校まで無事に着くことを保証するなら、私とマスハードフはベスランに行く用意がある」と言った。ザソーホフは、この件について検討するから2時間だけ待ってほしいと答え、FSB副長官のプロニチェフに一部始終を報告した。この1時間後に突入が始まった。

私の見解では、マスハードフが、テロリストとの交渉役を引き受けたことが、まさに、特殊部隊による突入を挑発したのである〉

少し説明が必要だろう。北オセチア大統領ザソーホフがマスハードフに交渉役を依頼したのは、テロリストたちも、大統領のマスハードフの命令には従うのではないかと期待したからである。

当時、ロシア政府は、武装独立派の息の根を止めるために、独立派の指導者を片端から暗殺する手段に出ていた。このためマスハードフは地下に潜伏していた。このマスハードフがテロリストとの交渉役を引き受け、万一、人質の解放に成功したなら彼は英雄となる。これは、ロシア政府にとって最も避けたいシナリオだったはずだ。だからこそ、彼がベスラン入りする前に、急遽《きゅうきょ》、突入を決断したのであろうというのがミラシナの見解だ。

国営ロシアテレビの「ベスチ」は、事件終結直後、北オセチア内務省の高官の発表として、マスハードフがバサーエフと共にこの事件の首謀者であったと報じたが、過激派と一線を画するマスハードフの穏健な考え方からして、それはまずありえないだろう。事実、マスハードフはこれを強く否定した（第８章）。

次にミラシナは、〈突入。９月３日の事件の時系列的記録〉と題して、特殊部隊による突入が実際どのように起こったのか、その詳細を、時間の経過とともに克明に記している。

〈３日午後12時55分、１日の事件発生時にテロリストによって殺害され、そのまま放置されていた人々の遺体を収容するため、非常事態省の車が学校に近づいた。

午後１時３分過ぎ、大きな爆発の音が聞こえた。これは、学校の路地沿いの37番の建物の屋根に設置された正式名称РПО―Ａという特殊な火炎放射器（ないしは、これにきわめて類似した武器）から発射された燃料気化爆弾が、体育館の北東の屋根と天井の間で爆発したものである。学校内の爆弾が爆発したのではない。

22秒後、再び爆発音がした。この爆発によって、学校の中庭に面した体育館の窓の下に大きな穴ができた。爆発は、正式名称РШГ—1というこれも特殊な火炎放射器によるものであり、学校の路地沿いの41番の建物に設置されていた。

この２つの爆発の目的は、体育館の中に仕掛けられた爆弾の起爆装置のペダルを管理していた２人のテロリストを倒すためだった。同時に、学校の路地側の建物の屋根に待機していたＦＳＢ所属特殊部隊ЦСНに攻撃の命令が下ったことを意味する。爆発で２人のテロリストは死亡した。

爆発に巻き込まれなかった人質は、体育館から逃げ始めたが、その内の約３００人の人質は、テロリストたちによって、体育館から学校の本館に移動させられ、会議室や食堂、工作室に閉じ込められた。

人質解放作戦本部は、体育館の東の部分、トレーニングルームの上の屋根裏が燃えているという知らせを受けた。燃料気化爆弾の爆発によって、体育館の天井に1メートル四方の穴が開き、この穴の周りと、保温材、天井の梁《はり》がくすぶり始めたのである。

午後1時半、作戦本部は、逃げようとする子供たちに向けてテロリストたちが銃撃を始め、学校の敷地内で激しい銃撃戦が行われていると発表した。

午後2時20分から2時55分にかけて、体育館では、燃え広がった火事によって、テロリストの仕掛けた爆弾が爆発した。同じ頃、外から、地元住民や地元の内務省所属特殊部隊の「オモン」らが体育館に突入し、混乱の中で、爆発による怪我人《けがにん》の救出や遺体の収容作業が開始された。その時、テロリストたちはすでに体育館から姿を消し、2階の窓から銃撃していた。

火事はさらに拡大し、体育館の屋根を支える木造の骨組み、天井、机、人質の持ち物が燃えている。FSB所属特殊部隊のЦСНは、体育館と平行して建つ南館の2階の窓に向かって榴弾《りゅうだん》を発射し、テロリストたちに反撃している。しかしこの南館にも、テロリストに連行された人質がいる可能性がある。325番と328番の戦車が学校に近づいていく。

午後2時25分、1台の戦車が学校の建物に向かって砲撃を開始した。

午後2時55分、体育館の火事は一層激しさを増し、体育館のスレート屋根と天井の一部が崩れ落ちた。しかし、体育館の中にはまだ生きている人質がいる。

FSB所属特殊部隊ЦСНは、РПО－Aないしは類似の武器を、学校の本館の屋根に発射した。軍用ヘリコプターМИ－24からも、榴弾が体育館のそばの建物の屋根に発射された。南館への攻撃も続いている。

午後3時、FSB所属特殊部隊ЦСНの将校による命令で、2台の戦車が何度も学校に砲撃を行った。

午後3時10分、FSB副長官のチーホノフは、特殊部隊の「アルファ」と「ビンペール」に学校を制圧するよう命令を出し、同時に、非常事態省に対し、体育館の火事の消火を命じた。

午後4時、学校の食堂の窓からFSB所属特殊部隊ЦСНが内部に突入した。戦車は砲撃を停止した。

午後5時、火事が鎮火した。その後も特殊部隊のЦСНは、学校の南館の屋根に向けて攻撃をしている。

午後12時、南館の各部屋や工作室の天井に向かって、РПО—Аによる砲撃が行われたが、なぜこの時間まで攻撃が続いたのか、理由はわからない。

翌4日、体育館から112〜116の焼死体が収容され、南館の食堂や会議室、その他の場所から106〜110の遺体が収容された。1日の事件発生時にテロリストに殺害された18人を含めると、4日に見つかった遺体は全部で237である〉

「これが真実です」

ミラシナは明快にそう言い切った。

「私たちの調査の過程で、ロシア議会付属調査委員会のトルシンは、『ノーバヤガゼータ』を目の敵にし、私個人にもあれだけの嫌がらせをした。ロシア最高検察庁は、私たちの記事の些細《ささい》な間違いをあげつらって、『部数を稼ぐためにスキャンダラスな捏造《ねつぞう》記事ばかりを書いている』と非難した。ですから、最終的なこのレポートが事実と相違しているなら黙っているはずがない。それなのに彼らは完全な沈黙を守っています。この反応こそレポートが正しいことの証明です」

北オセチア共和国の議会調査委員会も、アプローチの仕方は「ノーバヤガゼータ」とは多少異なっていたが、同じ結論に達した。

ロシア議会付属調査委員会の報告書は、06年12月の暮れも押し詰まった頃に突如発表された。ロシアでは、新年を前にしてすでに新聞や雑誌が休みになるため、わざわざその時期を選んで公表したのだろう。内容は、生き残りのテロリスト、クライエフの裁判の判決内容と大差なく、科学者であるサベリーエフの少数意見は完全に黙殺されてしまった。

旧ＫＧＢの歴史に多くのページを割き、ＫＧＢのような強力な組織がなくなったからこのような恐ろしい事件が頻発するようになったなどと記すこの報告書に、なんらかの価値を見出《みいだ》すことは難しい。

04年の9月から06年の8月まで、彼女がこの事件について書いたレポートは膨大な量に上る。その間、「ノーバヤガゼータ」の発行部数はかなり増加したとミラシナは言う。それだけ多くの人々が、この悲惨な事件に並々ならぬ関心を抱いていた現われだろう。

しかし、彼女が身の危険も顧みず心血を注いで書いた記事も、ロシア社会の大勢を動かすことはできなかった。第8章で触れたように、インターネットの普及が国全体ではいまだ限定的なロシアで、一般の国民が情報を得る手段は圧倒的にテレビである。そのテレビの主要キー局がすべて政権の管理下にある今、政権の公式発表通りにあの事件を捉《とら》えている人々がおそらく大半であろう。

そこに無力感や虚《むな》しさを感じないのだろうか。私はミラシナに問うた。

すると彼女はこう答えた。

「いいえ、私は全くそういうふうには考えません。現在のロシアの報道事情の中で、真実を明らかにし、それを公表できたことに大きな誇りと充実感を感じています。それに、この事件を通してこの数年間に付き合った人々は私の真の友となりました。ユーリー・サベリーエフ、マリーナ・リトビーノビッチ、そしてベスランの人々。このことも私にとっての大きな収穫です。ベスランでは確かに、政権のアメとムチによって真実の追求を途中でやめてしまった人も少なくなかった。しかし、社会団体の『ベスランの声』の代表エラ・ケサエバのような人もいます。彼女は普通の主婦でしたが、我が子を亡《な》くすという耐え難い経験を社会を変革していく大きな原動力に変え、すばらしいリーダーになった。ハンガーストライキを何度も行った彼女の前に、政権の甘言も脅しもまったく通用しなかったのです。私にとってベスランは心の故郷になりました」

だが、この事件が年若い彼女自身の人生に、暗く不吉な影を落としたこともまた事実である。彼女には長年交際している男性がいるが、この事件以来、普通に結婚して子供を持つことに懐疑的になってしまったと言う。

「なぜならこの国は、子供たちを必要としていないのです。ベスランの子供たちは政権によって見殺しにされてしまったのですから」

北オセチア共和国の首都ウラジカフカスの空港から車でベスランに入るには、必ず1本の幹線道路を通らなければならない。途中、大きな墓地が広がっているのが見える。林立する墓石にはいくつも哺乳瓶《ほにゅうびん》がぶら下がっている。

「あの事件ではいたいけな乳飲み子までが犠牲になったのです。クレムリンのお偉方たちがベスランにやって来る時、彼らを乗せたぴかぴかの高級車は、必ずこの場所を恐ろしい勢いで通過します。この光景を見たくないからです」

ミラシナは私にそう言った。

エピローグ——恐怖を超えて

株主のレーベジェフの尽力によってかろうじて命脈を保っているものの、現在の「ノーバヤガゼータ」の財政が火の車であることに変わりはない。一部の記者からは当然ながら、給料が安く、しかも、遅配が常態化していることに不満が上がっている。「給料が安定しないとみな辞めてしまうし、記事の質の低下につながる」とぼやく者がいれば、「記者の我々より3倍近い給料をもらっている技術スタッフがいる。給与体系は一体どうなっているんだ」と憤慨する者もいる。

「ノーバヤガゼータ」の場合は、そこへさらにさまざまな筋からの妨害や圧力も加わるため、経営状態の改善はいっそう難しくなる。

ただし、政権による直接の圧力や脅迫はないと編集長のムラートフは明かす。

「当局は私の性格を知っているから、私には何も働きかけをしません。ところが、我々の株主であるゴルバチョフとレーベジェフにチェキスト（秘密警察職員のこと。現在ではFSB職員を指す）から何度も電話がかかっている。あの新聞から手を引けというわけです。私は実は、つい最近まで、２人にそんな電話がかかっているとは知りませんでした。

我々の新聞に広告を出稿している広告主に対するFSBからの圧力も、今に始まったことではない。実業家たちは軒並み、我々の新聞に広告を出すことを恐れています」

税務署の監査が、明らかに他のメディアと比較して非常に厳しいことも同紙を悩ませている。名誉棄損の訴えも1年に40件ほどある。

重要な収入源であるキオスクでの販売に妨害が入ることもある。キオスクでの販売を請け負う仲介会社はエリツィン時代に急増し、特にモスクワでは乱立気味である。ところが地方ではこの種の会社はまだ少なく、場所によってはたった1社しかないところもある。競争原理が働かないから事実上の独占企業である。すると、その独占企業に役人が耳打ちをするのである。

「あの『ノーバヤガゼータ』は権力批判ばかりしてけしからんから、キオスクでの販売をやめろというわけです。するとその仲介会社は、『売れなかった』という口実のもと、支払った金を返還してくるのです。実際は、役人の圧力によってキオスクで取り扱うことをしなくなったのです。こうした露骨な販売妨害があちこちで起きています」

社長のコジウーロフは言う。

悪質な嫌がらせもある。切り取られたロバの耳が郵便で送られてきたり、ナイフで刺されたラットの死体がオフィスの玄関に転がっていたこともある。

「ノーバヤガゼータ」の名誉を貶《おとし》めようと、こんな挑発行為を企《たくら》む者さえ現われた。09年3月、政治分析センターの代表と名乗る若者が編集局を訪れ、政治家や実業家の宣伝記事を、「ノーバヤガゼータ」の著名な記者が執筆してくれれば、1か月に300万から400万ルーブル（810万～1080万円）の謝礼を支払うと持ちかけた。ただしこの金は、表の帳簿には記載できない裏の金だという。

編集局はこれに同意したように見せかけ、若者が次に金を持って来た時に警察に通報、若者は駆けつけた警察官によって逮捕された。

この若者は、プーチンを崇拝する愛国主義的青年組織「ナーシ（「我らの」の意）」のメンバーだった。急速に勢力を拡大し、全国にいまや10万人もの活動家がいるといわれるこの団体は、「ノーバヤガゼータ」のようなリベラルな組織を目の敵にしている。もしこの挑発に「ノーバヤガゼータ」が乗っていれば、すかさず、「汚い裏金をもらって宣伝記事（注文記事とも言う）を書く堕落した新聞だ」と騒ぎ立てただろう。

しかし実際のところ、こんな回りくどいことをやらなくとも、当局がこの小さな新聞をつぶそうと思えば全く造作もないことである。それにもかかわらず、「ノーバヤガゼータ」がともかくもまだ存在していて、権力に批判的であり続けられるのはなぜなのか。

ひとつには、部数が少なく何を書こうと大勢に影響を与えないから、政権は適当に〝泳がせている〟という説がある。そして、欧米がロシアの言論弾圧について非難を浴びせる中、「いや、こうした自由な新聞もある」とアリバイ的に利用しているのだという。

だが、論調が大勢に影響を与えないなら、なぜこれほど同紙のジャーナリストが立て続けに殺害されるのかという疑問も生じる。

第7章で記したが、あるロシア問題専門家が、「プーチン政権が目指したのは、〝制御可能な社会〟〝制御可能な言論の自由〟〝制御可能な自由経済〟」であると解説してくれた。その後の10年で、プーチン・メドベージェフ体制はこの制御の仕方を具体的に構築したという。そのひとつは、FSBと税務警察による取り締まりである。NTVのオーナーだったグシンスキーの持ち株会社に家宅捜索に入ったのはまさに、このFSBと税務警察だった。

再びそのロシア問題専門家が言う。

「現体制は、活字媒体にはある程度の自由を許しているといわれますが、体制が認める範囲外の報道をしてしまった場合は、新聞や雑誌であろうとFSBや税務警察に踏み込まれる恐れがある。そして、どのような罪状を突きつけられるかわかったものではありません。そのために、記者や経営者はいつもこのことを念頭に置いて、自主規制しながら報道を行っていかざるを得ないのです」

それでは、体制が認める範囲外の報道とは何か。ひとつには、外国の利益を優先し国益を害するような報道、外国のプロパガンダを国内に浸透させるような報道である。これも、外国資本が無制限になだれ込んだエリツィン時代の反省に立っている。そしてもうひとつは、プーチンやメドベージェフの私生活を暴《あば》くことだ。

このタブーを犯したマスコミがどうなるかは、日刊紙「モスコーフスキー・コレスポンデント」の運命がすべてを物語っている。08年4月、同紙は、プーチン大統領が秘密裏に離婚し、30歳年下の元新体操世界チャンピオンのカバエワ（現国会議員）との再婚準備を進めているというスキャンダルを報じたのだ。

この離婚報道は世界を駆け巡った。1週間後、プーチンは、訪問先のイタリアで記者からの質問を受けて「事実無根だ」と報道を全否定し、「エロチックな妄想を抱き、汚れた鼻先を他人の私生活に突っ込む人たちに私は悪い印象を抱いてきた」と怒りを露《あら》わにした。すると同日、「モスコーフスキー・コレスポンデント」は、「報道に誤りがあった」として休刊となり、その後廃刊に追い込まれた。

いかに鋭い政権批判を展開する「ノーバヤガゼータ」であっても、やはり、こうした越えてはならない一線は考慮せざるをえない。もっとも同紙は、ムラートフ言うところの〝腰の下〟の報道は行わないから、「モスコーフスキー・コレスポンデント」の二の舞はまず考えられないだろう。

インテリ、リベラル、年寄り。「ノーバヤガゼータ」の読者はこの3つが揃《そろ》っていると、口さがないあるマスコミ人は言う。確かに私が街頭で「ノーバヤガゼータ」を買っている初老の女性に声をかけたところ、自然人類学の研究者だと名乗った。

いくつものメディアを立ち上げ軌道に乗せてきた元イズベスチアの編集長シャキロフが、この点について「ノーバヤガゼータ」に苦言を呈する。

「同紙が政権への批判や調査報道など、素晴らしい仕事をしていることは認めます。

ただし、現在バリバリ仕事をしている現役のビジネスマンや若者にはそっぽをむかれている。彼らがよりよい仕事をし、よりよい生活を送る上での役に立つ情報がないからです。こうした購読者を振り向かせる努力をした方がいいと思う」

このシャキロフの言葉を直接、編集長のムラートフにぶつけてみた。

「そもそも、フェラーリを乗り回す若者が我々の新聞を読んでいるかどうか、気にしたことはありません。しかし、08年秋のリーマンショック以降、29歳から50歳までの購読者が増加しています。彼らは、このアメリカ発の金融危機によって、ロシアで具体的に何が起きているのかを知りたかった。優秀な経済評論家による詳しいレポートを載せた我々の新聞は、彼らの要求に応《こた》えることができたのです」

実はクレムリンは、この金融危機が起きた時、「危機」という言葉を使用するなとマスコミに圧力をかけた。いたずらに国民の不安を煽《あお》るという理由からである。このため多くのマスコミは、この金融危機によってロシア経済が実際どのような影響を被《こうむ》ったか、正確な情報を読者に届けられなかったのである。そこへ、政権の顔色をうかがう必要のない「ノーバヤガゼータ」が詳細な分析記事を載せたために、若いビジネスマンたちが飛びついたということのようだ。

「何か大事件が起きると『ノーバヤガゼータ』が売れる」とは同紙の記者の言葉であ

る。

国家レベルの大事件になればなるほど政権はマスコミ報道を規制するので、一般の国民はテレビを見ても他の新聞や雑誌を読んでも本当のところはわからない。こういう時こそ「ノーバヤガゼータ」を読む。そう考えている人々は案外多いのだろう。最近では、こうした購読者層の変化によって明るい兆《きざ》しも見えてきた。08年に約17万部だった発行部数が2年後の10年には約27万部に増加した。さらに、銀行や自動車会社などの広告が増えたため、広告収入も上向いているという。

それまで、「ノーバヤガゼータ」に広告を掲載することをためらっていた広告主たちの考えが変わったのは、ムラートフによれば、09年に2度にわたり、彼がメドベージェフ大統領と会見したからである。

1度目は、マルケロフ弁護士とバブーロバ記者が殺害された10日後に、ゴルバチョフ元ソ連大統領の仲介でクレムリンに招待された。メドベージェフは、亡《な》くなった2人に哀悼の意を表したが、これは、プーチン前大統領の時代にはなかったことである。続いて4月に、メドベージェフはムラートフを単独でクレムリンに招待した。大統領が、活字媒体による初のインタビューに「ノーバヤガゼータ」を選んだことは、ロシア国内で大きな驚きを持って受け止められた。

ムラートフは、現在のロシアの民主主義が危機的な状況にあることをメドベージェフに力説した。人種や民族への偏見に基づく民族主義団体（ネオナチ）の勢力が増大しており、スターリン復権の動きもある。「ノーバヤガゼータ」の記者も含めて、各地でジャーナリストが頻繁に襲撃されており、それらの事件の捜査が一向に進んでいないことも訴えた。

それに対してメドベージェフは、民族主義団体が引き起こした犯罪に対する捜査を強化することを約束し、人権問題委員会を設立したことを明らかにした。トップレベルの政治家や官僚の資産公開を積極的に進めることも言明した。

２回目の会見の最後に、ムラートフはこう言った。

「非人間的なことや残酷なことを実行することはたやすい。それにひきかえ、正義や自由を成し遂げることは難しい。私は大統領に、後者の難しい方の道を歩んでほしいと願っています」

それに対しメドベージェフはこう答えた。

「ありがとう。確かに、後者の道は難しい」

「私には、大統領が、ある程度民主主義を定着させる努力をしているように感じられた」

そうムラートフは会見を評価するが、今もプーチンが強い力を持つ２頭体制の下で政権がどう変わるかは、「予測がつかない」と漏らす。

「ノーバヤガゼータ」はいまや、国内よりもむしろ欧米で高い評価を得ている。自由や民主主義、人権に最大の価値を置き、それを尊ぶ欧米で、同紙は優れた新聞としていくつもの賞を受賞している。このため同紙には欧米企業の広告主も現れており、この点からも、以前よりはいくぶん余裕のある財政状態になったようである。

「08年当時、我々はレーベジェフから月に８００万ルーブル（約２１６０万円）を援助してもらっていた。これは当時の新聞の全収入の7割を占めていた。今では、販売収入や広告収入が増加したために、レーベジェフからの援助は月に６００万ルーブル（約１６２０万円）に留まっている」

新聞の財政を健全化することは、もちろん編集長であるムラートフにとっての使命である。しかし、彼にとってもっと大切なことがある。それは、記者一人一人の命を守ることだ。

彼は最近、最も危険な取材をしている2人の記者にボディーガードをつけた。さらに、内務省宛《あ》てに、記者の武器携帯を認めるよう求める手紙を送っている。国家がジャーナリストを守らないなら、ジャーナリスト自らが武装せざるをえない。ムラートフがそこまで考えるほど、ロシアの言論は追い詰められているのだ。

一方、記者たちには、チェチェン、治安機関、汚職についての取材を控えるよう指示した。どれも非常な危険が伴うテーマだからだ。

だが、北カフカスの紛争地帯を専門領域としているミラシナやバブローバは、このムラートフの方針に強く反発している。

ミラシナは、最近、人権団体「ヒューマンライツウォッチ」のタニヤ・ロクシナがチェチェンに出張して取材した内容を、記事として取り上げるようムラートフに依頼した。ところがそれを彼が拒否したため、2人の関係は険悪なものになってしまった。

ベスランの学校占拠事件でミラシナと共に取材に奔走し、08年8月、ロシアとグルジアの間に勃発《ぼっぱつ》した南オセチアを巡る紛争では〝敵国〟グルジアに潜入して取材を行ったオリガ・バブローバも、こう主張する。

「ムラートフは、09年の7月にエステミロワが殺害された時、『ノーバヤガゼータはチェチェンでの活動を中止する』と宣言しました。ムラートフが編集長として、もうこれ以上記者の命を犠牲にすることはできないと考えていることはわかります。でもだからといって、チェチェン取材をやめることにはまったく賛成できません。

カディーロフ大統領は、自分の支配を徹底させるために、意のままにならない人間を片っ端から殺している。これを恐れて私たちがこのまま沈黙してしまえば、彼は味をしめてこれからも人を殺し続けます。彼の無法を阻止し殺害をやめさせるためには、なにがあっても屈しない姿勢を見せることが大切なんです」

一体、彼女たちのこれほどの勇敢さはどこから来るのか。

「リスクの高い仕事をしていることは認識しています。でも、08年にロシアとグルジアとの紛争でグルジアに入った時、初めて馬に乗った時は怖かったけど、戦闘を実際に目撃した時には特に恐怖を感じなかった。恐怖が直接、体の反応となって出たことがないんです」

バブローバは、こちらが驚くほどあっけらかんと語る。

ミラシナは32歳、バブローバは27歳である。この若さと、まだ独身で家庭を持っていない身軽さも2人を命知らずにしている1つの理由かもしれない。実際バブローバは、いつかは結婚をして子供を産みたいが、子供ができれば親としての保護責任が生じるから、今のような仕事は無理かもしれない、もう少し安全なテーマに変える必要が出てくるだろうと言う。

しかし、何といっても彼らを奮い立たせているのは、他のメディアではもはやタブーとなってしまったテーマに挑むことができる充足感と解放感、権力の犯罪を自らの手で暴《あば》くことができた時の達成感と高揚感であろう。だから、「ノーバヤガゼータ」は彼らにとってまちがいなく、なにものにも代え難い存在なのである。たとえ、さまざまな不満があろうとも。

ミラシナが言う。

「社内でいろいろな衝突もありますが（苦笑）、『ノーバヤ』は私の命の糧《かて》であり生きる支えです。大げさかもしれませんが、『ノーバヤ』がなくなったら生きてゆけないと思うほどの存在です」

マルケロフ弁護士とバブーロバ記者が殺害された時、長年付き合っているミラシナのボーイフレンドは、「そろそろこの仕事をやめる時が来たのではないか」と言った。だが、続いてエステミロワが殺された時にはもう何も言わなかった。

「ここでやめたら、亡くなった先輩や同僚、後輩に申し訳ない。愛する祖国のためにも真実を書き続けるしかない」

バブローバにとっても、「ノーバヤガゼータ」はかけがえのない職場である。

「『ノーバヤ』の仲間たちは一人一人がヒーローです。その一員として働けることに私は大きな誇りを感じています」

彼女は青い目を生き生きと輝かせてそう言う。

そして、アンナ・ポリトコフスカヤに憧《あこが》れて同紙に入社したエレーナ・コスティチエンコである。記者会見の予約を入れ、どこの新聞かと問われて「ノーバヤガゼータです」と名乗ったとたん、冷たく断られることが多いと苦笑する彼女だが、「この新聞で働けることが言葉で言い表せないくらいうれしい。朝、起きた時に気分がすぐれなくても、今日も『ノーバヤ』に行って仕事ができるのだと思うとわくわくして、気分の悪さなど吹っ飛んでしまう」

日々、暗殺の恐怖と闘いながらも、自分の仕事を、自分の働く新聞をこよなく愛する彼女たちの言葉ほど胸に響くものはない。

現在のロシアにおいて、リベラル派は圧倒的に少数である。それは、エリツィン時代、〝リベラル派〟を自称した政治家たちに国民が煮え湯を飲まされたからだ。自由で平等な社会の実現を約束した彼らが国民にもたらしたものは、混乱と無秩序、そして貧困であった。

プーチンは、こうしたエリツィン流自由主義に懲《こ》りた国民の心理を巧みにつかんで国内を引き締め、資源価格の高騰《こうとう》を追い風に経済を立て直し、強いロシアを取り戻した。現在、プーチン・メドベージェフ政権の支持率は70%を下らないといわれる。

この逆風の中、「ノーバヤガゼータ」のジャーナリストたちは、自分たちが少数派であることをひしひしと感じ、疎外感《そがいかん》や孤独感を味わってはいる。しかし、「自分の良心に従って行動するだけです。私にとってそれが最も大切です」とミラシナは言い切る。

そしてムラートフも、「自由で独立したメディアは、国にとってはなくてはならないものだ」と力説する。

「ノーバヤガゼータ」の今後には、これまで以上の困難が待ち受けているかもしれない。しかし、この小さな新聞が閉鎖に追い込まれる日が来るとしたら、それは、ロシアで今、かろうじて灯っている言論の自由の火が消える時である。

あとがき

ロシアには、「ノーバヤガゼータ」のジャーナリストたちと、ある意味対極をなすと思われるジャーナリスト集団が存在する。彼らを総称して「クレムリンのプール」と言う。

ロシア連邦大統領の動静を常時報道するジャーナリストグループのことで、彼らだけが日常的に大統領への随行を許される。ロシアのジャーナリストにとって、この「クレムリンのプール」に選ばれることは非常な名誉であるらしい。各大手メディアの責任者の推薦を受け、クレムリンが厳正に審査して許可するからだ。

私は彼らの姿をNTVのドキュメンタリー番組の中で見たことがある。クレムリン内部をわがもの顔で歩き、当時のプーチン大統領の外遊に随行して世界中を飛び回る彼らは、「自分の妻（夫）よりプーチンの顔を見る時間の方が長い」と誇らし気に語っていた。

一見、日本の記者クラブ所属の記者の姿とだぶるが、決定的に違うところがある。彼らは、日々接する大統領の素顔を、ペンによって自在にスケッチすることはできない。彼らの仕事とは要するに大統領のＰＲ担当のようなものだ。ＰＲ担当者に批判は論外だ。

欧米や日本の常識に照らして考えれば、そういう役割を担《にな》う者をジャーナリストとは呼ばない。

「ノーバヤガゼータ」のジャーナリストたちは、そんな「クレムリンのプール」の面々をどう見ているのだろうか。オリガ・バブローバの言葉は辛辣《しんらつ》だ。

「彼らはカフカスで住民たちの憎しみを買い、殴られるなどの事件も起きています。私は少なくとも住民に憎まれたくはありません」

本書を読まれた方は、ロシアのゆがんだ民主主義が引き起こす悲劇に唖然《あぜん》としたことと思う。だが、このような国にも、自らの命を賭《と》してまで言論の自由を守ろうとする人々がいることを心に留めてもらいたいのである。彼らは、今この瞬間も絶えず命の危険に晒《さら》されている。エレーナ・ミラシナは２００９年の秋から翌年の春までの半年間、暗殺を避けるためにアメリカに避難した。

翻《ひるがえ》って我が国を見た時、言論の自由、報道の自由が完全に保障されているとは言い難いが、それでもロシアよりましであることは確かである。しかし万一、報道することに身の危険が伴う事態が発生した時、はたして、「ノーバヤガゼータ」のジャーナリストたちのような勇気を示せるマスコミ人が何人いるだろうか。

私は、アンナ・ポリトコフスカヤはもちろんのこと、セルゲイ・カーネフ、若いエレーナ・ミラシナやオリガ・バブローバの中に、ソ連時代の「デシデント（異論派＝反体制派）」たちの不屈の魂が息づいているのを感じる。サハロフ、ソルジェニーツイン、その他、有名無名のデシデントたちこそ、当局による弾圧に屈することなく魂の自由を貫いた本物の自由人だった。その自由な精神が、「ノーバヤガゼータ」のジャーナリストたちに脈々と受け継がれているのだ。

08年6月、モスクワに飛び取材を始めたものの、私はまだ迷っていた。はたしてこのテーマは、日本国内の読者の心に響くものなのかどうか自信がなかったのだ。

そんな私の背を押したのは、「ノーバヤガゼータ」の社内で偶然出会ったチェチェン人説教者の失踪《しっそう》である。取材対象者が権力の手にかかって殺害されたかもしれないという、日本ではまずありえない事態は私に衝撃を与え、最後まで取材、執筆をやり抜く原動力になった。私は今でも、あのアラビア風の衣装に身を包んだチェチェン人に会ってみたいと思う。

本書が上梓《じょうし》されるまでには多くの人たちの協力をいただいた。

思いつくまま、「この人にも取材したい」「あの人はどうだろう」と言う私のわがまな願いを聞き入れて、コーディネーター兼通訳として走り回ってくれたガリーナ・グリゴリエバとリュドミーラ・サーアキャン。モスクワでの私のロシア語の個人教授であり、「ノーバヤガゼータ」の熱心な読者であるポーリヤ・アントーノバ。さらに、東京のロシア語教授のガリーナ・オジェレーリエワには、「ノーバヤガゼータ」を始め、さまざまなロシア語文献の読み込みを手伝ってもらった。

ロシアのメディアについての日本語の文献がほとんど見あたらない中、飯島一孝氏の『ロシアのマスメディアと権力』（東洋書店）は、本書を書く上でのなくてはならないテキストになった。

また、ここでお名前を挙げることはできないが、モスクワ在住のロシア問題専門家の方にも、貴重なコメントをいただいた。

そして、忙しい中、著者の長時間のインタビューに快く応じてくれたセルゲイ・カーネフ、エレーナ・ミラシナ、ゾーヤ・ヨロショク、ベチェスラフ・イズマイロフら、「ノーバヤガゼータ」のジャーナリストたちに感謝したい。

最後に、ヨロショクの言葉を紹介して筆を擱《お》く。

「編集長のムラートフは『ノーバヤ』を創刊する時、政治の記事は紙面の一番最後でいいと言っていたのです。彼は、ロシアの普通の人々の喜びや悲しみを生き生きと伝えるような記事を中心に据えたかった。しかし残念ながら、政治的な大事件が次々に起こる今のロシアでは、政治に大きく紙面を割かざるをえない。でも、ムラートフはいつか、政治のニュースが小さな扱いですむ日が来ることを待ち望んでいます」

福田ますみ

２０１０年11月

参考文献

『ロシアのマスメディアと権力』飯島一孝（ユーラシア・ブックレットNo.１３３　東洋書店）
『チェチェン紛争』大富亮（ユーラシア・ブックレットNo.94　東洋書店）
『チェチェン大戦争の真実　イスラムのターバンと剣』植田樹（日新報道）
『チェチェン　やめられない戦争』アンナ・ポリトコフスカヤ　三浦みどり訳（ＮＨＫ出版）
『プーチニズム　報道されないロシアの現実』アンナ・ポリトコフスカヤ　鍛原多惠子訳（ＮＨＫ出版）
『ロシアン・ダイアリー　暗殺された女性記者の取材手帳』アンナ・ポリトコフスカヤ　鍛原多惠子訳（ＮＨＫ出版）
『プーチン政権の闇　チェチェン戦争／独裁／要人暗殺』林克明（高文研）
『ザ・プーチン　戦慄の闇　スパイと暗殺に導かれる新生ロシアの迷宮』スティーヴ・レヴィン　中井川玲子／櫻井英里子／三宅敦子訳（阪急コミュニケーションズ）
『オリガルヒ　ロシアを牛耳る１６３人』中澤孝之（東洋書店）
『現代ロシアを知るための55章』下斗米伸夫／島田博編著（明石書店）
『ヒトラー独裁下のジャーナリストたち』ノルベルト・フライ／ヨハネス・シュミッツ　五十嵐智友訳（朝日選書）
『日本新聞年鑑』１９９３年～２０１０年　日本新聞協会編（電通）

驚くべき国家に立ち向かう人々

池上　彰

二〇一三年三月二三日。イギリス・ロンドン郊外の豪邸の浴室で、ロシアの政商だったボリス・ベレゾフスキー氏が死亡しているのを、ボディガードが発見した。六七歳だった。

首にはシャワーカーテンのレールから吊《つ》られたスカーフが巻き付いていたという。状況から警察は自殺と見ているが、前日にはイスラエル旅行の予約を頼んでおり、「自殺するわけがない」との証言もある。

ベレゾフスキー氏は、旧ソ連の崩壊に乗じて大金持ちとなった政商のひとりとして有名だが、プーチン大統領と対立を深め、二〇〇〇年にロンドンに亡命していた。ロンドンからロシアの体制批判を繰り返し、プーチン政権に睨《にら》まれていたことから、自殺とはにわかに信じがたいという声が出てくる。

ロンドンでの不審死となると、もうひとりの人物が思い浮かぶ。アレクサンドル・

リトビネンコ氏だ。彼は二〇〇六年一一月に死亡した。放射性物質ポロニウム210が体内に入ったためだった。

リトビネンコ氏は、かつてのソ連のスパイ組織KGB（国家保安委員会）の後身組織FSB（連邦保安庁）の職員だったが、一九九八年、記者会見を開き、ベレゾフスキー氏を暗殺するようにFSBの上司に指示されたが拒否したと発表して注目された。プーチン大統領は、当時FSB長官だった。

これ以降、リトビネンコ氏は脅迫を受けたりFSBに逮捕されたりしたため、二〇〇〇年にイギリスに亡命。プーチン政権に対する批判を続けていた。

一九九九年、モスクワなどロシア国内各所で起きた連続爆破事件を受けて、当時のプーチン首相は、「チェチェンの武装勢力の仕業である」としてロシア軍をチェチェンに進攻させ、これをきっかけに国民の支持を得て、大統領の座を確保した。この連続爆破事件について、リトビネンコ氏は、「チェチェン進攻の口実を得るためのFSBの謀略だった」と告発していた。

リトビネンコ氏が死亡する原因となったポロニウム210を作り出すには、原子炉が必要になる。つまり国家的組織が関与している疑いが濃厚なのだ。

イギリスの警察は、二〇〇七年一月、リトビネンコ毒殺犯として元KGB職員のアンドレイ・ルゴボイという人物を特定。ロシアに身柄の引き渡しを要求したが、ロシア側は拒否。ルゴボイは、その年のロシア下院議員選挙に立候補して当選し、ロシア国内での不逮捕特権を得てしまった。

ロシア政府とりわけ元ＫＧＢによる関与の疑いが濃い事件であるにもかかわらず、ロシア政府は捜査協力を拒否した。こうなると、私たちは、事件の黒幕の存在を意識することになる。

ソ連が崩壊し、ロシアが誕生して、エリツィン大統領が「民主主義の旗手」としてデビューしたとき、多くの日本人は、「これで民主主義ロシアが誕生する」と思ったのではないだろうか。

ところが、その後のロシアは、決して私たちが考えるような民主主義国家にはなっていない。それどころか、ソ連の復活であるかのような様相を呈している。

二〇一三年三月以降、外国から資金援助を受けているロシア国内のＮＧＯ（非政府組織）の事務所が、次々にロシアの検察などによって家宅捜索を受けている。ロシアの人権状況に懸念《けねん》を示すＮＧＯが標的だ。プーチン大統領への批判的な言動を封じ込めようという狙《ねら》いとみられている。

ソ連時代、反政府の考え方を持った人物は、逮捕されたり国内流刑《るけい》されたりしたが、少なくとも殺害されることはなかった。現在のロシアでは、次々に暗殺されたり不審死を遂げたりしている。ソ連時代より暗黒社会になったともいえる状況なのだ。

そんな社会でも、事実を伝えよう、真相を暴《あば》こうと活動するジャーナリストたちがいる。これらのジャーナリストもまた、次々に暗殺されていく。そんな驚くべき国家の中で仕事をする新聞記者群像を活写したのが、福田ますみ氏の本著『暗殺国家ロシア』だ。

ここで取り上げられた新聞は『ノーバヤガゼータ』（新しい新聞）。一九九三年四月に創刊された歴史の浅い新聞だが、すでに関係者五人が殺害され、一人が不審死を遂げている。記者ばかりでなく、顧問弁護士までもが白昼、街中で銃殺されているのである。

二〇〇〇年五月、新聞社の評論員（日本の新聞社の論説委員に相当）が、自宅アパートの入口で、ハンマーで頭を殴られて死亡。三年後には副編集長が毒物によるとみられる不審死。二〇〇六年一〇月には、チェチェン戦争の取材に力を入れていた女性評論員アンナ・ポリトコフスカヤ記者が自宅アパートのエレベーターの中で射殺された。

三番目の事件は、私も衝撃的な事件として鮮明に記憶している。とりわけショックを受けたのが、この事件に対し、当時のプーチン大統領が、極めて冷ややかな態度をとり、事件や犯人を糾弾しようとしなかったことだ。

本書では、殺害されたポリトコフスカヤ記者の遺志を継いでチェチェン問題に取り組む女性記者エレーナ・ミラシナ記者が登場する。彼女が二〇〇五年、取材を快く思わなかったであろう勢力によって襲撃されかけた話が出てくる。実は、本書の単行本が出た後の二〇一二年四月の深夜、ミラシナ記者は、アメリカの人権団体の職員と共に、自宅近くで正体不明の男二人に襲われ、負傷しているのだ。

襲われているところに通行人が駆け付けたため、二人は最悪の事態は免れたが、警察を呼んでも、警察官はなかなか現れない。一時間半後に現れた警察官は、ろくに話を聞こうともしなかった。実に不審なことだ（国際的な人権団体「ヒューマン・ライツ・ウォッチ」二〇一二年四月六日発表による）。

本書を読むと、命の危険を冒しても事実を伝えようとする記者たちの精神に心打たれるが、本書が出た後も、ロシアの状況に変化はないのだ。

二〇一〇年、この本の単行本が出てすぐに読んだ私は、内容の迫真性に驚き、私が出演するテレビ東京の番組に著者の福田氏に出ていただき、ロシアの現状を伝えてもらった。

ロシアの新聞記者たちが奮闘している様子を、世界に伝えたい。これが、福田氏の思いだろう。危険を顧みずに取材・報道する記者たちと、その奮闘を日本の読者にも伝えたいと願う福田氏の思い。その両方を読者に味わっていただければ、私が紹介する意味もあろうというものだ。

日本のジャーナリズムの世界では、いわゆる「女子アナ」がもてはやされる一方で、新聞記者を目指す若者や、放送局の記者職を受けようとする学生たちの数が顕著に減少し続けている。記者の仕事が、いかに大変なものか、知られるようになったからだ。

しかし、その記者の仕事だって、何を取材対象にするかによって、大変さには天と地ほどの違いがある。『ノーバヤガゼータ』の現在の副編集長は、福田氏の取材に、こう語っている。

「ロシアの大部分のジャーナリストたちにとって、暗殺なんて別世界の話だ。なぜなら、政権にサービスするジャーナリストがほとんどだから。彼らには、高い報酬と安楽で快適な寝床が約束されている。それ以外の、権力批判を恐れない我々のようなほんの一握りの少数派だけが命を狙われているのだ」

これは、多かれ少なかれ、日本を含む世界のジャーナリズムの世界にも当てはまる話だ。当局の用意した場で、当局のサービスを受けながら、「取材」している気になっている記者は、どこの世界にも大勢いる。その点では、私も自己批判を免れないだろう。

でも、どんなに不利な状況になっても仕事をあきらめない記者たちが世界にいる事実を知ることは、日本の同業者たちにも励みになることだろう。

ロシアで取材を続ける記者たちを次々に襲っている組織は何か。黒幕は誰か。状況証拠は、政治中枢《ちゅうすう》のトップを指しているが、確証はない。

しかし、この本は、綿密な取材によって、読者に〝犯人〟を指し示す。ここに、ドキュメンタリーの真骨頂がある。

本書は、ロシアの現状リポートであると共に、ジャーナリスト魂の披瀝《ひれき》であり、ドキュメンタリーの醍醐味《だいごみ》を味わわせてくれる作品でもある。存分にお楽しみあれ。そして、将来、本書に触発されて、真のジャーナリストとしての困難な道を選択する若者が現れんことを。

（二〇一三年四月、ジャーナリスト）

この作品は平成二十二年十二月新潮社より刊行された。

福田ますみ著
でっちあげ
―福岡「殺人教師」事件の真相―
新潮ドキュメント賞受賞

史上最悪の殺人教師と報じられた体罰事件は、後に、児童両親によるでっちあげであることが明らかになる。傑作ノンフィクション。

佐藤優著
国家の罠
―外務省のラスプーチンと呼ばれて―
毎日出版文化賞特別賞受賞

対ロ外交の最前線を支えた男は、なぜ逮捕されなければならなかったのか？　鈴木宗男事件を巡る「国策捜査」の真相を明かす衝撃作。

米原万里著
不実な美女か貞淑な醜女か
読売文学賞受賞

瞬時の判断を要求される同時通訳の現場は、緊張とスリルに満ちた修羅場。そこからつぎつぎ飛び出す珍談・奇談。爆笑の「通訳論」。

村上春樹著
ねじまき鳥クロニクル
読売文学賞受賞（1～3）

'84年の世田谷の路地裏から'38年の満州蒙古国境、駅前のクリーニング店から意識の井戸の底まで、探索の年代記は開始される。

ドストエフスキー
工藤精一郎訳
罪と罰（上・下）

独自の犯罪哲学によって、高利貸の老婆を殺し財産を奪った貧しい学生ラスコーリニコフ。良心の呵責に苦しむ彼の魂の遍歴を辿る名作。

トルストイ
工藤精一郎訳
戦争と平和（一～四）

ナポレオンのロシア侵攻を歴史背景に、十九世紀初頭の貴族社会と民衆のありさまを生き生きと写して世界文学の最高峰をなす名作。

新潮文庫最新刊

河野裕著
さよならの言い方なんて知らない。8
月生亘輝と白猫。最強と呼ばれる二人が、七十万もの戦力で激突する。人智を超えた戦いの行方は？　邂逅と侵略の青春劇、第8弾。

三田誠著
魔女推理
―嘘つき魔女が6度死ぬ―
記憶を失った少女。川で溺れた子ども。教会で起きた不審死。三つの死、それは「魔法」か「殺人」か。真実を知るのは「魔女」のみ。

三川みり著
龍ノ国幻想5
双飛の闇
最愛なる日織に皇尊《すめらみこと》の役割を全うしてもらうことを願い、「妻」の座を退き、姿を消す悠花。日織のために命懸けの計略が幕を開ける。

J・ノックス
池田真紀子訳
トゥルー・クライム・ストーリー
作者すら信用できない――。女子学生失踪事件を取材したノンフィクションに隠された驚愕の真実とは？　最先端ノワール問題作。

塩野七生著
ギリシア人の物語2
―民主政の成熟と崩壊―
栄光が瞬く間に霧散してしまう過程を緻密に描き、民主主義の本質をえぐり出した歴史大作。カラー図説「パルテノン神殿」を収録。

酒井順子著
処女の道程
日本における「女性の貞操」の価値はいかに変遷してきたのか――古今の文献から日本人の性意識をあぶり出す、画期的クロニクル。

暗《あん》殺《さつ》国《こっ》家《か》ロシア

消されたジャーナリストを追う

新潮文庫　ふ－41－2

平成二十五年六月一日発行
令和五年九月十五日三刷

著者　福《ふく》田《だ》ますみ

発行者　佐藤隆信
発行所　株式会社新潮社
郵便番号　一六二―八七一一
東京都新宿区矢来町七一
電話　編集部(〇三)三二六六―五四四〇
読者係(〇三)三二六六―五一一一
https://www.shinchosha.co.jp

価格はカバーに表示してあります。

乱丁・落丁本は、ご面倒ですが小社読者係宛ご送付ください。送料小社負担にてお取替えいたします。

印刷・株式会社三秀舎　製本・加藤製本株式会社

ISBN978-4-10-131182-1 C0195